Konzepte der
Humanwissenschaften

Hans-Christoph Steinhausen

Seelische Störungen im Kindes- und Jugendalter

Erkennen und verstehen

Zweite, überarbeitete und erweiterte Auflage

Klett Cotta

Hans-Christoph Steinhausen, Prof. Dr. med. Dr. phil., studierte Medizin und Psychologie, anschließend Ausbildung zum Facharzt für Kinder- und Jugendpsychiatrie, zum Klinischen Psychologen und Verhaltenstherapeuten. Tätigkeiten an den Universitäten Hamburg und Berlin, seit 1987 Lehrstuhlinhaber für Kinder- und Jugendpsychiatrie an der Universität Zürich und Ärztlicher Direktor des Kinder- und Jugendpsychiatrischen Dienstes des Kantons Zürich.

Klett-Cotta
© J. G. Cottasche Buchhandlung Nachfolger GmbH, gegr. 1659,
Stuttgart 2000
Alle Rechte vorbehalten
Fotomechanische Wiedergabe nur mit Genehmigung des Verlags
Printed in Germany
Umschlag: Philippa Walz, Stuttgart
Gesetzt in der 10,5 Punkt Sabon von Fotosatz Janß, Pfungstadt
Auf säure- und holzfreiem Werkdruckpapier
gedruckt und gebunden von Ludwig Auer GmbH, Donauwörth
ISBN 3-608-94387-0

Zweite, überarbeitete und erweiterte Auflage, 2004

Bibliographische Informationen Der Deutschen Bibliothek
Die Deutsche Bibliothek verzeichnet diese Publikation in der
Deutschen Nationalbibliographie; detaillierte bibliographische
Daten sind im Internet über <http://dnb.ddb.de> abrufbar.

Inhaltsverzeichnis

Anhang

Vorwort

Ein beträchtlicher Teil von Kindern und Jugendlichen sind von seelischen Störungen betroffen. Sie brauchen nicht nur eine fachgerechte Untersuchung und Behandlung, sondern auch eine über diese Probleme gut informierte Öffentlichkeit. Dieses Buch will dazu beitragen, daß seelische Störungen bei Kindern und Jugendlichen besser verstanden werden. Dazu sind Fachinformationen aus den Bereichen erforderlich, die sich mit der Untersuchung und Behandlung von seelischen Störungen des Kindes- und Jugendalters in der Praxis und mit der wissenschaftlichen Erforschung dieses Themas beschäftigen. Dies sind die Kinder- und Jugendpsychiatrie als die medizinisch zuständige Spezialdisziplin sowie die klinische Kinder- und Jugendpsychologie.

Aufgrund meiner Ausbildung und Tätigkeit in diesen beiden Bereichen habe ich den Blickwinkel dieser beiden Fächer gewählt, um das vorliegende Buch zu schreiben. Dabei habe ich mich in ähnlicher Weise wie bei meinem für Fachleute geschriebene Lehrbuch der Kinder- und Jugendpsychiatrie über „Psychische Störungen bei Kindern und Jugendlichen" (5. Auflage 2002, Verlag Urban & Fischer) darum bemüht, den aktuellen Wissensstand in möglichst verständlicher Form diesmal für Nicht-Mediziner zusammenzufassen. Gesicherte wissenschaftliche Erkenntnisse sowie eine an Tatsachen orientierte Betrachtung waren meine Leitlinien bei der Verfassung dieses Buches. Es handelt von den Störungen des Erlebens und der Befindlichkeit sowie des Verhaltens bei Kindern und Jugendlichen. Damit geht es über den Begriff der sogenannten Verhaltensstörungen hinaus, der sowohl von Laien als auch von einigen Fachleuten vornehmlich in der Pädagogik benutzt wird. Da sich der Begriff der Verhaltensstörungen aber nur auf das beobachtbare Verhalten beziehen kann und damit die zahlreichen Störungen des Erlebens und der Befindlichkeit ausschließt, ist er als Oberbegriff ungeeignet. Ebenso ungeeignet als Oberbegriff ist auch die Bezeichnung der Psychosen, weil diese nur für wenige, seltene und schwere Geisteskrankheiten wie die Schizophrenien, bestimmte Unterformen der Depression und die Manie steht. Die einzige angemessene Bezeichnung ist daher die der seelischen (psychischen) Störungen.

Dieses Buch ist in zwei Teile gegliedert. Zunächst werden in einem ersten Teil die *allgemeinen Grundlagen* dargestellt. Ein erstes Kapitel erklärt, was unter seelischen Störungen begrifflich zu verstehen ist *(Definition)* und wie die Vielzahl ihrer Erscheinungsformen geordnet und *eingeteilt* werden. Anschließend wird dargestellt, welche Erkenntnisse zu den *Häufigkeiten* seelischer Störungen bei Kindern und Jugendlichen vorliegen. Sodann wird eine Übersicht über unseren Kenntnisstand über die *Ursachen* gegeben. Schließlich werden in zwei weiteren Kapiteln die *Untersuchungs-* sowie die *Behandlungsverfahren* für seelische Störungen im Kindes- und Jugendalter vorgestellt.

Der zweite spezielle Teil des Buches umfaßt die verschiedenen seelischen Störungen bei Kindern und Jugendlichen. Um die Orientierung und das Nachschlagen zu erleichtern, wurden die Kapitel zu den einzelnen Störungen alphabetisch geordnet. Jedes Kapitel ist in gleicher Form gegliedert. Zunächst werden die einzelnen seelischen Störungen hinsichtlich ihrer *Definition* und – sofern erforderlich – ihrer Einteilung beschrieben. Es folgt ein Abschnitt über die *Häufigkeit*. Sodann wird das *Erscheinungsbild* dargestellt, wobei ein kurzes Fallbeispiel eingefügt wird. Abschnitte über *Ursachen* sowie über *Behandlungen* schließen sich an. Jedes Kapitel endet mit einer kurzen Zusammenfassung des Wissens über den *Verlauf* der jeweiligen Störungen.

Soweit wie möglich, habe ich den einzelnen Kapiteln einige Empfehlungen für weiterführende *Literatur* angefügt. Dabei habe ich mich auf deutschsprachige Bücher beschränkt und nach Möglichkeit Bücher empfohlen, die sich an eine breite Leserschaft und nicht nur an Fachleute richten. Häufig liegt zu bestimmten Themen aber nur Spezialliteratur vor. Ferner habe ich die Anschriften von einigen Fachverbänden und Selbsthilfegruppen angegeben, die sich mit den jeweiligen Störungen beschäftigen. Empfehlungen für Ergänzungen nehme ich gerne entgegen.

Dieses Buch ist für all jene geschrieben, die mehr über seelische Störungen bei Kindern und Jugendlichen wissen wollen. Es soll in ganz besonderer Weise ein Ratgeber für Eltern und all diejenigen sein, die beruflich mit den Betroffenen zu tun haben. Dabei hoffe ich, daß sich das Lesen dieses Buches und eine möglicherweise laufende Behandlung eines einzelnen Kindes oder Jugendlichen mit einer seelischen Störung positiv ergänzen. In anderen Fällen mag das Buch Anreize vermitteln, fachliche Hilfe zu suchen. Diesem Zweck dient das im Anhang abgedruckte Verzeichnis von *Facheinrichtungen* der Kinder- und Jugendpsychiatrie in Deutschland, der Schweiz und Österreich. Dort können jeweils konkrete Probleme von Kindern und Jugendlichen vorgestellt werden. In ähnlicher Weise kann der Rat und die Erfahrung von Kinder- und Jugendpsychiatern und klinischen Psychologen in freier Praxis, von Kinder- und Allgemeinärzten sowie von Pädagogen und Sozialarbeitern in beratenden oder schulischen Einrichtungen in Anspruch genommen werden.

Ich danke meinen Mitarbeiterinnen und Mitarbeiter im Zentrum für Kinder- und Jugendpsychiatrie der Universität Zürich, die mir wertvolle Hinweise zur Ergänzung einer ersten Fassung dieses Buches gegeben haben. Für die 2. Auflage dieses im Jahr 2000 erstmalig erschienenen Buches wurden die Grundstruktur beibehalten und einige Aktualisierungen vorgenommen.

I.

Allgemeiner Teil

Was sind eigentlich seelische Störungen?
Ihre Definition und Einteilung

In diesem Kapitel wird beschrieben, was unter einer seelischen Störung im Kindes- und Jugendalter zu verstehen ist. Seelische Störungen sind Abweichungen vom normalen Verhalten und Befinden und beeinträchtigen das Kind in seiner Entwicklung. Sie sind nach einer international gültigen Ordnung eingeteilt.

Da sich im Kinder- und Jugendalter viele seelische Auffälligkeiten nur durch ihren Schweregrad und die begleitende Beeinträchtigung vom Normalzustand unterscheiden, ist es sinnvoll, eher vom Begriff der *seelischen oder psychischen Störungen* als von einem Begriff seelischer Krankheit auszugehen. Um diese bisweilen schwierige Abgrenzung zwischen Auffälligkeit und Normalität vornehmen zu können, ist die folgende *Definition* hilfreich:

Eine seelische Störung liegt vor, wenn das Verhalten und/oder das Erleben des Kindes und Jugendlichen bei Berücksichtigung seines Altersstandes
1. nicht normal ist (z. B. hinsichtlich Alter, Geschlecht, Erwartungen der Gesellschaft, Art und Ausmaß der Störung) und/oder
2. zu einer Beeinträchtigung führt (z. B. durch persönliche Leiden, soziale Einengung, Behinderung der Entwicklung, Auswirkungen auf Dritte).

In dieser Definition sind die beiden zentralen Merkmale der *Normabweichung* und der *Beeinträchtigung* jeweils stichwortartig mit einigen Hinweisen in Klammern begründet worden. Sie sollen im folgenden noch mit einigen Beispielen erläutert werden.

Merkmale der Normabweichung
- **Angemessenheit hinsichtlich Alter und Geschlecht.** Bettnässen nach dem Alter von 5 Jahren, Trennungsängste jenseits des Kleinkindalters oder deutlich mädchenhaftes Verhalten bei Jun-

gen entsprechen nicht den jeweiligen Erwartungen und liefern Hinweise auf das Vorliegen einer seelischen Störung.

- **Anhaltende Dauer.** Viele Kinder haben schon einmal vorübergehend wenig Lust, die Schule zu besuchen. Dies wird man sicherlich nicht als auffällig betrachten. Verweigert hingegen ein Kind anhaltend über Wochen und Monate den Schulbesuch, so ist dies eher als Hinweis auf eine zugrundeliegende Störung zu bewerten.
- **Lebensumstände.** Seelische Störungen entstehen vielfach im Zusammenhang mit Belastungen aus der Umwelt. Derartige Belastungen – wie z. B. die Scheidung der Eltern oder ein überfordernder Schulwechsel – erhöhen das Risiko für die Entwicklung von seelischen Störungen.
- **Gesellschaftliche Bewertungen.** Viele Maßstäbe für das, was wir als normal oder nicht normal betrachten, stammen aus der Gesellschaft, in der wir leben. So gibt es beispielsweise Grenzen, ab welchen ein Verhalten nicht mehr nur als aggressiv, sondern als soweit schädigend angesehen wird, daß Strafmaßnahmen ergriffen werden.
- **Ausmaß der Störungen.** Solange ein Verhalten isoliert auftritt, hat es oft noch nicht den Charakter einer Störung. So wird man z. B. das vereinzelt auftretende Lügen von Kindern nicht als Ausdruck einer seelischen Fehlentwicklung betrachten. Verbinden sich hingegen mehrere Einzelmerkmale (Symptome) miteinander, so ist das Vorliegen einer seelischen Störung sehr viel wahrscheinlicher. Wenn also mit dem Lügen auch noch Stehlen, Weglaufen von zu Hause oder Alkoholmißbrauch verbunden ist, liegt der Verdacht auf das Vorliegen einer Störung des Sozialverhaltens auf der Hand.
- **Art des Symptoms.** Es gibt einige Zeichen im Verhalten von Kindern, die durch ihr isoliertes Auftreten relativ bedeutungslos sind. Dies gilt z. B. für das Nägelbeißen. Andere Symptome – wie z. B. eine gestörte Beziehung zu anderen Kindern – haben sehr viel stärkere Auswirkungen auf die Entwicklung und das Alltagsleben des Kindes.

- **Schweregrad und Häufigkeit der Symptome.** Dieses Merkmal ermöglicht vor allem dem Fachmann, aufgrund seiner Erfahrungen eine Zuordnung des jeweiligen Problemverhaltens zu einer bestimmten seelischen Störung.

Diese aufgeführten Merkmale erlauben in der Regel in ihrer Verknüpfung eine sichere Entscheidung darüber, ob ein jeweiliges Problemverhalten als eine seelische Störung anzusehen ist. Ergänzend müssen jedoch auch die Merkmale der *Beeinträchtigung* des Kindes durch sein Symptom oder sein auffälliges Verhalten berücksichtigt werden.

Merkmale der Beeinträchtigung

- **Leiden.** Viele seelische Störungen gehen mit einem ausgeprägten Leiden an dem jeweiligen Problem – wie z. B. Ängstlichkeit – einher.
- **Soziale Einengung.** Andere Störungen – wie z. B. eine Depression – können mit einem deutlichen Verlust an Sozialkontakten verbunden sein, wobei wichtige Aktivitäten in der Gruppe der Gleichaltrigen nicht mehr möglich sind.
- **Beeinträchtigung der Entwicklung.** Viele seelische Störungen gehen mit einer Beeinträchtigung der Bindung an wichtige Bezugspersonen, der Störung von Freundschaftsbeziehungen oder der Verzögerung der Ablösung von den Eltern einher. Andere Störungen können die seelische, geistige und sprachliche Entwicklung des Kindes verzögern oder beeinträchtigen.
- **Auswirkungen auf andere.** Da sich viele seelische Störungen ganz besonders auf die Familie auswirken, können z. B. die Geschwister durch aggressives Verhalten in ihrer Entwicklung beeinträchtigt werden. Ebenso kann das Schulumfeld durch die zerstörerischen Handlungen des Jugendlichen ernsthaften Schaden nehmen.

Auf der Basis der beiden zentralen Merkmale seelischer Störungen – der *Normabweichung* und der *Beeinträchtigung* – gelingt es nicht nur im Einzelfalle eines auffälligen Kindes oder Jugendlichen, die Diagnose einer seelischen Störung zu stellen. Vielmehr kann auf der Basis dieser Grundmerkmale auch zu der Entscheidung beigetragen werden, welche Auffälligkeiten im Verhalten und Befinden ganz allgemein in die Gruppe der seelischen Störungen des Kindes- und Jugendalters gehören.

Diese und andere Überlegungen haben dazu geführt, daß die Vielzahl von Erscheinungsformen seelischer Störungen auf der Basis von Erfahrung und wissenschaftlicher Forschung eingeteilt worden sind. Diese *Klassifikation* (Einteilung) stellt eine Ordnung aller Diagnosen für seelische Störungen im Kindes- und Jugendalter dar. Die Sammlung und Ordnung aller bekannter Diagnosen für seelische Störungen wird von der Weltgesundheitsorganisation (WHO) vorgenommen und hat weltweit Gültigkeit. Diese internationale Klassifikation der Krankheiten umschließt sämtliche bekannten Erkrankungen einschließlich der seelischen Störungen und ist unter der Bezeichnung *ICD-10* (International Classification of Diseases, 10. Revision) als das gegenwärtig gültige Klassifikationssystem in Buchform veröffentlicht.

Die weltweite Gültigkeit der *ICD-10* hat den großen Vorteil, daß körperliche Erkrankungen und seelische Störungen überall auf der Welt nach den gleichen Definitionsmerkmalen diagnostiziert werden. In Nordamerika wird zwar eine eigene Fassung eines Klassifikationssystems für seelische Störungen (das sogenannte Diagnostic and Statistical Manual, *DSM-IV)* verwendet, jedoch ist dieses inhaltlich mit dem Kapitel der seelischen Störungen in der ICD-10 weitgehend gleich. Es kommt hinzu, daß auch in Nordamerika von den Krankenversicherungsträgern gefordert wird, Diagnosen nach der ICD-10 zu stellen.

Das Kapitel über seelische Störungen der ICD-10 umschließt den gesamten Lebensabschnitt vom Säuglings- bis zum Greisenalter. Es berücksichtigt aber in besonderer Weise, daß eine Reihe von seelischen Störungen im Kindes- und Jugendalter durch die in diesem Lebensabschnitt ablaufende Entwicklung geprägt wird. Insofern werden spezielle *Untergruppen von Störungen* genannt, welche in *Kindheit und Jugend* beginnen. Dies gilt z. B. für die Entwicklungsstörungen oder die Störungen des Sozialverhaltens. Andere Störungen – wie z. B. die Eßstörungen oder Depressionen – treten unabhängig vom Lebensabschnitt auf.

Für das Klassifikationssystem der seelischen Störungen des Kindes- und Jugendalters ist von der WHO ein zusätzlicher Gesichtspunkt berücksichtigt worden, der in dieser Form für die seelischen Störungen des Erwachsenenalters (noch) keine Anwendung findet. Aufgrund der besonderen Bedeutung des Entwicklungshintergrundes sowie der Begleitumstände von seelischen Störungen des Kindes- und Jugendalters werden diese jeweils auf mehreren diagnostischen Ebenen erfaßt. Dieses spezielle Ordnungssystem wird als *multiaxiales Klassifikationsschema* (MAS) bezeichnet. Es umfaßt die folgenden sechs diagnostischen Ebenen:

Achse 1: Die jeweilige *seelische Störung* (z. B. eine Angststörung). Auf dieser Ebene können auch zusätzlich bestehende Störungen (z. B. Einnässen) erfaßt werden.

Achse 2: *Entwicklungsstörungen.* Hier wird nur eine kleine Anzahl von speziellen Störungen erfaßt, welche sich durch eine Verzögerung einzelner oder weitreichender Anteile der Entwicklung auszeichnen (z. B. Sprachentwicklungsstörung).

Achse 3: *Intelligenz.* Die meisten seelischen Störungen des Kindes- und Jugendalters treten bei normal intelligenten Kindern auf, allerdings auch bei Kindern und Jugendlichen mit einer Intelligenzminderung. Eine derartige geistige Behinderung oder auch eine Lernbehinderung kann mit weiteren seelischen Störungen – wie z. B. einer hyperkinetischen Störung – verbunden sein, die dann jeweils auf der Achse 1 erfaßt werden.

Achse 4: *Körperliche Krankheiten.* Kinder mit seelischen Störungen können nicht nur zusätzlich von körperlichen Krankheiten betroffen sein, sondern es gilt auch zu berücksichtigen, daß viele chronischen körperlichen Erkrankungen das Risiko für eine seelische Störung deutlich erhöhen. Dieser Umstand wird z. B. mit der

Möglichkeit der Zuordnung von Diagnosen auf die Achse 1 und Achse 4 berücksichtigt.

Achse 5: *Begleitende psychosoziale Umstände.* Hier werden eine Reihe von Begleitumständen erfaßt, welche für die seelischen Störungen des Kindes- und Jugendalters von großer Bedeutung sind. Dazu zählen z. B. abweichende Beziehungen in der Familie, wie ein Mangel an Wärme in der Eltern-Kind-Beziehung oder die Disharmonie zwischen den Ehepartnern, eine möglicherweise vorliegende psychische Störung eines anderen Familienmitgliedes, ungünstige Erziehungsbedingungen, Aufwachsen in einem Heim, belastende Lebensereignisse durch den Verlust einer liebevollen Beziehung, gesellschaftliche Belastungsfaktoren durch Auswanderung oder soziale Verpflanzungen, sowie weitere Bedingungen, welche die Entwicklung einer seelischen Störung beeinflussen können.

Achse 6: *Globalbeurteilung der psychosozialen Anpassung.* Hier werden die Beziehungen zu Familienangehörigen, Gleichaltrigen, Erwachsenen außerhalb der Familie, die Bewältigung von sozialen Situationen, die schulische und berufliche Anpassung sowie Interessen und Freizeitaktivitäten beurteilt. Dabei werden insgesamt neun Stufen unterschieden, die von hervorragender oder guter sozialer Anpassung bis zur Abhängigkeit von ständiger Betreuung reichen und im einzelnen genau beschrieben sind.

Dieses *multiaxiale Schema* zur Klassifikation seelischer Störungen im Kindes- und Jugendalter hat in allen deutschsprachigen Ländern eine weite Verbreitung gefunden und wird routinemäßig in der überwiegenden Zahl der kinder- und jugendpsychiatrischen Einrichtungen benutzt. Erst aus der Zusammenschau der verschiedenen Ebenen dieses diagnostischen Beurteilungssystems lassen sich die vielfältigen Aspekte einer seelischen Störung im Einzelfall angemessen beurteilen. In dem vorliegenden Buch werden im speziellen Teil die auf den Achsen 1 und 2 angesiedelten seelischen Störungen des Kindes- und Jugendalters dargestellt.

Wie häufig sind eigentlich seelische Störungen und wen betreffen sie bevorzugt?

In diesem Kapitel erhält der Leser Informationen über die Häufigkeit psychischer Störungen, über den Einfluß von Alter, Geschlecht, Geschwisterposition und sozialer Schicht. Fazit: Es brauchen viel mehr Kinder und Jugendliche Hilfe als tatsächlich behandelt werden.

Mit der Frage der Häufigkeit von Störungen oder Erkrankungen beschäftigt sich eine wissenschaftliche Forschungsrichtung, die als *Epidemiologie* bezeichnet wird. Ihre Aufgaben sind vielfältig. Sie untersucht zunächst den Gesundheitszustand einzelner Bevölkerungsgruppen oder eines repräsentativen Ausschnitts der Bevölkerung. Ferner verfolgt sie die klinischen Symptome von Krankheiten hinsichtlich ihres natürlichen Verlaufs, versucht neue Krankheitsbilder oder Symptome aufzudecken und darzustellen und berechnet das Krankheitsrisiko des Durchschnittsmenschen für bestimmte Erkrankungen. Schließlich verfolgt sie geschichtliche Entwicklungslinien von Krankheiten, sucht nach Ursachenfaktoren und bemüht sich, die Leistungen von Gesundheits- und Versorgungsdiensten zu analysieren. Die Fragestellungen und Methoden der Epidemiologie richten sich seit einigen Jahrzehnten auch auf das Gebiet der seelischen Störungen des Kindes- und Jugendalters.

In diesem Zusammenhang sind wiederholt in verschiedenen Ländern der Welt repräsentative Erhebungen zur Häufigkeit seelischer Störungen von Kindern und Jugendlichen durchgeführt worden. Diese als *Prävalenzraten* bezeichneten Häufigkeitsangaben zeigen – wie aus Tabelle 1 ersichtlich ist – deutliche Schwankungen in den verschiedenen internationalen Untersuchungen. Für diese Schwankungen können eine ganze Reihe von Erklärungen angeführt werden. So gibt es zunächst Unterschiede zwischen den jeweils untersuchten Bevölkerungsstichproben, ferner Unterschiede in den eingesetzten Erhebungsmethoden, dem Umfang der erfaßten seelischen Störungen sowie auch zeitbedingte Verände-

Tab. 1: Ergebnisse neuerer internationaler Untersuchungen zur Häufigkeit seelischer Störungen bei Kindern und Jugendlichen

Region/Land	Alter (in Jahren)	Häufigkeit (in %)
1. Kanton Zürich/Schweiz	6–17	22,5
2. Niederlande	4–18	21,8
3. Dunedin/Neuseeland	11	17,6
	15	22,0
4. Ontario/Kanada	4–16	18,1
5. Puerto Rico/USA	4–16	17,9
6. New York/USA	9–18	17,7

Untersucher: 1. Steinhausen u. Mitarbeiter 1998, 2. Verhulst u. Mitarbeiter 1997, 3. Anderson u. Mitarbeiter 1987, Mc Gee u. Mitarbeiter 1990, 4. Boyle u. Mitarbeiter 1987, 5. Bird u. Mitarbeiter 1988, 6. Cohen u. Mitarbeiter 1989

rungen in der Definition der seelischen Störung. Neuere Studien haben zunehmend verfeinerte Untersuchungsmethoden eingesetzt und sorgfältiger zusammengestellte repräsentative Stichproben erfaßt. In diesen neueren Studien liegen die Häufigkeitsraten eher höher als in den älteren. Es wäre sicherlich auch unsinnig, in allen Regionen der Welt gleiche Häufigkeitsraten für seelische Störungen im Kindes- und Jugendalter zu erwarten. Eine derartige Erwartung könnte schon deswegen nicht aufgehen, weil die epidemiologische Forschung klar gemacht hat, daß seelische Störungen bei Kindern und Jugendlichen mit einigen allgemeinen *Bedingungsfaktoren* zusammengehen. Diese in den einzelnen Untersuchungen nicht immer gleich erfaßten Merkmale sind das *Alter*, das *Geschlecht*, die *Geschwisterposition* und die *Sozialschicht*.

Betrachtet man das gesamte Kindes- und Jugendalter, so gibt es zwei charakteristische Häufigkeitsgipfel für seelische Störungen. Der erste Gipfel liegt im Altersbereich von 6 bis 10 Jahren und der zweite in der Pubertät bzw. dem frühen Jugendalter, also zwischen dem 13. und 16. Lebensjahr. Dieses allgemeine Muster gilt für die seelischen Störungen des Kindes- und Jugendalters insgesamt, sieht für einzelne Störungen aber jeweils etwas abweichend aus.

Hinsichtlich des *Geschlechts* gilt für das Kindesalter, daß die meisten psychischen Störungen eine sogenannte Knabenwendigkeit zeigen, d. h., Jungen sind im Verhältnis von etwa 2 zu 1 deutlich häufiger als Mädchen von seelischen Störungen betroffen. Ab dem Jugendalter sind die beiden Geschlechter etwa gleich häufig betroffen und ab dem frühen Erwachsenenalter gibt es ein Überwiegen des weiblichen Geschlechtes bei seelischen Störungen. Das allgemeine Verteilungsmuster über die Geschlechter ist für einzelne seelische Störungen ebenfalls verschieden. So sind z. B. die Störungen des Sozialverhaltens oder die hyperkinetischen Störungen bei Jungen noch einmal sehr viel häufiger, als es das allgemeine 2:1-Verhältnis angibt.

Wenngleich die *Geschwisterposition* nur in wenigen größeren Untersuchungen erfaßt worden ist, läßt sich feststellen, daß entgegen einer weit verbreiteten Annahme Einzelkinder im Vergleich zu Geschwisterkindern seltener seelisch auffällig sind. Unter den Geschwistern sind am ehesten älteste Kinder und am seltensten jüngste Kinder betroffen.

Ein Zusammenhang mit der *Sozialschicht* findet sich nicht durchgängig bei allen seelischen Störungen des Kindes- und Jugendalters. Allerdings sind Störungen des Sozialverhaltens und hyperkinetische Störungen eher in der sozialen Unterschicht anzutreffen.

Neben der Erfassung von größeren Stichproben aus der Bevölkerung lassen sich auch auf der Basis von Erhebungen in klinischen Einrichtungen Zahlen über die Häufigkeit von seelischen Störungen gewinnen. Da es sich hierbei um Studien an Patienten handelt, die in Behandlung gekommen sind, sind diese Zahlen nicht repräsentativ für die Bevölkerung. Dennoch sind derartige Untersuchungen der sogenannten *Versorgungsepidemiologie* wichtig, weil sie unter anderem notwendige Daten über die Steue-

21

rung und Planung von Gesundheitsdiensten liefern. Eine wichtige Erkenntnis der modernen versorgungsepidemiologischen Forschung in der Kinder- und Jugendpsychiatrie betrifft die Tatsache, daß die Zahlen über die Gesamthäufigkeit der behandelten Kinder und Jugendlichen deutlich unter den Häufigkeitsraten für seelische Störungen in der Gesamtbevölkerung liegen. Gegenwärtig wird also nur ein kleiner Teil der tatsächlich behandlungsbedürftigen Kinder und Jugendlichen in den westlichen Industrieländern rechtzeitig diagnostiziert und behandelt. Aus den unterschiedlichen Zahlen der behandelten und behandlungsbedürftigen Kinder und Jugendlichen kann daher die Forderung abgeleitet werden, die Versorgungsleistungen und -angebote für Kinder und Jugendliche mit seelischen Störungen weiter auszubauen.

Ursachen

*Dieses Kapitel berichtet von den zahlreichen Bedingungen, die zur Ent-
wicklung der einzelnen seelischen Störungen bei Kindern und Jugendlichen beitragen können. Diese sind nicht immer gleich, und es gibt
nicht immer nur eine Ursache. Bedeutsam sind bei einzelnen Störungen
biologische Bedingungen wie Erblichkeit, angeborene Ausstattung
(Konstitution) und körperliche Faktoren. Den größten Raum nehmen
psychosoziale Faktoren ein, zu denen die Person des Kindes, seine Familie, die Schule und die Gleichaltrigen mit ihren Einflüssen zählen. Auch
gesellschaftliche Faktoren wie die soziale Schicht und die äußeren Lebensbedingungen können bedeutsam sein. Schließlich tragen die aktuellen Umstände des Lebens und jeweils spezielle Situationen zur Entwicklung seelischer Störungen bei. Es gibt aber auch Schutzfaktoren,
welche dazu beitragen, daß Kinder und Jugendliche trotz großer Belastungen keine seelischen Störungen entwickeln.*

Die moderne Forschung über die Ursachen seelischer Störungen
im Kindes- und Jugendalter hat vielfältige und wichtige Befunde
zutage gefördert. Dabei ist vor allem klar geworden, daß eine immer wieder gleiche Ableitung der vielfältigen seelischen Störungen
aus einer allgemeinen Theorie nicht möglich ist. Vielmehr muß für
die meisten seelischen Störungen eine Wechselwirkung unterschiedlicher Faktoren angenommen werden. Die für einzelne
Störungsbilder entwickelten Annahmen sind mehrheitlich einem
sogenannten *Mehrebenenmodell* verpflichtet, das in der Abbildung 1 vorgestellt wird. In diesem Modell werden *biologische*,
psychosoziale und *soziokulturelle Faktoren* sowie *aktuelle Lebensumstände* und *Faktoren der jeweiligen Situation* berücksichtigt. Dabei gehört es zum Wesen eines jeden Modells, daß eher allgemeingültige Rahmenbedingungen beschrieben werden, als daß
eine genaue Ableitung einer jeweiligen Störung eines einzelnen
Kindes und Jugendlichen vorgenommen werden kann. Es darf
auch nicht übersehen werden, daß diese Modelle oft beträchtliche
Erkenntnislücken aufweisen, so daß eine letztendlich befriedigen-

Abb. 1: Das Mehrebenenmodell seelischer Störungen bei Kindern und Jugendlichen

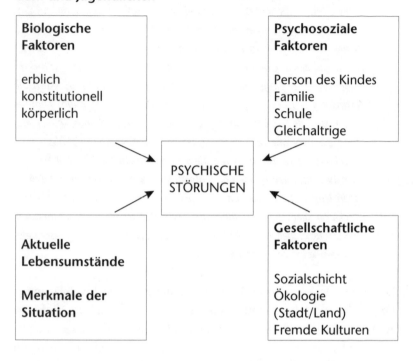

de Gesamtaufklärung aller Ursachenelemente in sehr vielen Fällen unmöglich ist.

Die folgende Aufstellung der wichtigsten Faktoren des Mehrebenenmodells stellt eine allgemeine Einführung in die Ursachenlehre seelischer Störungen bei Kindern und Jugendlichen dar. Die speziellen Aspekte einzelner Störungen werden in den entsprechenden Kapiteln weiter hinten erörtert.

Biologische Faktoren
Unter den biologischen Faktoren sind im wesentlichen drei Bedingungen bedeutsam, nämlich *erbliche Faktoren, konstitutionelle (angeborene) Elemente* und *körperliche Faktoren*. Für alle drei gilt,

daß sie bei einer Reihe von Störungen eine wichtige Voraussetzung für die Entwicklung von seelischen Störungen bilden, ohne daß damit eine schicksalhafte Zwangsläufigkeit verbunden ist.

Erbliche Faktoren: Nur wenige seelische Störungen sind ausschließlich erblich (genetisch) bedingt. Dabei handelt es sich vornehmlich um bestimmte Formen geistiger Behinderung, wie z. B. das Down-Syndrom (Mongolismus). Hingegen gibt es eine ganze Reihe von seelischen Störungen im Kindes- und Jugendalter, bei denen zumindest erbliche Anteile wirksam sind. Dies bedeutet, daß außer einer erblichen Anlage weitere Faktoren wirksam werden müssen. Derartige erbliche Anteile werden heute für die Schizophrenien, die manisch-depressive Erkrankung und den frühkindlichen Autismus angenommen. Wahrscheinlich liegen zumindest auch bei einem Teil der Kinder mit hyperkinetischen Störungen erbliche Ursachen zugrunde. Ebenso muß für bestimmte Tic-Störungen einschließlich des Tourette-Syndroms sowie bei einem Teil der Kinder mit Einnässen, Lese-Rechtschreibschwäche und Stottern ebenfalls eine erbliche Komponente angenommen werden. Schließlich werden erbliche Anteile auch bei der Anorexie sowie bei einigen seelischen Störungen des Erwachsenenalters – wie Alkoholismus und Persönlichkeitsstörungen – angenommen. Über die wichtigsten Vorgehensweisen der genetischen Forschung siehe den beigefügten Kasten auf Seite 26.

Konstitutionelle Elemente: In der Ursachenlehre seelischer Störungen bei Kindern und Jugendlichen werden unter den *angeborenen Elementen* der Ausstattung im wesentlichen zwei Bedingungen, nämlich das Geschlecht sowie das Temperament, diskutiert. In dem vorausgegangenen Kapitel über die Häufigkeiten seelischer Störungen war bereits auf die typische Knabenwendigkeit vieler seelischer Störungen im Kindesalter hingewiesen worden. Dieser *Geschlechtsfaktor* ist ein wichtiges Element der normalen wie auch der abweichenden Entwicklung. Mädchen zeigen insgesamt eine schnellere körperliche Entwicklung und sind das eigentlich stärkere biologische Geschlecht. Jungen sind trotz ihrer größeren Muskelkraft für eine Vielzahl körperlicher Erkrankungen

Methoden der genetischen Forschung bei seelischen Störungen

Die Erblichkeit von seelischen Störungen kann mit verschiedenen Methoden untersucht werden. *Familienstudien* können zunächst Aufschluß über eine Häufung bestimmter Störungen in mehreren Generationen einer Familie geben. Dabei werden die Stammbäume genau erfaßt.

In *Adoptionsstudien* vergleicht man die Häufigkeiten seelischer Störungen bei Kindern, die von biologischen Eltern mit einer seelischen Störung abstammen und bei gesunden Adoptiveltern aufwuchsen, mit den Häufigkeiten seelischer Störungen bei Kindern, die bei ihren biologischen Eltern aufwuchsen. Mit dieser Methode versucht man die Anteile von Anlage und Umwelt in der Verursachung seelischer Störungen zu trennen.

In *Zwillingsstudien* werden die Häufigkeiten seelischer Störungen bei eineiigen (monozygoten) Zwillingen und zweieiigen (dizygoten) Zwillingen verglichen. Eine höhere Übereinstimmung bei eineiigen Zwillingen spricht wegen der absolut gleichen erblichen Ausstattung für einen hohen erblichen Anteil der jeweiligen seelischen Störungen.

Verschiedene sogenannte *zytogenetische* und *molekularbiologische Laboruntersuchungen* dienen der Aufklärung des jeweiligen Ortes und Defektes in den Erbanlagen. Diese sind in den Genen gespeichert, die auf den sogenannten Erbkörperchen (Chromosomen) in jeder Körperzelle vorhanden und in einer bestimmten Reihenfolge angeordnet sind. Der Mensch besitzt 23 Chromosomenpaare; davon werden 22 Paare als Körperchromosomen (Autosomen) und ein Paar als Geschlechtschromosomen (Gonosomen) bezeichnet. Die Körperchromosomen werden mit Zahlen bezeichnet. Die Geschlechtschromosomen tragen beim weiblichen Geschlecht die Bezeichnung XX und beim männlichen Geschlecht die Bezeichnung XY.

Für zahlreiche körperliche Störungen sind verschiedene Formen von *Erbgängen* bekannt. Bei einem *autosomal-dominanten Erbgang* kommt es auch dann zur Ausbildung der jeweiligen Störung, wenn ein bestimmtes verantwortliches Gen nur auf einem der beiden Körperchromosomenpaare vorhanden ist. Bei einem *autosomal-rezessiven Erbgang* macht sich die Störung bei dieser Konstellation nicht bemerkbar. Hier tragen die sogenannten Überträger die Erbanlage, ohne ein Symptom der jeweiligen Störung zu haben. Erst wenn beide Eltern Überträger sind, können mit einer Wahrscheinlichkeit von 25 % Kinder geboren werden, die auf beiden Körperchromosomen das verantwortliche Gen tragen und damit die jeweilige Störung vererbt bekommen. Schließlich gibt es den *geschlechtsgebundenen Erbgang*, bei dem die Störung auf ein Gen des X- oder des Y-Chromosoms zurückgeht.

Mit der Aufschlüsselung des menschlichen Erbguts (Genoms) können bei verschiedenen seelischen Störungen der Aufbau und die Feinstruktur einzelner *Gene* untersucht werden, die für den Stoffwechsel speziell des Gehirns bedeutsam sind. Die bisherigen Erkenntnisse besagen, daß bei seelischen Störungen jeweils statt eines einzelnen Gens eher mehrere Gene verändert sind. Man spricht daher von einer *polygenen* Verursachung. Wie sich diese Veränderungen auf das Verhalten auswirken, ist trotz eines schnellen Erkenntnisfortschritts im einzelnen noch ungenügend aufgeklärt.

empfänglicher und haben insgesamt eine geringere Lebenserwartung. Parallel zu dieser schlechteren biologischen Ausstattung haben Jungen offensichtlich auch eine erhöhte Empfänglichkeit für die Entwicklung seelischer Störungen. Dies zeigt sich z. B. bei der geistigen Behinderung, beim frühkindlichen Autismus, bei Hirnschädigungen, bei Entwicklungsverzögerungen, bei hyperkinetischen Störungen sowie bei Störungen des Sozialverhaltens. Mit dem Pubertätsalter beginnen sich diese unterschiedlichen Häufigkeiten seelischer Störungen der beiden Geschlechter anzugleichen. Zwei typische Erkrankungen des Jugendalters, die *Anorexie* und die *Bulimie*, sind hingegen sehr viel häufiger bei Mädchen anzutreffen.

Die Annahme, daß die unterschiedlichen Geschlechtsverteilungen bei seelischen Störungen des Kindes- und Jugendalters unter anderem auch von *biologischen Bedingungen* beeinflußt werden, kann sich auf eine Reihe von Argumenten stützen. Dazu gehört zunächst die Beobachtung, daß geschlechtstypische Verhaltensweisen in verschiedenen Kulturen gefunden werden. Sie kommen außerdem nicht nur beim Menschen, sondern auch bei vielen Tierarten vor. Ferner bestehen sie schon von sehr frühen Lebensphasen an, und schließlich gibt es Hinweise darauf, daß sie durch teilweise unterschiedlich angelegte Hirnstrukturen und -funktionen bedingt sind. Dabei könnte unter anderem von Bedeutung sein, daß die schon ab dem dritten Schwangerschaftsmonat vorhandenen Sexualhormone das Nervensystem in geschlechtstypischer Weise beeinflussen.

Natürlich kann diese Argumentation nicht außer acht lassen, daß Verhalten und Entwicklung von Kindern wesentlich von *Umgebungsbedingungen* und *Erziehung* beeinflußt werden. Die Ge-

27

sellschaft hält jeweils für die beiden Geschlechter bestimmte Rollen, Erwartungen, Vorurteile und stereotype Vorstellungen bereit. So wichtig einerseits die Bedeutung gesellschaftlicher Verhaltensprägungen ist, so muß doch andererseits betont werden, daß die moderne Verhaltensforschung ständig neue Belege für die Bedeutsamkeit biologischer Bedingungen menschlichen Verhaltens liefert.

Der zweite wichtige angeborene Ursachenfaktor, der in diesem Zusammenhang zu diskutieren ist, ist der des *Temperamentes*. Mit diesem Begriff wird der Verhaltensstil eines Menschen bezeichnet, mit dem er auf die Welt kommt und in die Welt hineinwächst. Die moderne Temperamentsforschung hat eine Reihe von *Verhaltensstilen* aufzeigen können, die bereits im Säuglingsalter vorhanden sind. Zu ihnen gehören das Aktivitätsausmaß, die Stimmungslage, die Annäherung bzw. der Rückzug bei neuen Situationen und Menschen, die Regelmäßigkeit biologischer Abläufe (Schlafen, Wachen, Hungern, Sattheit, Ausscheidung), die Anpassungsfähigkeit, die Form der Reaktion auf Reize, die Ablenkbarkeit und die Aufmerksamkeitsspanne. Jedes dieser Merkmale kann eine eher positive oder eine eher negative Ausprägung annehmen. Schon Kleinkinder lassen sich hinsichtlich dieser Verhaltensstile voneinander unterscheiden. Aus Tabelle 2 wird ersichtlich, daß es auf der Basis der Temperamentsausstattung sogenannte „einfache" und „schwierige" Kinder gibt. Die Bedeutsamkeit dieser frühen Verhaltensstile für die mögliche Entwicklung späterer seelischer Störungen ergibt sich aus dem Umstand, daß sogenannt „schwierige" Kinder später viel eher Verhaltensauffälligkeiten entwickeln können. Hingegen entwickeln Kinder mit einer guten Anpassungsfähigkeit, regelmäßigen biologischen Abläufen und positiver Stimmungslage sehr viel seltener Verhaltensprobleme. Tabelle 2 zeigt diese Zusammenhänge. Dabei muß aber berücksichtigt werden, daß Verhaltensprobleme nicht ausschließlich auf diese beiden Typen von Temperamenten zurückgeführt werden können.

Wenngleich hinter diesen konstitutionellen Elementen des Temperamentes möglicherweise wiederum erbliche Faktoren stehen,

Tab. 2: Temperamentsmerkmale von »einfachen« und »schwierigen« Kindern

Merkmal	Temperament des »einfachen« Kindes	Temperament des »schwierigen« Kindes
Allgemeine Stimmungslage	fröhlich, lächelnd, positiv	traurig, weinend, negativ
Regelmäßigkeit biologischer Funktionen	regelmäßig	unregelmäßig
Reaktion auf neue Situationen	Annäherung	Rückzug
Anpassung an neue Situationen	schnell	langsam
Intensität der Reaktionen	mäßig	ausgeprägt
Spätere Verhaltensprobleme	selten	häufig

darf auch hier die *Bedeutsamkeit der sozialen Umwelt* nicht aus dem Blick verloren werden. Grundsätzlich werden alle Erbanlagen immer erst durch die Umwelt zum Ausdruck gebracht. Wenn es z. B. Eltern gelingt, sich auf die ungünstigeren Verhaltensstile ihres Kindes mit einer gleichermaßen liebevollen wie beharrlichen Erziehungshaltung einzustellen, kommt es nicht zu der aufgezeigten Verbindung von ungünstigen Temperamentsmerkmalen und späteren seelischen Störungen. Insofern kann die biologische Ausstattung durch entweder erbliche oder konstitutionelle Elemente nur den Rahmen abstecken, in dem vielfältige Umweltfaktoren wirksam werden.

Körperliche Faktoren: Unter den ursächlich bedeutsamen körperlichen Bedingungen ist zunächst die Rolle des *Gehirns* wichtig. Dieses ist in der frühen Kindheit in einem Stadium enormen Wachstums, welches einerseits mit einer ausgeprägten Empfindlichkeit für Schädigungen, andererseits mit einer ebenso ausgeprägten Fähigkeit verbunden ist, eingetretene Schädigungen im noch anhaltenden Wachstumsprozeß wieder auszugleichen bzw. zu reparieren. Für die Entwicklung seelischer Störungen im Kindesalter ist nun bedeutsam, daß bereits in der *Schwangerschaft* eine Reihe von *Risikofaktoren* bei der Mutter auftreten können, welche mit späteren Entwicklungsverzögerungen verbunden sind. Hierzu zählen beispielsweise Blutungen, schweres anhaltendes Erbrechen, erhöhter Blutdruck, Infektionskrankheiten, erhöhter Alkohol- und Nikotingenuß und andere Merkmale. Ähnlich gibt es auch Risikofaktoren unter der *Geburt*, zu denen beispielsweise eine Lageabweichung, Nabelschnurumschlingungen oder ein vorzeitiger Blasensprung gehören. Auch in der *ersten Lebenswoche* können Risikofaktoren die weitere Entwicklung des Kindes beeinträchtigen. Beispiele sind etwa Neugeborenenkrämpfe, Atemprobleme oder eine zu spät erkannte Blutgruppenunverträglichkeit. In der anschließenden Lebensphase des *frühen Kindesalters* sind Entzündungen, Verletzungen, Geschwulstbildungen oder Mißbildungen für die Entwicklung des Gehirns besonders gefährlich.

Kinder, die in irgendeiner Phase ab der Schwangerschaft derartigen Risikoelementen ausgesetzt gewesen sind, haben eine mehrfach erhöhte Wahrscheinlichkeit, seelische Störungen zu entwickeln. Neben der Verzögerung der Entwicklung und der resultierenden Intelligenzbeeinträchtigung kann eine große Vielfalt von seelischen Störungen in der Folge von Schädigungen oder Funktionsstörungen des Gehirns beobachtet werden.

Neben dieser herausragenden Bedeutung des Gehirns unter den körperlichen Bedingungen ist ferner die Tatsache bedeutsam, daß auch *andere körperliche Erkrankungen* das Risiko für eine seelische Störung beträchtlich erhöhen. Vielfältige Beobachtungen an chronisch kranken Kindern – wie z. B. Zuckerkrankheit, Krebserkrankung, Körperbehinderung oder Herzkrankheiten – belegen, daß bei einer chronischen Erkrankung oder Behinderung besondere Probleme der Entwicklung verbunden sind, die deutlich häufiger als bei körperlich gesunden Kindern in eine seelische Störung münden.

Psychosoziale Faktoren

Unter dieser Überschrift müssen vier weitere Faktoren diskutiert werden. Diese betreffen die Person des Kindes, die Bedeutung der *Familie* sowie den Einfluß der *Schule* und der *Gleichaltrigen*.

Die Person des Kindes: Trotz der bisher geschilderten biologischen Aspekte und der Abhängigkeit und Schutzbedürftigkeit des jungen Kindes wäre die Annahme falsch, daß Kinder ausschließlich das Produkt ihrer biologischen Ausstattung und der Einflüsse ihrer Umwelt wären. Vielmehr beginnt sich schon recht früh eine eigene kindliche *Persönlichkeit* zu entwickeln, die in besonderer Weise ihre Umwelt erlebt und sich auf sie einstellt. Das Kind lernt sprichwörtlich aus seinen Erfahrungen und tritt schon sehr früh ab dem Säuglingsalter auf erstaunlich aktive Weise in eine Auseinandersetzung mit seiner sozialen Umwelt. Dabei entwickelt es sowohl Stärken als auch Schwächen, welche es für die Auseinandersetzung mit Belastungen in besonderer Weise stützen oder beeinträchtigen. Diese bei einzelnen Kindern recht unterschiedlich ablaufenden Entwicklungen stellen entweder einen Schutz im Sinne eines Puffers oder aber eine Gefährdung dar, wenn äußere Belastungsfaktoren einwirken. Insofern ist die jeweils abgelaufene Persönlichkeitsentwicklung ein weiterer Ursachenfaktor, der bei einer Zusammenschau aller Risikoelemente im Rahmen der Entwicklung von seelischen Störungen im Kindes- und Jugendalter berücksichtigt werden muß.

Die Familie: Die Rolle der *Eltern* ist sowohl für die normale wie auch die abweichende Entwicklung im Kindesalter von herausragender Bedeutung. Zu den vielfältigen *Aufgaben der Elternschaft* gehören die emotionale Bindung und Beziehung, die Modellfunktion für das Verhalten von Kindern, die Anregung und Förderung, die Erziehung und der Austausch mit den Kindern. Ein Versagen in einer dieser wichtigen Funktionen hat mit großer Wahrscheinlichkeit weitreichende Konsequenzen für die seelische Entwicklung des Kindes. Dies ist für eine Reihe von Bedingungen, die im folgenden diskutiert werden, gut nachgewiesen.

Hinsichtlich des *Erziehungsverhaltens* ist es zunächst weniger bedeutsam, auf welche Art und Weise Disziplin gefördert oder Bestrafung eingesetzt werden. Bedeutsamer ist vielmehr die Häufigkeit der Bestrafung. Bekannt ist, daß häufig geschlagene Jungen eher Aggressivität und Störungen des Sozialverhaltens entwickeln. Dabei ist allerdings zu berücksichtigen, daß die gestörte Beziehung zwischen den Eltern und dem Kind für die Entwicklung dieser Verhaltensauffälligkeiten sehr viel bedeutsamer als die Form der Disziplinierung ist. Problematisch ist vor allem ein unbeständiges, nicht konsequentes Handeln zwischen den Eltern oder bei derselben Elternperson. Ein Pendeln zwischen ausgeprägter Härte und Nachsichtigkeit für ein und dasselbe Verhalten, Unsicherheit im Umgang mit Grenzsetzungen sowie mangelndes Lob und Unterstützung für positives Verhalten sind wichtige Rahmenbedingungen für die Entwicklung von ausgeprägten dissozialen Störungen.

Ein anderes Muster elterlichen Fehlverhaltens, das insbesondere bei ängstlichen Kindern zu beobachten ist, besteht aus ständiger elterlicher *Einmischung und Überfürsorglichkeit.* Die betroffenen Kinder werden in der Entwicklung eines gesunden Selbstbewußtseins und einer eigenständigen Persönlichkeit behindert. Das extreme Gegenteil dieser Überfürsorglichkeit ist die *Vernachlässigung*, die sich auch als Trennungs- und Verlusterfahrung im frühen Kindesalter niederschlagen kann. Sehr kleine Kinder können auf Trennungen und Verlust von wichtigen Bezugspersonen in der Familie mit tiefgreifenden seelischen Störungen reagieren. Die sogenannten *Bindungsstörungen* treten allerdings nur bei einem Teil von Kleinkindern als Folge einer Krankenhausaufnahme oder Heimunterbringung auf. Betroffen sind vor allem Kleinkinder im Alter von 7 Monaten bis 4 Jahren, die wenig außerhäusliche Erfahrung gehabt haben und möglicherweise vorher schon belastet gewesen sind, die Kontaktprobleme aufweisen und sich insgesamt schlecht an Belastungen haben anpassen können. Es gehört daher zu den unverzichtbaren Forderungen für die seelische Hygiene, daß Kleinkinder im Krankenhaus nicht kontinuierlich von ihren Müttern oder wichtigen anderen Bezugspersonen getrennt werden dürfen.

Weitere Risiken für die seelische Entwicklung des Kindes können durch andere Formen des *Verlusts der Eltern* entstehen. Während der Verlust eines Elternteils durch Tod möglicherweise nur zu einer vorübergehenden seelischen Reaktion führt, sind die Folgen von Scheidung oder Trennung der Eltern meist weitreichender. Sie folgen häufig langen Phasen von Streitigkeiten und schweren Belastungen innerhalb der Familie. Diese meist chronische Beziehungsstörung zwischen den Eltern hat für die Entwicklung einer seelischen Störung meist größere Bedeutung als das eigentliche Ereignis der Trennung oder Scheidung. Gleichwohl sind in den oft schwierigen Lebensbedingungen nach einer Scheidung eine Vielzahl von Risiken enthalten, denen Kinder alleinstehender Eltern unterworfen sind. Hierzu zählen schlechtere Lebensverhältnisse, ungenügendere emotionale, soziale und finanzielle Unterstützung des verbleibenden Partners, der starke gesellschaftliche Druck auf unverheiratete Mütter oder getrennte Eltern, die möglicherweise einsetzende soziale Diskriminierung des Kindes und die fehlende Vorbildfunktion einer harmonischen Partnerschaft der Eltern.

Neben diesen verschiedenen Formen von Trennungs- und Verlusterfahrungen können auch bei äußerlich geordneten familiären Verhältnissen erhebliche *Bindungsmängel* aufgrund einer lieblosen und wenig engagierten Kindererziehung auftreten. Diese emotional vernachläßigten Kinder entwickeln ein ungehemmtes und distanzloses Verhalten und zeigen später ebenfalls Zeichen einer Bindungsschwäche.

Einige *Eltern* sind aufgrund des Vorliegens einer eigenen seelischen Störung nicht in der Lage, die geeigneten Verhältnisse für eine positive Entwicklung ihrer Kinder zu schaffen. Dabei sind die Kinder möglicherweise nicht nur von erblichen Faktoren der seelischen Störung ihrer Eltern, sondern vor allem durch die negativen Auswirkungen auf das Familienleben betroffen. Das Verhalten dieser Eltern ist oft unvorhersehbar und hat darüber hinaus eine ungünstige Vorbildfunktion für das Kind.

Ein weiterer ungünstiger Faktor für die gesunde seelische Entwicklung besteht in der *mangelnden Anregung des Kindes* durch seine Eltern. Die Gründe hierfür können vielfältig sein. Hierzu zählen Unkenntnis, mangelnde Vorbereitung auf die Elternschaft, übermäßige Orientierung an eigenen Lebenszielen und der Berufskarriere oder die bereits mehrfach erwähnten Partnerbeziehungsprobleme. Von der mangelnden Anregung ist es bisweilen nur ein kleiner Schritt zur *Vernachlässigung*, bei der wichtige Grundbedürfnisse des Kindes nach emotionaler Zuwendung, Schutz vor äußeren Gefahren und Bewahrung der Gesundheit nicht mehr erfüllt werden. Von der Vernachlässigung schließlich ist die *Mißhandlung* nicht mehr weit entfernt, welche nicht nur die seelische Gesundheit, sondern das Leben des Kindes insgesamt bedroht.

Die besondere Bedeutsamkeit all dieser beschriebenen Formen einer Störung der Elternschaft besteht neben der Gefährdung der seelischen Gesundheit des Kindes auch in einer Form von Wiederholung, die als *Generationenkreislauf* zu betrachten ist. Viele Kinder, die derartigen Entbehrungen ausgesetzt waren, sind später als Erwachsene nicht mehr in der Lage, sich gegenüber ihren eigenen Kindern anders zu verhalten.

Die Schule: Die Rolle der Schule für die Entwicklung seelischer Störungen ist erst in der jüngeren Vergangenheit untersucht worden. Dabei hat sich ergeben, daß *Leistung und Schülerverhalten* wesentlich mit sieben Faktoren zusammenhängen: dem Ausmaß an Lob und Unterstützung durch den Lehrer, der Gestaltung der uittelbaren Schulumgebung, der Übertragung von Verantwortlichkeit auf die Schüler, der Betonung von Leistung, dem Vorbildverhalten der Lehrer, dem gruppenbezogenen Verhalten der Lehrer im Gegensatz zum einzelbezogenen Unterricht sowie der Übereinstimmung hinsichtlich der pädagogischen Prinzipien innerhalb der Lehrerschaft. Schulen, welche in diesen Merkmalen eher versagen oder ungünstig abschneiden, tragen eigenständig zur Entwicklung von Verhaltensauffälligkeiten bei ihren Schülern bei. Dementsprechend lassen sich an bestimmten Schulen höhere oder niedrigere Ausmaße von zerstörerischem Verhalten oder Drogenmißbrauch beobachten.

Die Gleichaltrigen (auch ‚peer group' genannt): Neben Elternhaus und Schule ist die Gruppe der Gleichaltrigen eine weitere prägende Kraft für das Verhalten von Kindern und Jugendlichen. Sie beeinflußt den Kleidungsstil, Vorlieben und Hobbys, Werthaltungen und Einstellungen und ordnet dem Kind und Jugendlichen jeweils einen Platz in der Gruppe zu. Dabei können im Extremfall von der Gruppe gemeinschaftliche dissoziale Aktivitäten ausgehen.

Gesellschaftliche Faktoren
Während die bisher diskutierten Risikofaktoren für seelische Störungen alle der direkten sozialen Lebensumwelt des Kindes und Jugendlichen entstammen, sind die folgenden Merkmale eher der entfernteren sozialen Umwelt und der Gesellschaft zugeordnet. Zu ihnen zählen die Merkmale der sozialen Schicht, die Ökologie im Sinne von Stadt-Landunterschieden sowie die unter dem Begriff der Migration zusammengefaßten Wanderungsbewegungen von Gastarbeiterfamilien.

Soziale Schicht: Im Kapitel über die Häufigkeiten seelischer Störungen war bereits auf die epidemiologischen Forschungsergebnisse zum Zusammenhang von soziale Schicht und Verhaltensauffälligkeiten eingegangen worden. Dabei war festgestellt worden, daß Aggressivität und dissoziale Störungen gehäuft in der Unterschicht angesiedelt sind. Hinter diesem Zusammenhang . könnten sich niedrigere Intelligenz und schlechtere Schulbildung verbergen, welche ihrerseits mit einem erhöhten Risiko für eine seelische Störung verbunden sind. Ergänzende Ursachen könnten auch in dem schlechteren Gesundheitszustand in den sozialen Unterschichten liegen. Dabei ist möglicherweise die erhöhte Rate an Schwangerschaftskomplikationen bedeutsam, weil sie wiederum zu einer Reifungsverzögerung des Gehirns und Intelligenzbeeinträchtigungen beiträgt.

Bedeutsam für den Zusammenhang von *niedriger sozialer Schicht* und bestimmten seelischen Störungen ist aber auch die Tatsache, daß Kinder aus diesen Schichten eher eine *verspätete oder gar keine Hilfe* für die jeweilige Störung erhalten. Ungenügende Informationen über Hilfsmöglichkeiten, möglicherweise auch Abneigungen gegenüber derartigen Einrichtungen sind ebenso bedeutsam wie die oft ungenügende Ausrichtung von Beratungseinrichtungen auf die speziellen Probleme der sozialen Unterschichten.

Schließlich steht hinter dem Zusammenhang von sozialer Unterschicht und dissozialen Störungen bei Kindern und Jugendlichen die Häufung von *belastenden Lebensumständen,* die mit den Stichwörtern der familiären Disharmonie, der gestörten Partnerbeziehung der Eltern oder der resultierenden Heimunterbringung des Kindes bereits diskutiert worden sind. Hinzu kommen die häufig sehr belastenden wirtschaftlichen Verhältnisse mit beengtem Wohnraum und schlechter Lebensqualität.

Ökologie: Ebenfalls aus der epidemiologischen Forschung stammt die Erkenntnis, daß die Rate an Verhaltensauffälligkeiten in großen *Städten* deutlich höher als auf dem *Land* ist. In den Städten sind vor allem hohe Raten für dissoziales Verhalten zu beobachten. Auch hinter diesen Zusammenhängen verbirgt sich oft eine Häufung und Kette von bereits diskutierten Risikofaktoren, zu denen familiäre Disharmonie, elterliche psychische Störungen und Kriminalität, soziale Benachteiligung und schlechte Lebensbedingungen sowie ungünstige schulische Verhältnisse gehören. Offensichtlich ballen sich in den Städten eine Reihe von psychosozialen Problemen, welche einmal entstandene seelische Störungen daran hindern, sich spontan zurückzubilden.

Fremde Kulturen: In allen mitteleuropäischen Ländern leben seit Jahren große Anteile von Bevölkerungsgruppen, welche aus dem Ausland stammen. Für diese Einwanderer ergeben sich aus der Veränderung ihrer sozialen Gewohnheiten und Bindungen erhebliche Belastungen und Probleme. Sie stehen häufig im Konflikt zwischen zwei Kulturen, haben Verständigungsprobleme, sind sozial ausgegrenzt, leben in ungünstigeren Wohnverhältnissen und sind als Eltern meist einer belastenden Arbeitssituation respektive als Kinder einer belastenden Schulsituation ausgesetzt. Die ungewisse Aufenthaltsdauer, die oft jahrelange Trennung der Familie sowie die Konfrontation mit zwei unterschiedlichen Lebenswelten schaffen ein Spannungsfeld, in dem nachgewiesenermaßen seelische Fehlentwicklungen von Kindern begünstigt werden. Je größer der Abstand zwischen den jeweiligen Kulturen und je geringer die Integration in das Gastland ist, desto höher ist die Wahrscheinlichkeit für eine seelische Störung der zweiten Generation der Kinder, welche im Gastland aufwachsen.

Aktuelle Lebensumstände und Merkmale der Situation
In vielen Fällen seelischer Störungen sind zusätzliche Elemente wirksam, die sich aus den Lebensumständen oder der Situation ergeben. So können der Verlust einer wichtigen Bezugsperson oder auch nur der Tod eines geliebten Haustiers, das Versagen in der Schule, die Beendigung einer Freundschaft oder ähnliche Ereignisse relativ plötzlich seelische Störungen auslösen, die sich möglicherweise noch verfestigen, wenn weitere Belastungen hinzukommen. Lebensumstände sind beispielsweise bei der Auslösung von Selbsttötungshandlungen von Jugendlichen bedeutsam, die eine Krise ihrer Entwicklung oder ihrer Beziehungen erleben.

Auf ähnliche Weise ist die Auslösung einer seelischen Störung häufig von ganz speziellen Situationen abhängig. So dienen z. B. die verfügbaren oder angebotenen Drogen oder Alkohol am Anfang der Stimmungsaufhellung und Bewältigung einer Krise, um dann allmählich in einen regelmäßigen Drogenmißbrauch überzugehen. Ebenso ist manche Selbsttötungshandlung eines Jugendlichen erst durch die Verfügbarkeit von Medikamenten im Haushalt ausgelöst worden.

Schutzfaktoren
Bei der abschließenden Zusammenschau der vier diskutierten Einflußfaktoren für die Entwicklung seelischer Störungen bei Kindern und Jugendlichen muß noch einmal betont werden, daß die Einzelbedingungen miteinander in Wechselwirkung treten können und nicht jedes der diskutierten Elemente zwangsläufig zu einer

seelischen Fehlentwicklung führt. In die Betrachtung der Risikofaktoren muß darüber hinaus auch eine Gruppe von gegenläufig
wirksamen Schutzfaktoren einbezogen werden. Tatsächlich werden viele Kinder trotz ähnlich ungünstiger Ausgangsbedingungen
oder trotz Belastungsfaktoren keineswegs notwendigerweise seelisch auffällig. So ist z. B. in einer Familie nur ein bestimmtes Kind
auffällig, während seine Geschwister bei ähnlich ungünstigen Bedingungen ungestört sind. Als Erklärung für diesen Umstand
kann unter anderem auch das Wirken von Schutzfaktoren angeführt werden.

Diese Schutzfaktoren wirken auf sehr ähnliche Weise in verschiedenen Situationen und bei unterschiedlichen Belastungen
und Risiken. Wahrscheinlich sind es im wesentlichen drei Bedingungen, die wirksam werden:

- Das Kind ist durch eine günstige angeborene *Ausstattung* mit
  Merkmalen wie positives Temperament, Autonomie, Sozialge-
  fühl und positives Selbstwertgefühl geschützt,
- das Kind wird durch ein günstiges *familiäres Milieu* mit Zu-
  sammenhalt, Wärme, Harmonie und Zuwendung gestützt und
- die erweiterte *soziale Umwelt* außerhalb der Familie schützt
  über Verwandte, Freunde und Nachbarn, indem sie in Krisensituationen soziale Unterstützung bereitstellt.

Die Aktivierung derartiger Schutzfaktoren erklärt nicht nur,
warum es in einigen Fällen trotz belastender Umstände nicht zur
Entwicklung seelischer Störungen bei Kindern und Jugendlichen
kommt. Sie leistet vielmehr auch einen Beitrag zum Verständnis
des unterschiedlichen Ansprechens auf Therapieangebote sowie
die verschiedenen Verläufe von seelischen Störungen.

Wie verläuft eine Untersuchung?

Vor jeder Behandlung seelischer Störungen muß eine genaue Untersuchung erfolgen. Dieses Kapitel beschreibt, welche Gesichtspunkte von Fachleuten im Gespräch mit den Kindern, Jugendlichen und weiteren wichtigen Bezugspersonen erfaßt werden. Dazu gehören der Grund der Vorstellung und die Symptome, die Familienentwicklung, die persönliche Entwicklung des Kindes oder Jugendlichen sowie der Befund seelischer Auffälligkeiten. Zusätzliche Hilfsmittel wie Tests, Fragebögen und Laboruntersuchungen werden kurz dargestellt.

Die Voraussetzung für eine wirksame Hilfeleistung bei seelischen Störungen im Kindes- und Jugendalter ist eine sorgfältige Untersuchung. Diese hat zum Ziel, die jeweiligen Probleme im Verhalten, vorhandene Symptome und Beeinträchtigungen von Erleben und Befinden des Kindes oder Jugendlichen zu erfassen. Dabei muß immer der jeweilige Entwicklungsstand des Kindes oder Jugendlichen und die *Umwelt*, in der das Kind oder der Jugendliche leben, berücksichtigt werden. Am Ende einer derartigen Untersuchung steht die genaue *Diagnose* im Sinne der in diesem Buch beschriebenen speziellen Störungen. Ausgehend von der Diagnose und dem Verständnis des jeweiligen Problems wird sodann eine Therapie- und Maßnahmenplanung vorgenommen, um dem Kind bzw. Jugendlichen mit den besten vorhandenen Möglichkeiten zu helfen. Dabei werden auch seine Stärken und schützenden Kräfte berücksichtigt.

Da Kinder und Jugendliche in Abhängigkeit von ihrem Alter unterschiedlich gut über ihre eigenen Probleme berichten können, ist nahezu regelhaft eine zusätzliche Befragung der Eltern oder Erziehungspersonen erforderlich. Häufig sind aber auch Informationen von Dritten einzuholen, z. B. von Lehrern, Verwandten, Freunden oder auch Amtspersonen, welche das Kind oder den Jugendlichen gut kennen oder eine besondere Verantwortung für ihn haben.

Für die Untersuchung von Kindern oder Jugendlichen mit seelischen Störungen sind in besonderer Weise *Ärzte für Kinder- und Jugendpsychiatrie* zuständig. Zusätzlich werden *Psychologen* mit einer Spezialausbildung in klinischer Kinderpsychologie tätig. Oft arbeiten diese beiden Berufsgruppen zusammen. Auch *Kinderärzte* sehen eine große Zahl von Kindern und Jugendlichen mit seelischen Störungen. Daneben gibt es eine Reihe von *Spezialisten* – wie z. B. Krankengymnasten, Sozialarbeiter oder Ergotherapeuten – mit einem besonderen Arbeitsfeld und Auftrag. Diese Spezialisten können wichtige Zusatzbefunde im Rahmen der Untersuchung leisten.

Die kinder- und jugendpsychiatrische Untersuchung stützt sich in erster Linie auf ein ausgedehntes klinisches *Interview*, welches die in Tabelle 3 aufgelisteten Schwerpunkte hat. Diese beziehen sich zunächst auf den *Grund der Vorstellung* des Kindes oder Jugendlichen bei einem Experten. Der zweite Schwerpunkt beschäftigt sich mit der Familie. In der sogenannten *Familienanamnese* werden die Zusammensetzung der Familie, gegebenenfalls mit Stammbaum, Angaben zu Krankheiten der einzelnen Familienmitglieder sowie die aktuelle Lebenssituation der Familie erfaßt. Im dritten Schwerpunkt, der sogenannten *Eigenanamnese*, wird die gesamte lebensgeschichtliche Entwicklung des Kindes oder Jugendlichen erfragt. Dabei werden alle wichtigen Stationen der *Entwicklung* vom Beginn der Schwangerschaft bis zum aktuellen Zeitpunkt sorgfältig erfaßt. Besondere Aufmerksamkeit erhalten die schulische und gegebenenfalls berufliche Situation, die sozialen Beziehungen, der Stand der sexuellen Entwicklung, frühere Krankheiten, der Gebrauch von Genußmitteln, Drogen oder Medikamenten sowie die Hobbys und Interessen des Kindes bzw. Jugendlichen. Schließlich wird der eigentliche *Befund seelischer Auffälligkeiten* (psychopathologischer Befund) erhoben. Der Tabelle 3 kann entnommen werden, daß der Kinder- und Jugendpsychiater verschiedene Beurteilungsschwerpunkte hat, die er im Rahmen des Gespräches mit den Eltern oder Bezugspersonen bzw. mit dem Kind oder Jugendlichen selbst abklärt. Diese in der Tabelle ebenfalls ausgewiesenen Ebenen des Befundes seelischer Auf-

Tab. 3: Die Schwerpunkte der Untersuchung

1. Grund der Vorstellung und Symptome

2. Familienentwicklung (Familienanamnese)
   Zusammensetzung, Alter und Entwicklung der Familie; soziale Stellung und Beruf der Familienmitglieder; Krankheiten; Beziehungen und Aktivitäten.

3. Persönliche Entwicklung des Kindes oder Jugendlichen (Eigenanamnese)
   Frühe Entwicklung ab der Schwangerschaft, im Säuglings- und Kleinkindalter, im Schul- und Jugendalter; Schule und Beruf; soziale Beziehungen; Sexualität; frühere Krankheiten; Genußmittel, Drogen und Medikamente; Hobbys und Interessen.

4. Befund seelischer Auffälligkeiten
   Äußeres Erscheinungsbild, Kontakt- und Beziehungsfähigkeit, Gefühle und Stimmungen, Denkinhalte, geistige Funktionen, Sprache, Bewegungsverhalten, soziale Beziehungen.

fälligkeiten zeigen je nach Störungsbild unterschiedliche Ausprägungen.

Neben diesen allgemeinen Schwerpunkten der Untersuchung seelischer Störungen können verschiedene ergänzende Untersuchungen wichtig sein, die ebenfalls je nach Problemlage zum Einsatz kommen. Zunächst einmal ist bei jeder seelischen Störung auch zu bedenken, ob eine *körperliche Untersuchung* notwendig oder in Einzelfällen auch verzichtbar ist. Da eine Vielzahl von seelischen Störungen im Kindes- und Jugendalter sehr stark mit der körperlichen Reifung und dabei ganz besonders mit der Hirnentwicklung verbunden sind, kann in vielen Fällen auf eine sorgfältige körperliche und vor allem neurologische Untersuchung nicht verzichtet werden. Für die Erforschung der Reifung des Nervensystems ist eine besonders auf das Kindesalter zugeschnittene *entwicklungsneurologische Untersuchung* erforderlich, welche in vielen kinder- und jugendpsychiatrischen Zentren als Spezialuntersuchung angeboten wird.

Bei der Untersuchung nimmt vor allem die *psychologische Diagnostik* einen breiten Raum ein. Viele Kinder werden wegen schulischer Probleme vorgestellt, die sowohl mit Leistungsschwierigkeiten wie auch Problemen des Befindens und Verhaltens zusammenhängen. Bei der Abklärung dieser Probleme können psychologische Untersuchungen eine wichtige Quelle der Information darstellen. Dabei kommen eine Vielzahl von psychologischen *Tests* zur Anwendung.

Diese psychologischen *Tests* müssen eine Reihe von sogenannten *Gütemerkmalen* aufweisen. Sie müssen zunächst *objektiv* in dem Sinne sein, daß die Vorgabe der Aufgaben oder Fragen immer gleich erfolgt und die Antworten oder Bewertungen eindeutig festgelegt sind, so daß jeder Untersucher bei der Auswertung eines jeweiligen Tests zum selben Ergebnis kommt. Sodann ist zweitens zu fordern, daß diese Tests auch *zuverlässig* sind. Dies wird z. B. dadurch erfaßt, daß eine zweite Testuntersuchung – etwa mit einem Intelligenztest – wenige Wochen nach der Erstuntersuchung zu einem weitgehend gleichen Ergebnis führt. Schließlich ist drittens zu fordern, daß Testverfahren auch das Merkmal der *Gültigkeit* erfüllen. Darunter wird verstanden, daß Testverfahren auch jeweils das Merkmal, das sie zu erfassen vorgeben, tatsächlich untersuchen. So sollte z. B. ein Angstfragebogen auch tatsächlich das Merkmal der Angst erfassen.

Die zur Untersuchung seelischer Störungen im Kindes- und Jugendalter gebräuchlichen psychologischen Testverfahren lassen sich in einerseits *Leistungstests* und andererseits *Persönlichkeitstests* einteilen. Zu den Leistungstests zählen vor allem die zahlreichen *Intelligenztests*, die ab dem Vorschulalter eingesetzt werden können. Ihre Vorläufer im Säuglings- und Kleinkindalter sind die sogenannten *Entwicklungstests*. Eine weitere wichtige Gruppe von Leistungstests beschäftigt sich mit einzelnen Funktionen wie Lesen, Rechtschreibung, Rechnen, Wahrnehmung oder Sprachentwicklung. Diese speziellen Testverfahren werden auch *neuropsychologische Funktionstests* genannt.

Zu den *Persönlichkeitstests* gehören vor allem Fragebögen, die sich z. B. mit Bereichen wie Angst, Depression oder einer Vielzahl anderer Merkmale befassen, welche durch die wissenschaftliche Forschung zur Persönlichkeit des Menschen als allgemeingültige Beschreibungsmerkmale ausgewiesen sind. Auch für diese Fragebögen gilt, daß sie sorgfältig im Sinne der oben genannten Merkmale der Objektivität, der Zuverlässigkeit und Gültigkeit konstruiert sein müssen und darüber hinaus an einer großen, repräsentativen Stichprobe der Bevölkerung normiert sein müssen. Auf diesem Wege läßt sich jeweils feststellen, ob ein Testwert eines jeweiligen Kindes oder Jugendlichen bezogen auf seine Altersgruppe und sein Geschlecht im Normalbereich oder außerhalb der Norm liegt.

Zur Persönlichkeitsdiagnostik werden oft auch noch sogenannte *projektive Tests* eingesetzt, die aus einer früheren Phase der Entwicklung psychodiagnostischer Verfahren stammen. Dabei werden Kindern und Jugendlichen z. B. Klecksbilder oder fotografische Darstellungen einer Szene vorgelegt, zu denen sie jeweils eine Geschichte oder ihre Gedanken und Gefühle erzählen. Unter wissenschaftlichen Gesichtspunkten werden diese Testverfahren hinsichtlich ihrer Aussagekraft eher kritisch beurteilt. Sie können allerdings in einigen Fällen, wo die direkte Befragung zunächst nicht genügend Informationen erbringt, Hinweise auf Problembereiche liefern, die dann durch eine gezieltere Befragung nachträglich abgeklärt werden müssen.

Ferner werden bei der Untersuchung von Kindern und Jugendlichen mit seelischen Störungen auch eine Reihe von *Gestaltungsverfahren* eingesetzt, zu denen etwa die zeichnerische Darstellung der Familie in Tieren gehört. Auch diese Gestaltungsverfahren sind keine Tests im oben genannten Sinne, sondern gestatten aufgrund der jeweils vom Kind bzw. Jugendlichen gestalteten Szene das vertiefte Gespräch über die jeweiligen Inhalte bzw. Themen, welche das Kind in einer Zeichnung oder anderen Form von Gestaltung zum Ausdruck bringt.

Ebenfalls aus der psychologischen Diagnostik stammen schließlich eine Reihe sehr spezieller Fragebögen und sogenannter *Beurteilungsskalen* für kindliche Verhaltensauffälligkeiten. Auch diese sind mehrheitlich nach den oben genannten Gütekriterien psychologischer Testverfahren aufgebaut. Sie können sich, wie das beigefügte Beispiel des Elternfragebogens CBCL zeigt, auf zahlreiche Ebenen kindlicher Verhaltensauffälligkeiten erstrecken oder eher auf einen bestimmten Bereich zentriert sein. So gibt es z. B. spezielle Fragebögen etwa für die Erfassung hyperkinetischer Störungen oder die Anorexie, wie den entsprechenden Kapiteln dieses Buches entnommen werden kann.

In Ergänzung zu diesen psychologischen Untersuchungsverfahren, welche sich schwerpunktmäßig mit dem Kind bzw. Jugendlichen befassen, gibt es in neuerer Zeit auch eine Reihe von Tests und Fragebögen, welche sich mit der Familie beschäftigen. Diese *Familiendiagnostik* wird in der Regel auch durch ein spezielles Familieninterview ergänzt. Das Ziel besteht darin, Informationen über die Zusammensetzung der Familie und die in der Familie laufenden Handlungen und Beziehungen zu erfahren. Dabei ist es auch von Interesse, wie sich diese Familie als Ganzes entwickelt hat, wie sie in Verwandtschaft, Freundschaftsbeziehungen und Nachbarschaft eingebettet ist und wie sich die Eltern entwickelt haben. Von besonderem Interesse ist schließlich die Frage, wie die Familie mit dem Problem des Kindes umgeht, welche Bedeutung sie dem Problem des Kindes zuschreibt und welche Lösungsmöglichkeiten sie bisher entwickelt hat.

Bei der kinder- und jugendpsychiatrischen Untersuchung kommen schließlich vereinzelt auch *Laboruntersuchungen* zum Einsatz. Sie sind schwerpunktmäßig einzusetzen, wenn Entwicklungsabweichungen und Reifungsverzögerungen vor allem der Hirnentwicklung vermutet werden. Derartige Untersuchungen sind unverzichtbar, wenn es darum geht, eine geistige Behinderung abzuklären. Die zahlreichen Verfahren setzen eine gute Kenntnis der Aussage- und Leistungsmöglichkeiten dieser diagnostischen Methoden voraus. Der Kinder- und Jugendpsychiater wird jeweils in Orientierung an einem vorgegebenen Problem Fachkollegen um die Durchführung entsprechender Untersuchungen bitten.

Ausschnitt aus einem Elternfragebogen

Es folgt eine Liste von Merkmalen zur Beschreibung von Kindern und Jugendlichen. Für jedes Merkmal, das Ihr Kind jetzt oder innerhalb der letzten 6 Monate beschreibt, kreuzen Sie bitte die 2 an, wenn dieses Merkmal genau oder häufig bei Ihrem Kind zutrifft. Kreuzen Sie die 1 an, wenn das Merkmal etwas oder manchmal zutrifft. Wenn das Merkmal nicht zutrifft, dann kreuzen Sie die 0 an. Bitte beantworten Sie alle Merkmale, so gut Sie können, auch wenn Ihnen einige vielleicht ungeeignet erscheinen.

	stimmt nicht (soweit Ihnen bekannt)	stimmt etwas oder manchmal	stimmt genau oder häufig
Mein Kind:			
1. Verhält sich zu jung für sein Alter	0	1	2
2. Hat Allergien (Welche? Bitte beschreiben: _____)	0	1	2
3. Streitet oder widerspricht viel	0	1	2
4. Hat Asthma	0	1	2
5. Verhält sich wie ein Kind des anderen Geschlechts	0	1	2
6. Kotet ein	0	1	2
7. Gibt an, schneidet auf	0	1	2
8. Kann sich nicht konzentrieren, kann nicht lange aufpassen	0	1	2
9. Kommt von bestimmten Gedanken nicht los; Zwangsgedanken (Bitte beschreiben: _____)	0	1	2
10. Kann nicht stillsitzen, ist unruhig oder überaktiv	0	1	2
11. Klammert sich an Erwachsene oder ist zu abhängig	0	1	2
12. Klagt über Einsamkeit	0	1	2
13. Ist verwirrt oder zerstreut	0	1	2
14. Weint viel	0	1	2
15. Ist roh zu Tieren oder quält sie	0	1	2
16. Ist roh oder gemein zu anderen oder schüchtert sie ein	0	1	2

	stimmt nicht (soweit Ihnen bekannt)	stimmt etwas oder manchmal	stimmt genau oder häufig
17. Hat Tagträumereien oder ist gedanken- verloren	0	1	2
18. Verletzt sich absichtlich oder versucht Selbstmord	0	1	2
19. Verlangt viel Beachtung	0	1	2
20. Macht seine eigenen Sachen kaputt	0	1	2

Welche Therapiemöglichkeiten gibt es?

Die zahlreichen Ansätze für die Behandlung seelischer Störungen bei Kindern und Jugendlichen lassen sich in fünf große Gruppen einteilen. Zunächst gibt es verschiedene Ansätze von Psychotherapien. Ferner können eine große Zahl verschiedener Verhaltenstherapien eingesetzt werden. Bei bestimmten Problemen können auch Familientherapien angewandt werden, wobei mit der ganzen Familie oder einem Teil der Familie gearbeitet wird. Die medikamentöse Behandlung mit Psychopharmaka kann sehr hilfreich bei einem bestimmten Kreis von Störungen sein. Schließlich sind bei bestimmten Entwicklungsstörungen und Lernschwierigkeiten sogenannte funktionelle Therapien erforderlich.

In der Öffentlichkeit ist seit einiger Zeit der Eindruck entstanden, daß es eine unerschöpfliche Anzahl von Behandlungsverfahren für seelische Störungen gibt, zu denen in immer kürzeren Abständen neue Behandlungsansätze hinzukommen. Diese Idee vom sogenannten Psychomarkt trifft glücklicherweise für die Behandlung von seelischen Störungen im Kindes- und Jugendalter nicht zu. Vielmehr gibt es eine relativ klare Ausrichtung auf *fünf große Schwerpunkte*, nämlich die Pychotherapie, Verhaltenstherapie, Familientherapie, medikamentöse Behandlung (Pharmakotherapie) und funktionelle Therapien.

Wie bei jeder Behandlung setzt auch der Einsatz der verschiedenen Therapien für seelische Störungen voraus, daß zunächst eine sorgfältige *Untersuchung* vorgenommen wurde. Die entsprechenden Grundsätze sind in den vorangegangenen Kapitel beschrieben worden.

Für den Einsatz dieser verfügbaren Behandlungsverfahren gibt es drei wichtige *Grundsätze*. Zunächst einmal muß abgeklärt werden, ob eine jeweilige Behandlungsform angezeigt ist. Dieses Merkmal der sogenannten *Indikation* bezieht sich darauf, daß hinlängliche Erfahrungen vorliegen, welche diese Behandlungsmethode als eine geeignete Maßnahme bei bestimmten seelischen Störungen ausweist. Wie in der körperlichen Medizin etwa bei ei-

ner Entzündung ein Medikament zur Vernichtung der Infektions-
keime – ein sogenanntes Antibiotikum – und nicht etwa ein Medikament zur Behandlung einer Herzschwäche eingesetzt wird,
müssen auch bei seelischen Störungen jeweils unterschiedliche, für
einzelne Störungen geeignete Verfahren eingesetzt werden. Mit
diesem ersten Merkmal der Indikation ist das zweite Merkmal der
Wirksamkeit sehr eng verknüpft. Bei seelischen Störungen sollten
nur solche Behandlungsverfahren eingesetzt werden, die aufgrund
wissenschaftlicher Prüfungen sichere Effekte bei einer jeweiligen
Störung haben. Auch hier sollten wie bei der Behandlung körperlicher Störungen jeweils die Verfahren eingesetzt werden, welche
die beste Wirksamkeit bei einer jeweiligen Störung aufweisen.
Schließlich muß im Einzelfall auch geprüft werden, ob die Voraussetzungen für die *Durchführbarkeit* einer Therapie gegeben
sind.

Die verschiedenen Formen der Behandlung seelischer Störungen haben jeweils unterschiedliche *theoretische Hintergründe* und
benötigen eine spezielle Ausbildung. Diese Ausbildung wird jeweils von Fachverbänden in der Medizin oder Psychologie vermittelt und unter hohem Einsatz in meist mehrjährigen Spezial-
lehrgängen zum Teil innerhalb und zum Teil außerhalb der
beruflichen Weiterbildung an einem jeweiligen Arbeitsplatz er-
worben. Experten zur Behandlung seelischer Störungen bei Kindern und Jugendlichen sind in der Regel durch eine oder bisweilen
sogar mehrere entsprechende Spezialausbildungen besonders qua-
lifiziert. Seit einiger Zeit zeichnet sich dabei eine deutliche Entwicklung zum Erwerb verschiedener Therapiemethoden ab, weil
die ausschließliche Orientierung an nur einer Behandlungsmethode in der Regel für die Praxis nicht ausreicht. Kinder- und Jugendpsychiater sowie klinische Kinder- und Jugendpsychologen verfü-
gen demgemäß häufig über Weiterbildungen sowohl in den
Bereichen von *Psychotherapie* als auch von *Verhaltens- und Familientherapie*. Die *medikamentöse Behandlung* kann hingegen nur
von Ärzten im Rahmen ihrer Weiterbildung erlernt und später
praktiziert werden. Schließlich werden die *funktionellen Thera-*

pien meist von Spezialisten durchgeführt, zu denen z. B. Beschäftigungstherapeuten oder Sprachheiltherapeuten (Logopäden) gehören.

Die folgenden Abschnitte geben einen Eindruck von den *Zielen*, *Formen* und *Anwendungsbereichen* der fünf zentralen Behandlungsverfahren für seelische Störungen im Kindes- und Jugendalter.

Psychotherapien
Durch eine Psychotherapie sollen im Rahmen einer speziellen Arbeitsbeziehung zwischen einem Therapeuten und dem Kind bzw. Jugendlichen Störungen des seelischen Befindens und Verhaltens korrigiert werden. Das oberste *Ziel* besteht in der *Minderung von Symptomen*, welche Leiden hervorrufen und die Entwicklung der Persönlichkeit beeinträchtigen. Daneben sollen eine *Förderung der normalen Entwicklung* und eine *Stärkung der Persönlichkeit* erfolgen. Durch sein zugewandtes und am Patienten interessiertes Verhalten versucht der Therapeut eine Situation zu schaffen, die es dem Betroffenen ermöglicht, sich zu seinen Gefühlen zu äußern und zu einem vertieften Verständnis seiner eigenen Person zu gelangen. Bei der Therapie von Kindern laufen die Kommunikationsmuster anders ab als bei Jugendlichen oder Erwachsenen, wo die Sprache im Mittelpunkt steht. Da die sprachlichen Möglichkeiten beim Kind eingeschränkt sind, wird vielfach mit Spielen gearbeitet. Das Spiel erlaubt dem Kind unter Verwendung von Puppen, Spielsachen, Malen, Zeichnen und Gestalten seine Gefühle und Erfahrungen zum Ausdruck zu bringen und dabei Probleme sowohl abzureagieren wie auch zu bewältigen. Dabei baut der Therapeut eine Brücke von den Gefühlen und den Handlungen des Kindes zum Nachdenken über die jeweiligen Inhalte.

Je nach theoretischen Grundlagen – die hier nicht dargestellt werden sollen – gibt es verschiedene *Formen von Psychotherapien* für das Kindes- und Jugendalter. Entsprechend haben sie unterschiedliche Bezeichnungen. Der Einsatzbereich der sogenannten *tiefenpsychologisch orientierten Psychotherapien (Psychoanalyse)* liegt bei emotionalen Störungen wie Angst- und Verstimmungszuständen, bei seelischen Reaktionen auf belastende Lebensereignisse, bei ängstlicher Schulverweigerung, bei leichten Störungen des Sozialverhaltens und bei Konflikten zwischen Eltern und Kindern, zu denen auch die Folgen von Scheidungen oder die Beeinträchtigung der Leistungsfähigkeit des Kindes gehören. Hingegen ist der Einsatz dieser Psychotherapien bei schweren Störungen des Sozialverhaltens, bei Schizophrenien oder bei schweren Entwicklungsstörungen wie dem frühkindlichen Autismus ebenso wenig angezeigt wie bei Hirnfunktionsstörungen und Hirnschädigungen, geistiger Behinderung und hyperkinetischen Störungen. Wie in den Kapiteln der jeweiligen seelischen Störungen aufgezeigt wird, ist eine Psychotherapie häufig in einem kombinierten Behandlungsplan als ein ergänzendes Element sinnvoll.

Eine andere Methode der Psychotherapie ist die sogenannte *personenzentrierte Spieltherapie*. Sie ist ebenfalls wesentlich für emotionale Störungen und leichtere Störungen des Sozialverhaltens angezeigt. Kinder und Jugendliche mit Selbstwertproblemen, allgemeinen Ängsten, sozialer Isolation und Scheu können gut mit dieser Form von Psychotherapie behandelt werden. Sie vermittelt Anstöße für eine gesunde seelische Entwicklung und verbessert die allgemeine Lern- und Leistungsfähigkeit. Auch kann sie in Kombination mit anderen Methoden eingesetzt werden. Schwere Störungen des Sozialverhaltens, Intelligenzminderungen und Hirnfunktionsstörungen bzw. Hirnschäden werden nicht in erster Linie mit einer personenzentrierten Spieltherapie behandelt. Sie kann im Einzelfall aber durchaus eine wichtige Ergänzung einer Behandlungskombination darstellen.

Diese beiden Hauptrichtungen der Psychotherapie mit Kindern und Jugendlichen können sowohl mit Kindern einzeln wie auch in veränderter Form im Rahmen von *Gruppenbehandlungen* eingesetzt werden. Zu den Psychotherapien im weiteren Sinne gehören ferner einen Reihe von *körperbezogenen Behandlungsverfahren*, welche z. B. Entspannungstechniken einsetzen. Auch verschiedene Formen von *Gestaltung* mit einer Betonung von Malen, Musizieren und kreativer Beschäftigung haben ähnliche Ziele wie die Psychotherapien im engeren Sinne.

Verhaltenstherapien

Unter diesem Begriff wird eine Vielzahl verschiedener psychotherapeutischer Behandlungsverfahren zusammengefaßt, welche sich alle stärker an dem beobachtbaren Verhalten als an dem Befinden des Kindes und Jugendlichen orientieren. Auch hier bestehen die Ziele in einer *Reduktion von Symptomen* und dabei speziell des jeweils problematischen bzw. fehlangepaßten Verhaltens. Zugleich sollen *positive und besser angepaßte Verhaltensweisen* aufgebaut werden. Hierzu können die im folgenden kurz beschriebenen, zahlreichen verhaltenstherapeutischen Verfahren eingesetzt werden, welche sich jeweils für bestimmte Problembereiche besonders eignen.

Bei der sogenannten *systematischen Desensibilisierung* zur Behandlung von Angststörungen wird das Kind bzw. der Jugendliche allmählich an das gefürchtete Objekt seiner Angst herangeführt, während gleichzeitig eine körperliche Entspannung als Gegenreaktion zur Entängstigung eingesetzt wird. Diese körperliche Entspannung wird zunächst durch ein vorgängiges Training der *Muskelentspannung* gelernt. Erst wenn dieser Schritt vollzogen ist, kann das gefürchtete Objekt entweder durch eine lebhafte Darstellung und Schilderung des Therapeuten in der Vorstellung oder in der Wirklichkeit eingeführt werden. Auf diesem Weg können zum Teil sehr extreme Ängste vor z. B. Hunden oder Fahrstuhlfahren sehr wirkungsvoll abgebaut werden. Weitere Informationen befinden sich in dem Kapitel über Angststörungen.

Auch die Methode der sogenannten *Reizüberflutung* dient der Behandlung von extremen Ängsten. Hier wird die Angst solange dargeboten, bis sie schließlich ausgelöscht wird. Diese Behandlungsform wird bei Kindern aber sehr viel seltener als bei Erwachsenen eingesetzt. Mit Kindern läßt sich eher nach dem als *Exposition* bezeichneten Vorgehen arbeiten, bei dem ähnlich wie bei der Desensibilisierung nicht überflutend, sondern gestuft der ängstigende Reiz dargeboten bzw. aufgesucht wird.

Einen Schwerpunkt verhaltenstherapeutischer Behandlungsmethoden nehmen die sogenannten *operanten Verfahren* ein. Dieser Fachbegriff bezieht sich vor allem auf Erkenntnisse der Lernpsychologie, die deutlich gemacht haben, daß menschliches Verhalten sehr stark von seinen *Konsequenzen* bestimmt wird. Nicht nur Kinder und Jugendliche, sondern auch Erwachsene neigen stark dazu, ein Verhalten zu wiederholen, welches Zuwendung und Anerkennung durch wichtige Bezugspersonen wie z. B. die Eltern erfahren hat. Man spricht von einer Verstärkung des Verhaltens. Auf diesem Prinzip bauen beispielsweise die Methoden der Verhaltensformung und Verhaltensverkettung auf.

Bei der *Verhaltensformung* wird ein jeweils erwünschtes Verhalten durch schrittweise Annäherung aufgebaut. So lernt z. B. ein Kind mit Konzentrationsstörungen über Lob, Anerkennung oder auch kleine Spielmarken, welche es bei einer bestimmten Zahl in ein kleines Geschenk eintauschen kann, sich am Anfang für wenige Minuten und dann für zunehmend längere Zeit zu konzentrieren. Bei der *Verhaltensverkettung* werden zusammengesetzte Verhaltensweisen in Teileelemente zerlegt und dann auf dem gleichen Wege der Verstärkung durch Lob und Anerkennung usw. einzeln aufgebaut, bis schließlich das gesamte Verhaltensmuster vorhanden ist. Derartige Vorgehensweisen können bei entwicklungsverzögerten und behinderten Kindern z. B. bei der Sauberkeitserziehung eingesetzt werden. Dabei wird der Gang zur Toilette in kleine Lernschritte zerlegt, indem das Kind z. B. zunächst das Öffnen der Kleidung, dann das Absitzen auf der Toilette usw. erlernt. Solche Methoden der *operanten Verhaltenstherapien* eignen sich ganz besonders für Verhalten, das noch nicht vorhanden oder ungenügend ausgebildet ist. Es wird auch von der Behandlung von Verhaltensdefiziten gesprochen. Entscheidend ist dabei die Verstärkung eines erwünschten Verhaltens durch prompte und regelmäßige Zuwendung und Anerkennung.

Diese Form der *sozialen Verstärkung* kann in Einzelfällen auch durch die Methode der sogenannten *Münzverstärkung* ersetzt oder ergänzt werden, bei der z. B. Spielgeld oder Plastikchips eingesetzt werden. Die Regeln für den Umtausch dieser Münzverstärker oder auch andere Vereinbarungen zwischen Kind und Eltern oder Therapeuten werden dabei häufig in einem schriftlichen *Verhaltensvertrag* niedergelegt. Mit diesem Vorgehen lassen sich eine Vielzahl von Problemen im Erziehungsalltag in Schule und Elternhaus wirkungsvoll angehen.

Während die bisher beschriebenen Probleme eher mit dem Aufbau von erwünschtem Verhalten zu tun haben, gibt es in der Praxis häufig Probleme mit sogenannten *Verhaltensüberschüssen*. So stört beispielsweise ein hyperaktives Kind durch sein ständiges Umherlaufen im Zimmer bzw. im Klassenraum. Die bevorzugte Methode zur Behandlung dieser Probleme besteht in der Regel in der *Verstärkung eines erwünschten Verhaltens*. So wird das unruhige Kind z. B. für ruhiges Arbeiten am Arbeitsplatz oder ausdauerndes Spiel sozial oder über Münzverstärker für dieses Verhalten belohnt. Andererseits gibt es aber auch Verhaltensüberschüsse, welche das Kind selbst oder andere in eine Gefährdung bringen. So können z. B. geistig behinderte Kinder durch körperliche Selbstbeschädigungen schwere Beeinträchtigungen ihrer Gesundheit erleiden. Ebenso können stark aggressive Kinder eine Bedrohung für ihre Spielkameraden darstellen. Für diese Situation reicht in der Regel die Verstärkung des erwünschten Verhaltens nicht aus, um Gefahren abzuwenden. Die Verhaltenstherapie hat daher eine Reihe von Methoden entwickelt, um derartige Verhaltensüberschüsse zu behandeln. Dazu zählt zunächst die Methode des *Ausschlusses von der Verstärkung*, bei der ein Kind sofort, wenn es ein störendes und schädigendes Verhalten – wie z. B. eine aggressive Handlung – zeigt, für einen bestimmten vorher festgelegten Zeitraum aus der jeweiligen Situation herausgenommen wird. Es wird dann in einen anregungsarmen Raum ohne Spielzeug (z. B. Bad oder Toilette) gebracht und muß dort für einen kurzen Zeitraum von etwa fünf Minuten verbleiben.

Eine andere Methode zur Behandlung von überschüssigem Verhalten ist die sogenannte *Überkorrektur*. Hier wird z. B. im Rahmen einer Behandlung des Einnäßens das angemessene Verhalten des Aufsuchens der Toilette eingeübt. Die Überkorrektur ist dabei dadurch gekennzeichnet, daß das Kind die einzelnen Schritte vom Ablegen der Kleidung über das Absitzen auf der Toilette bis schließlich zum erneuten Anziehen hintereinander wiederholt üben muß. Schließlich gibt es auch die Methode der *Reaktionsverhinderung*, die z. B. bei Zwangsstörungen eingesetzt wird. Hier wird der Patient direkt daran gehindert, seine Zwangshandlungen auszuführen. Dies muß natürlich ohne körperlichen Einsatz erfolgen.

Eine dritte Schwerpunktsetzung der verhaltenstherapeutischen Verfahren liegt bei den sogenannten *kognitiven Methoden*, mit denen z. B. *Problemlösungen und Selbstanweisungen* trainiert werden. Mit diesem Verfahren und anderen Verfahren der *kognitiven Verhaltenstherapie* lernt das Kind bzw. der Jugendliche bestimmte Vorgehensweisen, um immer wieder auftauchende Probleme angemessener zu lösen. Das Vorgehen wird jeweils von einem Therapeuten im Sinne eines Vorbildes vorgemacht. Wegen dieser Vorbildfunktion spricht man von *Modelllernen*. Die einzelnen Schritte bestehen beispielsweise darin, zunächst sich laut bestimmte Anweisungen zu geben, welche dann in Gedanken umgesetzt werden und die Handlung steuern. Wegen der besonderen Betonung der ablaufenden Gedanken im Vorfeld von Handlungen und der Veränderung dieser ablaufenden Denkschritte werden diese Behandlungsverfahren als kognitive Methoden bezeichnet. Sie zielen auf eine *Veränderung falscher Einstellungen und Gedanken*, Störungen der Eigenwahrnehmung sowie Probleme des Selbstwertes. Mit kognitiven Methoden werden die Patienten angeleitet, ihr Denken und ihre Wahrnehmungen in Verbindung mit ihren Gefühlen und Überzeugungen zu überprüfen, um auf diesem Wege Veränderungen vornehmen zu können. Diese kognitiven Methoden, welche eine Selbstkontrolle des eigenen Verhaltens anstreben, können bei depressiven Störungen, bei Eßstörungen (Anorexie und Bulimie), bei der Übernahme von Verantwortlichkeiten im Rahmen chronischer Erkrankungen (wie z. B. die Behandlung der Zuckerkrankheit) und bei einer Vielzahl anderer Probleme eingesetzt werden.

Schließlich gibt es aus der Verhaltenstherapie auch ein Angebot, *soziale Fertigkeiten* zu trainieren. Hier werden verschiedene Elemente wie die Wahrnehmung des jeweiligen Gegenübers, der sprachliche Ausdruck und das Beziehungsverhalten in besonderer Weise eingeübt. Kinder und Jugendliche mit sozialer Hemmung, mit depressiven Störungen oder mit einer Schizophrenie können ebenso wie aggressive Kinder und Jugendliche von derartigen Behandlungsverfahren profitieren. Auch in der Rehabilitation entwicklungsgestörter, geistig behinderter und autistischer Kinder kommen entsprechende Trainings zum Einsatz.

Für die Verhaltenstherapie gilt die Voraussetzung, daß der Therapeut über eine entsprechende Weiterbildung und breite Erfahrung im Einsatz der einzelnen Behandlungsmethoden verfügt. Der besondere Wert verhaltenstherapeutischer Behandlungen besteht aber auch in dem Umstand, daß sie Laien in relativ kurzer Zeit vermittelt werden können. Da viele Probleme von Kindern und Jugendlichen vor allem in der Familie und in der Schule auftreten, kann durch eine sorgfältige Unterweisung bzw. ein *Training der Eltern und Lehrer* durch einen Verhaltenstherapeuten sichergestellt werden, daß das jeweilige Problemverhalten wirklich dort angegangen wird, wo es auftritt und die größten Belastungen für das Umfeld schafft.

Familientherapie

Während die bisher dargestellten Formen der Psychotherapie und der Verhaltenstherapie die Eltern zwar immer in Form einer begleitenden Beratung einbeziehen, der Behandlungsschwerpunkt aber deutlich beim Kind und Jugendlichen liegt, setzt die Familientherapie bei der Familie als Ganzem an. Sie sieht ein jeweiliges Problemverhalten oder eine Störung des Kindes immer in die Familie eingebettet, wobei ein jeweiliges Symptom die Organisation der Familie widerspiegelt. Damit ist gemeint, daß die Art der Beziehungen der Familienmitglieder untereinander und ihr Austausch an Botschaften und Handlungen mit dem Symptom des Kindes in einer ganz bestimmten Beziehung stehen. So kann z. B.

eine übermäßig enge Bindung eines ängstlichen Kindes durch seine Mutter Ausdruck einer gestörten Partnerschaft zwischen den Eltern sein.

Das *Ziel* der Familientherapie besteht demgemäß darin, die Störung des Kindes und die Aufrechterhaltung dieser Störung durch die jeweilige Familienorganisation aufzudecken und sodann mit geeigneten Vorgehensweisen zu verändern. Dieses Ziel wird in *gemeinsamen Sitzungen* mit der gesamten Familie oder einem Teil der Familie verfolgt. Wie bereits im Kapitel über die Untersuchung dargelegt, spielen in diesem Prozeß bestimmte *Untersuchungsmethoden* der Familiendiagnostik eine besondere Rolle. Dabei kann es sich um Tests im Sinne einer gemeinsamen Aufgabenstellung für die ganze Familie handeln.

Die eigentliche Behandlung ist in der Regel *kurzfristig* und auf wenige gemeinsame Familiensitzungen beschränkt. Der Familientherapeut versucht, nachdem er die eigentliche diagnostische Phase mit Interview und Tests abgeschlossen hat, mit der Familie gemeinsam das Problem zu analysieren. In einer anschließenden Phase bemüht sich der Familientherapeut, die Familienmitglieder in ein wechselseitiges Gespräch zu bringen und die Organisation der Familie zu verändern. Dabei sollen *neue Austauschformen* innerhalb der Familie entwickelt werden, indem z. B. die ungerechtfertigte Kontrolle eines jüngeren Kindes durch ein älteres Geschwister blockiert und an die Eltern zurückgegeben wird. Ebenso werden unangemessene Koalitionen zwischen z. B. einem Elternteil und einem Kind zugunsten eines gemeinschaftlichen elterlichen Handelns verändert. Im Rahmen dieser Vorgehensweise werden den Familien Aufgaben für zu Hause gestellt, welche dann anschließend in den Therapiesitzungen berichtet und analysiert werden.

In der Familientherapie gibt es *verschiedene schulische Orientierungen* mit unterschiedlichen theoretischen Hintergründen. Verfechter der Familientherapie haben anfänglich dazu geneigt, in der Familientherapie eine Art von Allheilmittel für seelische Probleme und Störungen bei Kindern und Jugendlichen zu sehen. In der Zwischenzeit ist jedoch deutlich geworden, daß die Familientherapie, wie alle anderen Behandlungsverfahren, auch nur schwerpunktmäßig für bestimmte Störungen eingesetzt werden sollte. Dabei setzt sich zunehmend die Erkenntnis durch, daß familientherapeutische Behandlungen durchaus mit einzeltherapeutischen Behandlungen verbunden werden können.

Tatsächlich stellt die Familientherapie dann eine wichtige Ergänzung dar, wenn besonders auf die *Beziehungsprobleme* in Familien sowie ihre Schwierigkeiten im Gespräch und Austausch miteinander Bezug genommen werden muß. Die Anwendbarkeit der Familientherapie erfährt jedoch dort ihre Grenzen, wo Familien ungenügend für diese Form der Behandlung motiviert sind und wo schwere und langfristige Störungen, wie etwa Entwicklungsbehinderungen oder Schizophrenien, die Anwendbarkeit dieses Vorgehens nicht erlauben. Gerade bei diesen Störungen ist eine eher konkrete Hilfestellung für die schwierige Bewältigungsarbeit dieser schweren Störung von Kindern und Jugendlichen für die Familie erforderlich. Hier zeigt sich, wie auch bei anderen seelischen Störungen des Kindes- und Jugendalters, daß eine familienorientierte Beratung außerordentlich wichtig ist.

Psychopharmakotherapie
Insgesamt gesehen nimmt die medikamentöse Behandlung bei seelischen Störungen des Kindes- und Jugendalters eher eine nachgeordnete Stellung ein. Es gibt aber einige *Anwendungsbereiche*, wo keine vergleichbar wirksamen Alternativen für die Behandlung vorliegen. Die Behandlung mit Psychopharmaka setzt immer eine sorgfältige Ausbildung und kontinuierliche Fortbildung voraus, sodaß sie in die Hand des spezialisierten Kinder- und Jugendpsychiaters gehört. Dieser muß über die Indikationen, die Vorgehensweise und die sorgfältige Kontrolle des Einsatzes von Psychopharmaka entscheiden. Unter den insgesamt nicht sehr zahlreichen Störungen, bei denen Psychopharmaka eingesetzt werden, gibt es keine, welche ausschließlich mit Medikamenten behandelt werden. Die Behandlung mit Psychopharmaka ist immer in ein Konzept eingebettet, bei dem begleitende weitere Behandlungsmaßnahmen zum

Einsatz kommen. Dabei handelt es sich um Psychotherapie, Verhaltenstherapie oder funktionelle Therapien.

Die modernen Psychopharmaka lassen sich in fünf wichtige Gruppen einteilen, welche mit unterschiedlicher Häufigkeit bei bestimmten seelischen Störungen des Kindes- und Jugendalters eingesetzt werden. Diese fünf Substanzklassen sind *die Stimulanzien, die Neuroleptika, die Antidepressiva, das Lithium* und die sogenannten *Tranquilizer.*

Der bekannteste und älteste Vertreter der *Stimulanzien* ist das Ritalin®. In der Zwischenzeit gibt es jedoch weitere Markenpräparate mit gleichem Wirkstoff. Diese Medikamente kommen fast nur bei den hyperkinetischen Störungen zum Einsatz. Sie sind äußerst wirksam hinsichtlich der Kernsymptome der hyperkinetischen Störungen, da sie die Aufmerksamkeit verbessern und die motorische Überaktivität vermindern. Weitere Informationen enthält das spezielle Kapitel.

Zu den *Neuroleptika* gehören eine Vielzahl von Medikamenten, welche in den Hirnstoffwechsel, vor allem der Botenträgersubstanzen, eingreifen, wobei die bei einigen seelischen Störungen gut gesicherten Stoffwechselstörungen dieser Botenträgersubstanzen korrigiert werden. Anwendungsbereiche sind die Schizophrenien und Manien, in bestimmten Fällen und Situationen die autistische Störung, ferner schwere Tic-Störungen sowie schwere Zwangsstörungen. In einigen Fällen müssen auch schwere aggressive und antisoziale Störungen bei sehr krisenhaften Zuspitzungen vorübergehend mit Neuroleptika behandelt werden.

Die Gruppe der *Antidepressiva* gilt – wie der Name bereits sagt – vornehmlich der Behandlung von depressiven Störungen. Auch hier handelt es sich um eine große Vielzahl chemisch verschiedener Substanzen. Im Vergleich zum Erwachsenenalter kommen Antidepressiva bei depressiven Symptomen und Störungen des Kindes- und Jugendalters seltener zur Anwendung. Dies hängt vor allem mit der geringeren Wirksamkeit der älteren Antidepressiva in diesen Lebensabschnitten und der vielfach noch fehlenden Zulassung moderner, bei Erwachsenen sehr wirksamer Mittel zusammen. Wie in den jeweiligen speziellen Kapiteln dargestellt wird, kommen Antidepressiva in einzelnen Fällen und unter ganz bestimmten Bedingungen auch noch bei einer Reihe anderer Störungen zum Einsatz. Hierzu zählen das Einnässen, die häufig mit Depressionen verbundenen Eßstörungen (Anorexie und Bulimie), die Zwangsstörungen sowie bestimmte Schlafstörungen wie das Schlafwandeln und der Pavor nocturnus. Die Entwicklung der modernen Antidepressiva mit sehr geringen Nebenwirkungen wird in naher Zukunft möglicherweise den Einsatz von Antidepressiva bei seelischen Störungen des Kindes- und Jugendalters noch erweitern. So kann durchaus erwartet werden, daß bestimmte Angststörungen auf Antidepressiva positiv reagieren.

Die Substanz *Lithium* ist ein Metall, welches als Salz in vielen Mineralien im Seewasser und im Organismus vorkommt. Als Medikament werden Lithiumsalze ausschließlich in der Vorbeugung erneuter Phasen von manischen oder depressiven Erkrankungen eingesetzt. Dabei hat Lithium insofern eine segensreiche Wirkung, als es die Wahrscheinlichkeit für das Wiederauftreten einer Krankheitsphase deutlich herabsetzt oder zumindest die Zwischenräume zwischen den Krankheitsphasen beträchtlich ausweitet. Um diesen Zweck zu erfüllen, muß Lithium regelmäßig eingenommen und zugleich sehr sorgfältig durch einen erfahrenen Arzt überwacht werden. Neben den periodisch auftretenden depressiven und manischen Episoden gibt es eine weniger ausgeprägte Indikation für den Einsatz von Lithium bei schweren aggressiven und dissozialen Störungen.

Die allgemeine Wirkung von *Tranquilizern* (auch Anxiolytika genannt) besteht in der Lösung von Angst- und Spannungszuständen. Ihr Einsatz bei seelischen Störungen des Kindes- und Jugendalters ist außerordentlich begrenzt. Sie wirken zwar bei Angst- und Schlafstörungen und können die Behandlung durch andere Verfahren durchaus vorbereiten und einleiten. Ihr Einsatz ist jedoch durch den Umstand begrenzt, daß sie tatsächlich Symptome lediglich vorübergehend beeinflussen und in allen Lebensaltern mit der Gefahr einer Abhängigkeitsentwicklung verbunden sind.

Sie sollten daher im Kindes- und Jugendalter weitgehend gemieden werden. Dabei darf allerdings nicht unerwähnt bleiben, daß sie in der Behandlung bestimmter Formen von Epilepsien außerordentlich wirksam und unverzichtbar sind.

Funktionelle Therapien

Bei nicht wenigen Kindern und Jugendlichen mit seelischen Störungen stehen *Entwicklungsstörungen* und *Lernschwierigkeiten* im Vordergrund. Diese Probleme können durchaus von weiteren seelischen Störungen begleitet sein. In diesen Fällen ist oft die Anwendung verschiedener Behandlungsansätze sinnvoll. Die Lern- und Entwicklungsstörungen müssen jedoch im Kern mit funktionellen Therapien behandelt werden, weil Psycho- oder Verhaltenstherapie oder gar Familientherapie diese Kernprobleme nicht verändern kann.

Zu den funktionellen Therapien gehören verschiedene Behandlungsangebote, welche von ihren Begründern jeweils mit unterschiedlichen Bezeichnungen versehen worden sind. Bei der *psychomotorischen Übungsbehandlung* werden sowohl übende Elemente auch die Verbindung von Erleben und Bewegungsverhalten betont. Hier wird die Wechselwirkung zwischen gestörtem Bewegungsverhalten (Motorik) und Persönlichkeitsmerkmalen wie Ängstlichkeit, Aggressivität oder mangelnde Motivation unterstrichen. Der Einsatz der psychomotorischen Übungsbehandlung ist vor allem bei Vorschulkindern, aber auch noch später im Schulalter zu sehen. Für die Durchführung sind speziell ausgebildete Therapeuten zuständig, zu denen Krankengymnasten, Sportlehrer und Bewegungstherapeuten gehören.

Eine andere Form der funktionellen Therapien wird als *sensorisch-integrative Therapie* bezeichnet. Dabei wird auf die Tatsache Bezug genommen, daß unser Gehirn die eingehenden Sinnesreize verarbeiten muß, um eine brauchbare Körperreaktion sowie sinnvolle Wahrnehmungen, Gefühlsregungen und Gedanken zu erzeugen. Die sensorisch-integrativen Störungen äußern sich als Lernstörungen, aber auch als Störungen in der Organisation unseres Verhaltens. Das Prinzip der Behandlung besteht in einer geplanten und kontrollierten Anregung der verschiedenen Körpersinne.

Eine verwandte Richtung funktioneller Therapien wird unter dem Begriff des *Wahrnehmungstrainings* angeboten. Dabei wird vor allem die Wahrnehmung über das Sehen in den Vordergrund gerückt. Die Entwicklung dieser sogenannten visuellen Wahrnehmung ist im Vorschulalter und im frühen Grundschulalter besonders intensiv und kann durch leichte Hirnfunktionsstörungen oder Entwicklungsverzögerungen beeinträchtigt sein. In der Folge fällt es den betroffenen Kindern schwer, Gegenstände und ihre Beziehungen im Raum zu erkennen und alltägliche Aufgaben zu erfüllen. Als weitere Konsequenz wird das Lernen in der Schule beeinträchtigt. Für die Behandlung derartiger Wahrnehmungsstörungen ist eine spezielle Diagnostik und ein Behandlungskonzept entwickelt worden. Dieses zielt auf verschiedene Teilbereiche der visuellen Wahrnehmung.

Auf diesen und ähnlichen Grundprogrammen bauen *spezielle Trainingsverfahren* auf, welche z. B. der Förderung von Schülern mit einer Lese-Rechtschreibschwäche oder einer Rechenstörung dienen. Diese Programme werden in der Regel durch spezielle fördertherapeutische und schulpädagogische Elemente angereichert. Sie werden dementsprechend auch sehr häufig von Pädagogen oder Psychologen durchgeführt.

II.

Spezieller Teil

Fallbeispiel

Schon seit dem Kleinkindalter konnte bei der 9jährigen Tanja eine ausgeprägte Unsicherheit beobachtet werden, und die Angst davor, ihr könnten die Eltern verlorengehen. Seitdem sie einmal von ihrer Mutter zwanzig Minuten verspätet vom Kinderturnen abgeholt worden war, klammert sie sich krampfhaft an beide Eltern, wenn sie gemeinsam unterwegs sind. Derartige Reaktionen können auch auftreten, wenn Tanja zum Beispiel im Schwimmbad oder in einem Geschäft ihre Eltern nicht in Sichtweite hat. Die Eltern können abends nicht mehr ausgehen, weil Tanja panikartige Ängste entwickelt, wenn sie allein im Bett verbleiben sollte. In letzter Zeit hat sie auch morgens häufig über Bauchweh oder Kopfschmerzen geklagt, bevor sie zur Schule gehen muß. Wiederholt hat sie sich ängstlich versichert, ob sie die Mutter auch wirklich mittags wieder anfinden werde, wenn sie von der Schule nach Hause komme. Sie kann nachts nur einschlafen, wenn sie ganz sicher ist, daß sie im Falle eines Aufwachens auch zu den Eltern gehen kann.

1. Definition

Ängste äußern sich in vielfältiger Form: im Erleben, im körperlichen Ausdruck – als Verspannung, Nervosität, Erblassen oder Erröten, Schwitzen, Herzjagen usw. – und im Verhalten. Da Ängste allgegenwärtig und ein Bestandteil fast jeden Lebens sind, müssen Angststörungen als behandlungsbedürftige Formen der Angst gut definiert sein, um eine Abgrenzung gegenüber den „noch normalen" Ängsten und Befürchtungen vorzunehmen. Dies geschieht dadurch, daß unter Angststörungen entweder ein nicht mehr normales Ausmaß diffuser, auf vielfältige Inhalte bezogener Ängste oder aber solche Ängste verstanden werden, die durch im allgemeinen ungefährliche Situationen oder Gegenstände hervorgerufen werden. Letztere werden als *Phobien* bezeichnet. Sie lassen sich begrifflich klar von *Furchtzuständen* abgrenzen, die z. B. auf

Angststörungen

gefährliche oder tatsächlich bedrohliche Ereignisse oder Situationen bezogen sind. Während Furcht als eine normale Anpassungsreaktion auf eine Bedrohung verstanden werden kann, um diese zu bewältigen, haben Angststörungen das Wesen einer Fehlreaktion und zeichnen sich durch das Versagen der Bewältigung einer Belastung oder Bedrohung aus.

Angststörungen können in jedem Lebensalter auftreten. Typischer für das Erwachsenenalter, aber auch schon im Jugendalter beobachtbar sind die *Agoraphobie*, d. h. die Angst vor offenen Plätzen und davor, sich unter Menschen zu begeben, sowie die *sozialen Phobien*, welche sich durch Angst vor prüfender Betrachtung durch andere Menschen in kleinen, überschaubaren Gruppen auszeichnet. In allen Altersstufen können ferner *spezifische (isolierte) Phobien* auftreten, die sich auf ganz bestimmte Situationen beschränken. Weitere in jedem Alter auftretende Formen sind die durch schwere Angstattacken bestimmte *Panikstörung* sowie die *generalisierte Angststörung*, bei der die Angst nicht auf bestimmte Situationen beschränkt, sondern ungebunden ist.

Im Kindes- und Jugendalter werden drei weitere bedeutsame Formen von Angststörungen unterschieden: die *emotionale Störung mit Trennungsangst des Kindesalters*, die *phobische Störung des Kindesalters* sowie die *Störung mit sozialer Ängstlichkeit des Kindesalters*. Alle drei Formen stellen Übersteigerungen noch normaler Formen seelischen Erlebens dar.

Für die Diagnose einer Störung mit *Trennungsangst* sind der Frühbeginn in den ersten Lebensjahren, der gegenüber der normalen Trennungsangst außergewöhnliche Schweregrad sowie die längere Dauer und die Beeinträchtigung sozialer Funktionen, z. B. hinsichtlich Schule, Freizeit usw., bestimmend. Die *phobische Störung* des Kindesalters bezieht sich auf alters- und entwicklungstypische Befürchtungen im Sinne einer Übersteigerung eines normalen Erlebens – wie z. B. die Angst vor Tieren im Vorschulalter. Eine Störung mit *sozialer Ängstlichkeit* des Kindesalters kann erst dann festgestellt werden, wenn das übliche Maß an sozialer Unsicherheit überschritten und von Problemen im Sozialverhalten begleitet wird.

2. Häufigkeit

Die Häufigkeitsraten für irgendeine der verschiedenen Angststörungen variieren in den neueren Bevölkerungsstudien zwischen knapp 6 % bis 18 %, wobei etwa die Hälfte der Schätzungen bei 10 % liegen. Eine repräsentative Erhebung des Verfassers im Kanton Zürich in der Schweiz hat Mitte der 90er Jahre eine Häufigkeitsrate von 11,4 % im Kindes- und Jugendalter ergeben.

3. Erscheinungsbild

Die Vielfalt der bei Kindern und Jugendlichen beobachtbaren Ängste wird aus dem im Kasten dargestellten Angstfragebogen ersichtlich. Sie finden sich einzeln oder auch in Kombination in den verschiedenen Angststörungen wieder.

Bei der erst ab dem Jugendalter beobachtbaren *Agoraphobie* – der Platzangst im Sinne von Angst vor offenen Plätzen – hat der Betroffene ganz allgemein Angst vor Menschenmengen oder Situationen, in denen er sich nicht in das sichere Zuhause zurückziehen kann. Dementsprechend werden z. B. Geschäfte und Verkehrsmittel gemieden, und im schlimmsten Fall kann die Wohnung bzw. das Haus nicht mehr verlassen werden.

Die im Wesen verwandten *sozialen Phobien* sind im äußersten Fall durch eine Vermeidung aller sozialen Situationen, in denen ein Kontakt erforderlich ist, gekennzeichnet. Sie beziehen sich also nicht auf Ansammlungen von Menschen allgemein, sondern auf Situationen, in denen der Betroffene in einen sozialen Austausch – durch Blickkontakt, Ansprache und Verhalten – eintreten muß.

Bei den *spezifischen (isolierten) Phobien* richtet sich die Angst auf bestimmte Tiere (Tierphobien), die Höhe (Akrophobie), Naturereignisse wie Blitz und Donner, Reisen im Flugzeug, geschloßene Räume oder Aufzüge (Klaustrophobie), die Aufnahme bestimmter Nahrung, Krankheiten, Zahnarztbesuche und ähnliche Objekte und Situationen. Kennzeichnend sind eine nicht mehr einfühlbare Intensität der Angst und eine starke Neigung, die jeweils gefürchtete Situation zu vermeiden.

Die *Panikstörung* geht mit unvorhergesehenen akuten Angstattacken ohne Bezug zu einer bestimmten Situation, mit Herzklopfen, Schwindel, Erstickungsgefühlen und anderen körperlichen Zeichen einher. Die Attacken dauern meist nur Minuten und hinterlassen die Angst vor dem Auftreten der nächsten Attacke. Panikstörungen sind bei Kindern äußerst selten.

Mit der *generalisierten Angststörung* verbinden sich ebenfalls vielfältige Beschwerden wie z. B. Zittern, Nervosität, Muskelverspannung oder Schwitzen mit Befürchtungen, die sich unabhängig von umschriebenen Situationen oder Gegenständen auf eine Vielzahl von Lebensbereichen und Empfindungen erstrecken.

Das zentrale Kennzeichen der *emotionalen Störung mit Trennungsangst* des Kindesalters ist die eingegrenzte, übermäßige Angst vor der Trennung von zentralen Bezugspersonen, wobei es sich in der Regel um die Mutter handelt. Die Probleme setzen typischerweise an Entwicklungsübergängen ein, die mit der Aufgabe einer Ablösung von wichtigen Bezugspersonen verbunden ist, nämlich im Kindergartenalter, im Einschulalter und im frühen Jugendalter. Häufig werden Vorläufer dieser Probleme zu einem späteren Zeitpunkt neu wiederaufgenommen. Dabei wird die Entwicklung von einer überbehüteten Mutter-Kind-Beziehung bestimmt, zu der beide Beteiligte durch das Wechselspiel von übermäßiger Bindung und mangelnder Ablösungsfähigkeit beitragen. Kinder mit Trennungsangst vermeiden die Schule, wobei sie über vielfältige Beschwerden (z. B. Bauchschmerzen) klagen, die zu zahlreichen, meist ergebnislosen ärztlichen Untersuchungen Anlaß geben. Dieses Verhalten ist auch mit dem Begriff der sogenannten *Schulphobie* belegt. Die Bezeichnung ist unglücklich, weil die Kinder nicht eine phobische Angst vor der Schule haben, sondern sich im Rahmen ihrer Trennungsangst nicht von ihrer Bezugsperson ablösen können.

Bei den *phobischen Störungen des Kindesalters* handelt es sich hinsichtlich der Inhalte im Wesentlichen um zwei Formen, näm-

Fragebogen zur Erfassung von Kinderängsten

Angst/vor/bei

1. Alleinsein
2. Alpträumen
3. Anzeichen von Angst bei anderen
4. Arzt
5. Autos
6. Bestrafung
7. Blitz
8. Blut
9. Donner
10. Dunkelheit
11. dunklen Räumen
12. Einbrechern, Räubern
13. Eisenbahnen
14. Elektrizität
15. Erdbeben
16. Erkrankung eines Familienmitglieds
17. geheimnisvollen, spannenden Filmen
18. Flugzeugen
19. fremden Personen
20. Friedhöfen
21. Geistern, Gespenster, Hexen, usw.
22. Gewitter
23. Haarewaschen
24. Hänseleien
25. Haustieren
26. Höhen
27. Hölle oder Teufel
28. Hunden
29. Insekten
30. Katzen
31. Klassenarbeiten
32. körperlichen Verletzungen
33. Krankenhaus
34. Krankheit
35. Krieg
36. Kritik
37. Lärm oder lauten Geräuschen
38. lärmenden Objekten, z. B. Staubsauger, Sirenen etc.
39. Mäusen oder Ratten
40. ungewohnt aussehenden Menschen (z. B. verkleidet)
41. Menschenmengen
42. schlechten Noten
43. engen Räumen, z. B. Fahrstühle
44. scharfen oder spitzen Gegenständen
45. Schatten
46. Schlangen
47. Schmerzen
48. Schule
49. Spinnen
50. Spritzen
51. Sterben oder Tod
52. Streit der Eltern oder Bezugspersonen
53. Sturm
54. Trennung von den Eltern
55. Umweltzerstörung
56. unbekannten Situationen
57. uniformierten Personen
58. an einem fremden Ort verlorenzugehen
59. Verlust von Eigentum
60. verrückt zu werden
61. Versagen
62. Vögeln
63. Wald
64. nach vorausgegangenen Warnungen
65. tiefem Wasser
66. „wilden" Tieren, z. B. Wölfe, Bären, Löwen
67. Zahnarzt
68. Zukunft

69

lich die Angst vor natürlichen Ereignissen und Objekten – wie z. B. Gewitter, Dunkelheit oder Tiere – und die Angst vor körperlicher Verletzung – z. B. durch bestimmte Nahrung, Krankheitserreger oder medizinische Maßnahmen. Wie bei allen Phobien gestattet die Vermeidung der gefürchteten Objekte oder Ereignisse eine relative seelische Stabilität, so daß viele phobische Störungen des Kindesalters klinisch unentdeckt und daher unbehandelt bleiben. Allerdings beeinträchtigt die Vermeidung der gefürchteten Objekte und Situationen die Rückbildung der Phobien.

Kinder, die unter einer *Störung mit sozialer Ängstlichkeit* leiden, zeigen vor allem Furcht vor Fremden, seien es Erwachsene oder Gleichaltrige. Im Extremfall können aber auch vertraute Umgebungen, wie z. B. die Schule, in die Störung eingeschlossen sein. Dieses Vermeidungsverhalten äußert sich auch als ausgeprägte Hemmung, in sozialen Situationen zu sprechen und zeigt fließende Übergänge zum Bild des Mutismus (siehe Kap. Mutismus weiter hinten).

4. Ursachen

Auch bei der Erklärung von Angststörungen findet das auf mehrere Elemente bezogene Ursachenmodell der Kinder- und Jugendpsychiatrie Anwendung. Zunächst ist beim gegenwärtigen Wissensstand unklar, inwieweit möglicherweise *erbliche Faktoren* beteiligt sind. Eine tatsächlich vorhandene familiäre Häufung von Angststörungen könnte sowohl für erbliche als auch für das tatsächlich bedeutsame *Modellernen* (d. h. die Orientierung am ängstlichen Vorbild) sprechen. Kinder mit Angststörungen sind außerdem häufig schon lange, bevor eine Diagnose gestellt wird, sehr empfindsame und in ihrer Entwicklung leicht störbare Persönlichkeiten. Diesen Faktor der vorausgegangenen Entwicklung und des *Temperaments* muß man ebenso wie die Bedeutung von belastenden *Lebensereignissen* und *Umweltveränderungen* berücksichtigen, welche z. B. in Form von Trennung, Erkrankung oder Verlust von Bezugspersonen auf das Kind einwirken.

5. Therapie

In der Regel werden Angststörungen des Kindesalters ambulant behandelt, wobei überwiegend *Psycho- und Verhaltenstherapie* und allenfalls randständig auch *Psychopharmakotherapie* eingesetzt werden. Die Psychotherapie wird in der Regel von einer regelmäßigen *Elternberatung* begleitet. Bei Kindern wird sie zentral über Spiel und Gestaltung umgesetzt, mit zunehmendem Alter und speziell bei Jugendlichen kann auch das Gespräch eingesetzt werden.

Insbesondere bei den *Phobien* ist die Verhaltenstherapie mit der Methode der *systematischen Desensibilisierung* die Methode der Wahl. Bei dieser Form von Behandlung sind zwei Elemente bedeutsam und wirksam. Einerseits wird das Kind in der Realität oder in der Vorstellung in steigender Form mit seinen Ängsten konfrontiert, indem von ganz leichten Ängsten bis zu schweren Ängsten in Stufenform vorangeschritten wird. Andererseits wird gegen die Angst jeweils eine vollständige körperliche Entspannung gesetzt, welche ein angstfreies Erleben des zuvor gefürchteten Objektes (z. B. eines Tieres) ermöglicht. Diese Entspannung lernt das Kind zu Beginn der Therapie durch eine entsprechende Unterweisung durch den Therapeuten.

In manchen Fällen von Phobien können auch langandauernde *Konfrontationen* mit den angstauslösenden Bedingungen eingesetzt werden. Diese Art der *Expositionsbehandlung* kann mit sozialen und kleinen materiellen *Verstärkern* für das erfolgreiche Bestehen von Angstreizen und -situationen verknüpft werden. Ebenso kann das Lernen an einem angstfreien *Modell* wie z. B. einem gleichaltrigen Freund therapeutisch eingesetzt werden. Auch mit Kindern und besonders mit Jugendlichen können *kognitive Therapien* durchgeführt werden, mit denen spezielle Methoden der Bewältigung von Ängsten vermittelt werden.

Bei sozial ängstlichen Kindern können *verhaltenstherapeutische Selbstsicherheitstrainings* eingesetzt werden. Hier erlernen die Betroffenen zunächst im Rollenspiel und anschließend in der Realität soziale Fertigkeiten wie Kontaktaufnahme, Behauptungs-

71

vermögen, Bewältigung neuer oder gefürchteter sozialer Situationen u. a. mehr.

Unter den Medikamenten ergibt sich nur bei krisenhaften Zuspitzungen von Angststörungen ein zwingender Grund für den Einsatz einer bestimmten Gruppe von Psychopharmaka, den *Antidepressiva*. Die therapeutische Wirkung ist bei Kindern deutlich unterschiedlich und weniger gut vorhersagbar als bei erwachsenen Patienten. Der Einsatz von *Tranquilizern* ist wegen möglicher Abhängigkeitsentwicklungen nicht sinnvoll.

In Abhängigkeit von ungünstigen Einflüssen aus der Familie und angesichts der damit verbundenen Erschwerung einer ambulanten Behandlung kann bei schweren Angststörungen des Kindesalters auch eine *stationäre Behandlung* notwendig sein. Dies gilt z. B. für die schwere Trennungsangst bzw. die damit zusammenhängende sogenannte Schulphobie, bei der die übermäßige Bindung an die zentrale Bezugsperson eine wirksame Behandlung behindert. Kinder und Jugendliche mit schweren Störungen mit sozialer Ängstlichkeit können zudem von dem pädagogischen und therapeutischen Milieu einer stationären Behandlung in besonderer Weise profitieren.

6. Verlauf

Die Häufigkeit von Angststörungen nimmt im Jugendalter deutlich ab. Insgesamt handelt es sich um die Form von Störungen, welche die höchste Rückbildungstendenz aufweist. Bis zum Jugendalter sind beide Geschlechter gleich häufig betroffen, ab dann überwiegen hingegen die Mädchen. Bei Anhalten bis in das Erwachsenenalter setzen sich die Angststörungen entweder in gleicher Form oder als Depressionen fort. Einzelne Phobien nehmen im Vergleich zu allgemeinen Angststörungen mit Beginn im Kindesalter einen ungünstigen Verlauf.

7. Empfohlene weiterführende Literatur
– Petermann, U.: Angststörungen. In: Steinhausen, H.-C., von Aster, M. (Herausgeber). Verhaltenstherapie und Verhaltens-

72

medizin bei Kindern und Jugendlichen. 2. Auflage. Psychologie Verlags Union, Weinheim, 1999.

- Schneider, S., Florin, I., Fiegenbaum, W.: Phobien. In: Steinhausen, H.-C., von Aster, M. (Herausgeber). Verhaltenstherapie und Verhaltensmedizin bei Kindern und Jugendlichen. 2. Auflage. Psycholgie Verlags Union, Weinheim, 1999.
- Schneider, S. (Herausgeberin). Angststörungen bei Kindern und Jugendlichen: Grundlagen und Behandlung. Springer, Heidelberg, 2003.

Janine begann im Alter von 14 Jahren bei einem Gewicht von 54 Kilo eine Diät. Gleichzeitig wog sie sich anfänglich zweimal in der Woche, später sogar täglich. Nach einigen Monaten begann sie zusätzlich zu erbrechen, um auf diesem Wege noch schneller abzunehmen. Sie zeigte eine Vorliebe für Backen und Kochen und versorgte ihre Familie liebevoll am Abendbrotstisch. Sie selbst aß aber nur wenig und verlor 3 Monate nach Beginn ihrer Diät ihre Monatsblutung. Als sie schließlich nur noch 42 kg wog, veranlaßte ihr Kinderarzt gegen ihren Willen die Einweisung auf eine jugendpsychiatrische Station. Janine zeigte sich wenig einsichtig und bestritt, daß sie an einer bedrohlichen Krankheit litt.

1. Definition

Die Anorexie (Anorexia nervosa) ist eine Eßstörung, die typischerweise im Jugendalter auftritt und durch die folgenden *Merkmale* gekennzeichnet ist:

(1) Das *Körpergewicht* liegt mindestens 15 % unter dem erwarteten Gewicht, wobei entweder ein Gewichtsverlust herbeigeführt worden ist oder das altersgemäße Gewicht nie erreicht wurde. Eine andere Berechnungsformel für das niedrige Körpergewicht geht von dem Verhältnis von Körpergewicht zu Körpergröße aus. Dieser sogenannte Body-Maß-Index (BMI = kg/m^2) erreicht bei Patienten mit einer Anorexie den Wert von 17,5 oder weniger. Allerdings ist dieser Schwellenwert erst ab dem Alter von ca. 17 Jahren verwendbar. Für jüngere Patienten ist es sinnvoller, den Schwellenwert bei den dritten oder fünften, jeweils für das Alter und Geschlecht gültigen BMI-Perzentile anzusetzen. Die Perzentile werden auf der Basis von Erhebungen in der Bevölkerung gewonnen und geben an, welche Werte der BMI auf den jeweiligen Altersstufen für die 3 % bzw. 5 % der Bevölkerung mit dem niedrigsten Gewicht ein-

nimmt. Bei den sehr jungen Patienten in der Vorpubertät kann das niedrige Körpergewicht nicht durch einen Gewichtsverlust, sondern durch eine unterbliebene Gewichtszunahme während der Wachstumsperiode bedingt sein.

(2) Der eingetretene *Gewichtsverlust* ist durch die Patienten selbst herbeigeführt, wobei folgende Mittel eingesetzt werden:

a) Diät mit Vermeidung vor allem hochkalorischer Speisen sowie eine oder mehrere der folgenden Möglichkeiten:

b) selbst herbeigeführtes Erbrechen,

c) selbst herbeigeführtes Abführen,

d) übertriebene körperliche Aktivitäten,

e) Gebrauch von Appetitzüglern und/oder harntreibenden Mitteln (Diuretika).

(3) Eine ausgeprägte *Wahrnehmungsverzerrung* des eigenen Körpers – wobei die tatsächliche Abmagerung nicht als solche erlebt wird – in Verbindung mit der Angst, zu dick zu werden. Diese Angst ist tief verwurzelt und bestimmt das gesamte Verhalten. Die Patienten legen für sich ein sehr niedriges Gewicht fest.

(4) Eine *Störung der Regulation der Hormone* im Wechselspiel zwischen den steuernden Hirnzentren und den abhängigen Organen. Bei Mädchen und Frauen äußert sie sich nach dem Beginn der Menstruation durch das Ausbleiben der Monatsblutungen. Die Produktion anderer Hormone (Wachstums-, Nebennierenrinden-, Schilddrüsenhormone, Insulin) ist ebenfalls gestört.

(5) Beginnt die Anorexie bereits *vor der Pubertät*, so ist die Abfolge der pubertären Entwicklungsschritte verzögert oder gehemmt. Es kommt zu einem Wachstumsstop, fehlender Brustentwicklung und dem Ausbleiben der Menstruation bei Mädchen. Bei den selten betroffenen Jungen bleiben die Geschlechtsmerkmale kindlich.

Die Übersetzung des Begriffes Anorexie mit der Bezeichnung „Magersucht" ist unglücklich und zum Teil auch irreführend.

Während damit einerseits zum Ausdruck gebracht werden soll, daß die Patienten den Methoden, mit denen sie ihre Diät und Abmagerung betreiben, beinahe unkontrolliert ausgeliefert sind, ist andererseits das zentrale Merkmal einer Sucht im Sinne der Abhängigkeit von einer Substanz (z. B. Alkohol) bei der Anorexie nicht gegeben. Statt einer übermäßigen Zufuhr einer für den Organismus giftigen Substanz bei einer Drogensucht wird bei der Anorexie die Substanz, d. h. die Nahrung, gerade gemieden. Der Begriff der Magersucht sollte daher besser nicht an Stelle des Begriffes der Anorexie verwendet werden (siehe auch Kap. Bulimie weiter hinten).

2. Häufigkeit

In der Öffentlichkeit wird immer wieder der Eindruck vermittelt, die Häufigkeit der Erkrankung sei in den letzten Jahrzehnten angestiegen. Tatsächlich läßt sich nur feststellen, daß die Zahl der behandelten Fälle durch rechtzeitige Feststellung der Symptome deutlich angestiegen ist. Hingegen gibt es keine vollständig überzeugenden Belege dafür, daß die Zahl der wirklich vorhandenen, d. h. behandelten und unbehandelten Fälle in der jüngsten Vergangenheit deutlich angestiegen ist.

Nach internationalen Erhebungen liegt die Häufigkeit für die Anorexie unter 1 % der weiblichen Bevölkerung in den Altersstufen von der Frühpubertät bis ins das junge Erwachsenenalter. Ab dem 4. Lebensjahrzehnt kommt es nur noch sehr selten zum Krankheitsausbruch. Mädchen und Frauen sind fünfzehn- bis zwanzigmal häufiger betroffen als das männliche Geschlecht, so daß wir im folgenden immer von „Patientinnen" sprechen. Anorexien können in allen Gesellschaftsschichten beobachtet werden, wobei die wirtschaftlich besser gestellten Mittelschichten etwas stärker betroffen sind. Außerhalb von westlichen Industriegesellschaften kommt die Anorexie nur relativ selten vor, wobei die wenigen beobachteten Fälle in Ländern der dritten Welt eher aus wirtschaftlich gut gestellten Schichten stammen.

3. Erscheinungsbild

Patientinnen mit einer Anorexie vermeiden zwar einerseits die Nahrungsaufnahme, beschäftigen sich aber andererseits ständig mit Nahrung, Essen und ihrem Gewicht. Ihre Gedanken kreisen ständig darum, Diäten mit möglichst wenig Fett- und Kohlenhydratanteilen zusammenzustellen, und sie weigern sich, mit anderen zusammen zu essen. Andererseits sammeln sie Rezepte und kochen gern für ihre Familienmitglieder. Ihren Körper betrachten sie ständig prüfend im Spiegel und sind mit der Weite der Hüften oder des Gesäßes unzufrieden. Erst mit schwererer Abmagerung – wie in der Abbildung auf S. 78 – tritt auch eine wirkliche Appetitlosigkeit auf, welche der Krankheit mit der Bezeichnung Anorexie den Namen gegeben hat.

Außer der Nahrungseinschränkung können anfallsartige *Heißhunger- und Freßattacken* (Bulimien) auftreten, die meist zur Folge haben, daß die Patienten sich erbrechen. Ebenso versuchen sie, mit rastloser Unruhe und sportlich-gymnastischen Übungen, mit Mißbrauch von Abführmitteln oder harntreibenden Mitteln ihr Gewicht zu reduzieren. Charakteristisch ist ferner, daß diese Patienten nur selten eine Einsicht in ihr Krankheitsbild und in ihr Verhalten entwickeln.

Trotz des schweren Gewichtsverlustes nehmen die Patientinnen ihre Abmagerung nicht realistisch wahr. Sie halten sich vielmehr für normalgewichtig oder sogar für zu dick. Je weiter die Abmagerung fortschreitet, desto mehr stellen sich auch Störungen in der eigenen Wahrnehmung von Hunger und Sattheit ein. Zusätzlich bilden sich andere Zeichen seelischer Störungen aus. Dabei stehen depressive Störungen – in der Regel als Folge der körperlichen Abmagerung – im Vordergrund.

Auch auf der körperlichen Ebene entsteht eine Vielzahl von Veränderungen und Symptomen. Neben dem Ausbleiben der Monatsblutung sinkt die Körpertemperatur, was die Patientinnen als Kältegefühl erleben. Darüber hinaus kommt es zu vielfältigen Symptomen einer Sparschaltung des Körpers, die ärztlich sehr sorgfältig erfaßt werden müssen. Diese körperlichen Symptome können sehr bedrohlich werden und das Leben der Patientinnen gefährden.

4. Ursachen

An der Entstehung der Anorexie sind vielfältige Faktoren beteiligt. Zunächst bildet bei einem großen Teil der Patienten das Jugendalter als eine krisenanfällige Entwicklungsphase den Hintergrund für die Entstehung der Störung. Zu den wichtigen Aufgaben dieser *Entwicklungsphase* gehört die Verselbständigung. Bei Patienten mit Anorexie fällt auf, daß viele von ihnen aufgrund ihrer bisheriger Entwicklung Probleme haben, diese Entwicklungsaufgabe angemessen zu bewältigen. Jugendliche, die bereits zuvor Ablösungs- und Verselbständigungsprobleme gehabt haben, die Probleme mit ihrem Selbstwert haben und sich immer als sehr brave, angepaßte Kinder entwickelt haben, bringen damit bestimmte Verhaltensbereitschaften ein, welche sich bei einer krisenhaften Zuspitzung von Entwicklungsproblemen ungünstig auswirken. Diese beschriebenen individuellen Verhaltensbereitschaften können bei Patienten mit Anorexie immer wieder beobachtet werden.

In ähnlicher Weise bestehen auch auf der *familiären Ebene* Bereitschaften für die Entwicklung einer Anorexie. Hierzu zählen zunächst erbliche Faktoren, die zumindest für eine Unterform der Anorexie, bei der die Nahrungseinschränkung im Vordergrund steht, nachgewiesen sind. Es kommen die starke familiäre Betonung von Gewicht, Nahrung und Erscheinungsbild sowie die Außenorientierung an Schönheits- und Fitneß-Idealen hinzu. Schließlich kann bei einigen, gleichwohl nicht allen Familien mit einer anorexiekranken Patientin beobachten werden, daß sie bestimmte Merkmale in der Kommunikation und dem Umgang miteinander aufweisen: Sie mischen sich übermäßig in die Belange der einzelnen ein, zeigen überbehütendes Verhalten und sind bei auftretenden Konflikten wenig in der Lage, von ihren starren Regeln des Umgangs miteinander abzuweichen und Lösungen für ihre Probleme zu entwickeln. Diese Verhaltensmuster der Familie sind jedoch auch bei anderen Störungen bekannt.

Abb. 2: Das körperliche Erscheinungsbild einer jugendlichen Patientin mit einer Anorexie.

Auf einer dritten Ebene sind wahrscheinlich auch *gesellschaftliche und kulturelle Elemente* als Einflußfaktoren bedeutsam. Hierzu zählt die Tatsache, daß vornehmlich das weibliche Geschlecht betroffen ist und zugleich heranwachsende Frauen in zunehmendem Maße einem gesellschaftlichen Leistungsdruck und einer Fremdbestimmung hinsichtlich ihres Verhaltens und Erscheinungsbildes ausgesetzt sind. Mädchen in der Pubertät sind angesichts ihrer stärkeren Körperveränderungen diesem Druck in stärkerem Maße als Jungen unterworfen und reagieren angesichts des konflikthaften Erlebens dieser gesellschaftlichen Vorgaben möglicherweise eher mit seelischen Störungen und möglicherweise speziell mit einer Anorexie.

Es ist ungewiß, ob es in Ergänzung zu den genannten, individuellen, familiären und gesellschaftlichen Bereitschaften, eine Anorexie zu entwickeln, auch eine *biologische Entwicklungsbereitschaft* gibt. Auslösende Bedingungen gehören aber ganz sicher als ein wichtiges Element in das Ursachenmodell. Hierzu zählen familiäre Belastungen und Spannungen, der Verlust von wichtigen Bezugspersonen oder das häufig zu beobachtende Hänseln bei einer leichten Übergewichtigkeit der Jugendlichen.

Sobald das Krankheitsgeschehen erst einmal in Gang gekommen ist, werden Faktoren wirksam, welche das *Krankheitsgeschehen weiter unterhalten.* So hat der Hungerzustand zunächst einmal die Wirkung eines Teufelskreises, in dem der gestörte Umgang mit der Ernährung in sich selbst verstärkt wird. Trotz einer Beeinträchtigung des Leistungsvermögens und der Stimmung bei vielen Patienten stellt sich oft das Gefühl eines Sieges des Geistes über den Körper ein. Hier bestehen durchaus Ähnlichkeiten zum religiösen Fasten und zur Enthaltsamkeit. Mit dem Hungern verändert sich ferner sehr bald das Sattheitsgefühl, welches deutlich abnimmt, und die Patientinnen erleben durch den Gewichtsverlust eine deutlich positive Selbstbestätigung. Zugleich bleibt die verzerrte Wahrnehmung des eigenen Körpers bestehen. Ebenso können Erbrechen und der zwanghafte Umgang mit der Ernährung das Krankheitsgeschehen weiter unterhalten. Schließlich sind un-

Anorexie (Magersucht)

gelöste familiäre Konflikte und der Aufmerksamkeitsgewinn, der aus der Störung resultiert, ein wichtiges Element der Krankheitsunterhaltung.

5. Therapie

Für eine wirksame Behandlung der Anorexie müssen *verschiedene Therapieelemente* vereint werden. Dazu gehören medizinisch-diätetische, psycho- und verhaltenstherapeutische, familientherapeutische und beratende Maßnahmen. Diese kombinierte Form der Behandlung läßt sich am besten im Rahmen einer *stationären jugendpsychiatrischen Behandlung* umsetzen. Sie ist immer bei sehr starkem Gewichtsverlust, bei deutlich auffälligen Laborwerten, bei starken Flüssigkeitsverlust, bei Herz-Kreislauf-Störungen, bei Depression und bei Selbsttötungsgefährdung notwendig. Eine *ambulante Behandlung* sollte nur bei sehr kurzem Krankheitsverlauf und entsprechend weniger stark ausgeprägten Symptomen, bei Fehlen von Bulimie und Erbrechen und bei guter Kooperationsbereitschaft der Eltern und Patienten überlegt werden. Auch nach der stationären Behandlung brauchen viele Patienten anschließend eine ambulante Nachsorge.

Die *erste Säule* der stationären Behandlung ist die sorgfältig durch Ernährungsspezialisten zusammengestellte *Diät*, um zu einem regelmäßigen Gewichtsanstieg und schließlich zu einer Gewichtsnormalisierung zu kommen. Eine begleitende medikamentöse Behandlung mit *Psychopharmaka* ist nur bei depressiven Störungen und ausgeprägten begleitenden Zwangsstörungen sinnvoll.

Die *zweite Säule* der Behandlung ist die *Psychotherapie*, welche den entwicklungstypischen Problemen und Konflikten der Patienten nachgeht. Mit verhaltenstherapeutischen Maßnahmen wird dabei im stationären Rahmen die Gewichtszunahme verstärkt. Für ältere Jugendliche ist die kognitive Therapie zur Behandlung von Depressionen und Selbstwertproblemen eine wichtige Behandlungsmethode. Ergänzend zur Einzelpsychotherapie ist die enge *persönliche Betreuung* durch eine Pflegekraft als Bezugsperson auf der Station ein wichtiges Element erfolgreicher Behandlungen.

Für die jugendlichen Patienten ist schließlich die begleitende *Elternberatung* und gegebenenfalls die *Familientherapie* eine wichtige *dritte Säule* des Behandlungsplanes. Hier kann das Ziel darin bestehen, ungünstige Verhaltensmuster innerhalb der Familie zu verändern, um der Patientin mit der Anorexie eine Chance zu geben, sich aus der Rolle des Symptomträgers in der Familie zu befreien. Diese Aspekte können jedoch erst bearbeitet werden, wenn die Patientin aus der Phase ihrer starken körperlichen Gefährdung durch das massive Untergewicht heraus ist. Oft lassen sich die familientherapeutischen Ziele erst in der Phase der ambulanten Nachsorge umsetzen.

6. Verlauf

Patientinnen mit einer Anorexie weisen sehr unterschiedliche Verläufe auf. Nimmt man die Erkrankungen aller Lebensalter zusammen, so bilden sich bei knapp der Hälfte der Betroffenen alle Krankheitssymptome dauerhaft im Sinne einer Heilung zurück, während bei etwa einem Drittel aller Fälle nur eine Besserung eintritt. Bei diesen gebesserten Fällen können Auffälligkeiten im Eßverhalten, weiterhin ein teilweise ungewöhnlicher Umgang mit der Nahrung, unregelmäßige Menstruationszyklen und andere Auffälligkeiten beobachtet werden. Problematischer ist die Tatsache, daß bis zu 20 % aller Patienten eine *chronische Form* der Anorexie entwickeln. Diese geht in einigen Fällen oder auch phasenhaft in die verwandte Störung der Bulimie über. Die Bedrohlichkeit der Erkrankung wird schließlich durch den Umstand sichtbar, daß im Durchschnitt bis zu 6 % der Patientinnen an dieser Erkrankung versterben. Insgesamt sind die Heilungschancen für Jugendliche mit einer Anorexie günstiger als für die Erkrankungen im späteren Lebensalter. Eine rechtzeitig einsetzende kompetente Therapie, nach Möglichkeit im stationären Rahmen durch erfahrene Jugendpsychiater und -psychologen, trägt zu einer Minderung des Risikos der Erkrankung bei.

7. Empfohlene weiterführende Literatur

- Gerlinghoff, M.: Magersüchtig. 3. Auflage. Piper Verlag, München, 1996
- Steinhausen, H.-C.: Anorexia und Bulimia nervosa. In: Steinhausen, H.-C., von Aster, M. (Herausgeber). Verhaltenstherapie und Verhaltensmedizin bei Kindern und Jugendlichen. 2. Auflage. Psychologie Verlags Union, Weinheim, 1999.
- Steinhausen, H.-C.: Essstörungen. In: Schlottke, P. F., Silbereisen, R., Schneider, S., Lauth, G. W. (Herausgeber). Enzyklopädie der Psychologie, Bd. 5, Störungen im Kindes- und Jugendalter, Hogrefe, Göttingen, 2003.

Anorexie (Magersucht)

■■■■■ *Fallbeispiel*

Die 9jährige Monika wird wegen Schulleistungsstörungen zur Untersuchung vorgestellt. Sie falle im Unterricht durch ihr Tagträumen auf, könne sich auf ihre Aufgaben schlecht konzentrieren und wirke in ihrem Arbeitstempo sehr verlangsamt. Zu ihren Mitschülerinnen habe sie wenig Kontakt und die Lehrerin wisse nicht, ob Monika vielleicht depressiv sei. Von der begleitenden Mutter ist zu erfahren, daß Monika nur ungern in die Schule geht. Sie würde viel Zeit mit ihren Hausaufgaben verbringen, und die Mutter müsse neben ihr sitzen, sonst würde Monika ihre Aufgaben nicht zu Ende bringen.

1. Definition

Der Begriff der Aufmerksamkeitsdefizitstörung (ADS) stammt aus der US-amerikanischen Klassifikation psychischer Störungen (DSM-IV) und ist in der internationalen Klassifikation psychischer Störungen (ICD-10) nicht enthalten. In der wissenschaftlichen Debatte wird die Eigenständigkeit und Gültigkeit dieser Störung unterschiedlich beurteilt. Hingegen ist der Begriff ADS in der Laienöffentlichkeit sehr populär, wobei meist übersehen wird, daß ADS nur ein Untertyp von ADHS (engl. ADHD), der Aufmerksamkeitsdefizit-Hyperaktivitätsstörung gemäß DSM-IV ist, die in der ICD-10 als Hyperkinetische Störung (HKS) bezeichnet wird. Inhaltlich ist ADS nur durch ein einziges Leitsymptom, nämlich die ungenügende Aufmerksamkeit in Form von Ablenkbarkeit und mangelnder Konzentration bei Fehlen von Zeichen der Hyperaktivität gekennzeichnet. Die mangelnde Unterscheidung von ADS und ADHS sowie die ungenügende Berücksichtigung der Tatsache, daß Aufmerksamkeitsstörungen bei zahlreichen anderen psychischen Störungen – von Angststörungen, Depressionen bis zu Schizophrenien reichend – in Kombination mit anderen Symptomen vorkommen, trägt dazu bei, daß ADS zu

85

häufig fälschlicherweise diagnostiziert und von Laien in seiner Häufigkeit überschätzt wird.

2. Häufigkeit

Da die Anerkennung von ADS als einer separaten Störung im amerikanischen DSM eine wechselvolle Geschichte hatte, ist diese Unterform von ADHS in den internationalen epidemiologischen Studien nicht durchgängig berücksichtigt worden. Für ADHS liegen Häufigkeitsangaben vor, die bis zu 10 % aller Kinder reichen. Für den Untertyp ADS liegen die Häufigkeitsraten entsprechend deutlich niedriger, wobei die Hyperaktivitätskomponente mit zunehmendem Alter abnimmt und im Jugendalter im Vergleich zum Aufmerksamkeitsdefizit deutlich seltener vorhanden ist.

3. Erscheinungsbild

Für die Diagnose von ADS gemäß DSM-IV ist bestimmend, daß mindestens 6 der folgenden 9 Verhaltensweisen über mindestens 6 Monate in einem Ausmaß vorgelegen haben müssen, das nicht dem Entwicklungsniveau angemessen ist: Das Kind/der Jugendliche

- ist häufig unaufmerksam gegenüber Details oder macht Sorgfaltsfehler bei Schularbeiten oder anderen Arbeiten/Tätigkeiten
- kann die Aufmerksamkeit bei Aufgaben oder beim Spiel häufig nicht aufrecht erhalten
- scheint oft nicht zu hören, was gesagt wird
- führt häufig Aufträge nicht durch oder erfüllt häufig Schularbeiten oder andere Pflichten oder Aufgaben nicht (nicht wegen oppositionellem Verhalten oder weil Erklärungen nicht verstanden werden)
- kann Aufgaben und Aktivitäten nicht organisieren oder strukturieren
- vermeidet häufig oder hat einen starken Widerwillen gegen Aufgaben, die geistiges Durchhaltevermögen erfordern (z. B. Hausaufgaben)
- wird oftmals durch äußere Reize leicht abgelenkt

- verliert häufig Gegenstände, die für bestimmte Aufgaben oder Aktivitäten notwendig sind, z. B. Schulaufgaben, Bleistifte, Spielsachen oder Werkzeuge
- vergißt häufig Dinge im täglichen Ablauf.

Während einerseits ausgeschlossen wird, daß bei ADS die Merkmale Hyperaktivität und Impulsivität aus dem Vollbild der ADHS vorliegen, wird umgekehrt nicht gefordert, daß Kinder und Jugendliche mit ADS hypoaktiv, also schwung- und antriebslos und schwer zu aktivieren, sein müssen. Sie werden allerdings häufiger als träge, tagträumend und ängstlich erlebt.

Im Vergleich zu Kindern mit ADHS – also zu denen mit Hyperaktivität und Impulsivität – zeigen Kinder mit isolierter ADS deutlich seltener und weniger ausgeprägt begleitende Störungen des Sozialverhaltens mit aggressiv-oppositionellem Verhalten; allerdings sind die Quoten an Lernstörungen ähnlich hoch.

ADS kann nur dann zuverlässig diagnostiziert werden, wenn zahlreiche andere Störungen ausgeschlossen sind, die ebenfalls das Symptom einer Aufmerksamkeitsschwäche enthalten und in Tabelle 4 dargestellt sind.

4. Ursachen

Die Ursachen von ADHS werden im Kapitel über die Hyperkinetischen Störungen (HKS) dargestellt. Für ADHS und ADS werden beim gegenwärtigen Wissensstand unterschiedliche Störungshintergründe angenommen. Beim isolierten ADS besteht das Hauptproblem in der gerichteten (fokussierten) und auswählenden (selektiven) Aufmerksamkeit, während Probleme der Enthemmung in der Handlungsplanung und -ausführung fehlen. Bei der kombinierten ADHS bestehen hingegen Probleme bei der anhaltenden (persistenten) Anstrengung und Ablenkbarkeit, und die Probleme der Enthemmung sind zentral und bleiben auch nach Rückbildung der Hyperaktivität bestehen. Diese Unterschiede der Aufmerksamkeitsstörung bei ADS und ADHS sind wahrscheinlich durch Defizite verschiedener Aufmerksamkeitssysteme des Ge-

Tab. 4 : Störungen, bei denen eine Aufmerksamkeitsschwäche festgestellt werden kann

● ADS und ADHS	● Belastungs- und Anpassungsstörungen
● Geistige Behinderung	● Angststörungen
● Autismus	● Depressive Störungen, Manien
● Schizophrenien	● Drogenmißbrauch
● Hirnschäden	● Bindungsstörungen
● Lernstörungen	● Persönlichkeitsstörungen

hirns bedingt und sprechen dafür, daß ADS und ADHS zwei verschiedene Störungen sind und ADS nicht nur eine Unterform von ADHS ist.

5. Therapie

Wie im Kapitel über die Behandlung der Hyperkinetischen Störungen (HKS) weiter unten dargestellt wird, sind die zentralen Behandlungsformen für diese Störungen die Behandlung mit Medikamenten, speziell Stimulanzien (Ritalin®, Medikinet®, Equasym®, Concerta®) sowie mit Verhaltenstherapie, wobei zusätzlich Elterntrainings (mit nachgewiesener Wirksamkeit) und Trainings der Selbstkontrolle (mit weniger guter Wirksamkeit) eingesetzt werden können.

Kinder und Jugendliche mit isolierter ADS profitieren ebenfalls von der Behandlung mit Stimulanzien, wobei im Vergleich zu ADHS niedrigere Dosierungen ausreichend sind. Über die Wirksamkeit der Verhaltenstherapie und pädagogischer Maßnahmen ist aus der Forschung relativ wenig bekannt.

6. Verlauf

Ein häufig chronischer Verlauf von ADHS mit komplizierenden zusätzlichen Störungen ist in zahlreichen nordamerikanischen Studien nachgewiesen worden. Dabei ist deutlich geworden, daß sich die Hyperaktivität eher als die Aufmerksamkeitsstörung zurückbildet. Folglich ist als Ergebnis der noch ausstehenden Verlaufsuntersuchungen zur isolierten ADS mit Beginn in der Kindheit zu erwarten, daß ein großer Teil der betroffenen Kinder seine ADS mit dem Heranwachsen nicht verliert und weiter behandelt werden muß.

7. Empfohlene weiterführende Literatur

– Steinhausen, H.-C. (Herausgeber): Hyperkinetische Störungen im Kindes-, Jugend- und Erwachsenenalter. 2. Auflage, Kohlhammer Verlag, Stuttgart, 2000.

Aufmerksamkeitsdefizitstörung

(Kanner-Syndrom, Asperger-Syndrom)

Fallbeispiel

Aus der Entwicklung des 8jährigen Adrian ist bekannt, daß er als Säugling nie gelächelt oder der Mutter die Ärmchen entgegengestreckt habe. Während die motorische Entwicklung altersgemäß verlaufen ist, war seine sprachliche Entwicklung stark verzögert. Als er etwa 3 Jahre alt war, hat er immer kleine Blätter und Steine gesammelt und mit sich herumgetragen. Auf Sozialkontakte hat er nie reagiert; der Besuch eines Kindergartens ist nie möglich gewesen. Er schüttelt häufig seinen Kopf rhythmisch hin und her und ist sehr unruhig. Adrian spielt immer allein, hat keinen einzigen Freund und kann im Spiel keinen Blickkontakt aufnehmen. Bei kleinsten Anforderungen wird er wütend und haut sich dann selbst. Sein Spielverhalten ist sehr eingeschränkt und stereotyp. Seine wenigen sprachlichen Äußerungen zeigen sogenannte Echolalien, indem er einzelne Wörter seines Gegenübers wiederholt. Er kann immer noch nicht „ich" und „du" unterscheiden und kommt Aufforderungen nur nach, wenn er mit Gesten unterstützt werden. In der Wohnung müssen bestimmte Dinge immer gleich angeordnet und es dürfen Möbel nicht an einen anderen Platz gestellt werden. Auch müssen bestimmte Rituale und Reihenfolgen eingehalten werden, bevor andere Aktivitäten eingeleitet werden können. So muß beispielsweise immer zuerst der Fernsehapparat zu einem bestimmten Zeitpunkt eingeschaltet werden, bevor Adrian Nahrung zu sich nimmt. Er besteht auch darauf, daß das Taxi, welches ihn aus der Sondereinrichtung täglich nach Hause bringt, immer an derselben Stelle hält.

1. Definition

Unter dem Begriff des Autismus werden zwei Formen zusammengefaßt, nämlich der *frühkindliche Autismus*, der von Leo Kanner erstmals beschrieben wurde, und das *Asperger-Syndrom*, das nach seinem Erstbeschreiber Hans Asperger benannt wurde. Ferner gibt es im Rahmen der sogenannten Autismus-Spektrum-Störungen auch Unterformen, die nicht das Vollbild einer der beiden Störungen erfüllen.

Die Charakteristika des *frühkindlichen Autismus* betreffen drei sehr spezifische und zugleich verbindliche Symptome:

(1) Eine schwere und allgemeine Beziehungsstörung im Sinne eines *Mangels des sozialen Austausches.* Die Betroffenen sind unfähig, Signale der menschlichen Umwelt richtig wahrzunehmen, zeigen eine mangelnde Reaktion auf die Gefühle anderer Menschen, können ihr Verhalten nicht hinsichtlich des jeweiligen sozialen Umfeldes anpassen und setzen soziale Signale (z. B. Blickkontakt) ungenügend ein. Sie entwickeln also kein normales Kontaktverhalten.

(2) Eine spezifische und allgemeine *Beeinträchtigung der Verständigung* (Kommunikation) im Sinne einer Entwicklungsabweichung statt einer Entwicklungsverzögerung. Hier besteht das Kennzeichnende im mangelnden Einsatz der Sprache für die soziale Verständigung, speziell im Mangel an Feinabstimmung und Gegenseitigkeit in der Unterhaltung. Die Sprachentwicklung ist zunächst deutlich verzögert oder bleibt in vielen Fällen sogar gänzlich aus. Sofern sich Sprache entwickelt, ist sie durch eine Störung des Sprachverständnisses sowie des Sprachgebrauchs gekennzeichnet. Charakteristisch sind Wiederholungen von Äußerungen des Gesprächspartners (Echolalie), Vertauschung der Bezeichnung von Ich und Du (Pronominalumkehr), Wortneubildungen und ungewöhnliche Bezeichnungen für Gegenstände oder Ereignisse (Neologismen) sowie eine ungewöhnliche, meist monotone Sprachmelodie (Dysprosodie).

(3) Verschiedene eingeschränkte, sich wiederholende und *stereotype Verhaltensmuster, Interessen und Aktivitäten.* Diese äußern sich zunächst als eine Störung des Spielverhaltens mit ausgeprägtem Mangel an Phantasie und Vorstellungskraft, ferner durch ungewöhnliche Bindung an Gegenstände (z. B. kleine Teile eines Gegenstandes, die überall herumgetragen

werden), ungewöhnliche Interessen und Aktivitäten (z. B. Zahlen, Daten, Fahrpläne) sowie eine starre Ausrichtung an Ritualen und Handlungen mit immer gleichem Ablauf. Kinder mit einem Autismus zeigen schließlich gegenüber schon kleinen Veränderungen von Alltagsabläufen, Routinehandlungen oder Details ihrer persönlichen Umwelt, erheblichen Widerstand, der sich in heftigen Durchbrüchen von Wut oder Verzweiflung äußern kann.

Unter den *Begleitsymptomen* des *frühkindlichen Autismus* steht die Intelligenzminderung im Vordergrund, die bei zwei Dritteln aller Betroffenen vorliegt. Häufig liegen zusätzliche Störungen in verschiedenen Sinnesbereichen vor. Insbesondere im Jugendalter kann es zur Entwicklung einer Epilepsie kommen. Die typischen Zeichen des Autismus werden bereits vor dem Alter von drei Jahren deutlich und werden selbst bei den normal intelligenten Autisten im weiteren Entwicklungsverlauf nur umgeformt und abgeschwächt, nicht aber grundsätzlich aufgegeben.

Die charakteristischen Zeichen des *Asperger-Syndroms* bestehen aus einer *Störung der Beziehungsfähigkeit* mit Auffälligkeiten des Blickkontaktes, mangelndem Ausdruck, fehlendem Einfühlungsvermögen und ausgeprägtem Selbstbezug. Ähnlich wie beim frühkindlichen Autismus können ungewöhnlich *eingeschränkte intellektuelle Interessen* sowie Bindungen an einzelne Objekte und zwanghaft-pedantische Persönlichkeitszüge beobachtet werden. Im Unterschied zum frühkindlichen Autismus beginnt die Beziehungsstörung beim Asperger-Syndrom jedoch später und ist im Schweregrad deutlich geringer ausgeprägt. Eine *normale Sprachentwicklung*, eine oft sogar sehr gute Entwicklung sprachlicher Fertigkeiten sowie eine *normale bis überdurchschnittliche Intelligenz* gestatten darüber hinaus eine klare Abgrenzung zum frühkindlichen Autismus. Hingegen ist die Abgrenzung von normal- und hochintelligenten Kindern mit frühkindlichem Autismus von einem Asperger-Syndrom auch unter Experten umstritten. Bei-

Tab. 5: Beispiele zur Unterscheidung jüngerer und geistig behinderter Kinder von älteren und intelligenteren Kindern und Jugendlichen mit Autismus

	jüngere/geistig behinderte Kinder	ältere/intelligentere Kinder/Jugendliche
Beziehungs-störung	kein Blickkontakt, Zurückgezogenheit, soziales Desinteresse	Kontaktaufnahme über Spezialinteressen, keine Wechselseitigkeit, kein Einfühlungsvermögen
Kommunikations-störung	kein Äußern von Wünschen, keine Sprache oder Absichten im Austausch	Probleme beim Verständnis von übertragener Bedeutungen, eigentümliche Wortschöpfungen und Sprache
Aktivitäten und Interessen	Faszination bei oder Angst vor rotierenden Geräuschen/Ereignissen (z. B. Waschmaschine)	Ausgeprägte Spezialinteressen (z. B. Fahrpläne, Landkarten, Nahverkehrssysteme)

spiele für die Unterscheidung von jüngeren und geistig behinderten Kindern von älteren und intelligenteren Kindern und Jugendlichen mit Autismus vermittelt Tab. 5.

2. Häufigkeit

Die Häufigkeitsraten für den *frühkindlichen Autismus* liegen in den internationalen Erhebungen zwischen zwei und siebzehn Fällen pro zehntausend Kinder. In einigen Erhebungen wurden sogar noch höhere Zahlen festgestellt. Sie beträgt für das *Asperger-Syndrom* zwischen eins und drei Fällen pro zehntausend Kinder. Von beiden Störungen sind Jungen deutlich häufiger betroffen; das Geschlechtsverhältnis beträgt beim frühkindlichen Autismus drei bis sechs zu eins und beim Asperger-Syndrom acht zu eins. Beim frühkindlichen Autismus muß wegen der Überlagerung mit der geistigen Behinderung mit einer großen Zahl von unentdeckten Fällen gerechnet werden. Auch das Asperger-Syndrom wird zu selten erkannt, zumal die typischen Zeichen als sonderlinghaftes Verhalten verkannt und die sozialen Defizite nicht immer als behandlungsbedürftig betrachtet werden.

3. Erscheinungsbild

Die charakteristischen Zeichen des Autismus sind im Abschnitt zur Definition dargestellt worden. Die Untersuchung des *frühkindlichen Autismus* muß sich auf diese zahlreichen Zeichen der beeinträchtigten sozialen Beziehungsfähigkeit, die Störung der Sprache und vorsprachlicher Fertigkeiten, die ritualistischen und stereotypen Verhaltensweisen sowie die Intelligenz erstrecken. Ergänzend können dabei spezielle Interviews, Beobachtungsverfahren und Fragebögen eingesetzt werden, die von Experten entwickelt worden sind.

Das *Asperger-Syndrom* kann neben den beschriebenen definierenden Zeichen ab dem Jugendalter auch mit Symptomen depressiver Verstimmungen verknüpft sein. Sowohl der frühkindliche Autismus wie auch das Asperger-Syndrom können nur von erfahrenen Kinder- und Jugendpsychiatern oder speziell ausgebildeten klinischen Kinderpsychologen angemessen untersucht und diagnostiziert werden.

Wenngleich der Autismus durch einen Beginn in der frühen Kindheit definiert ist, kann nicht regelhaft mit einer frühen Sicherung der Diagnose gerechnet werden. Abgesehen von den eher seltenen Fällen mit einer kurzen Spanne einer vorausgegangenen normalen Entwicklung erkennen Eltern häufig erst zu spät die Auffälligkeiten ihrer Kinder bzw. nehmen erst spät Hilfe von Fachleuten in Anspruch. Es kommt hinzu, daß die Entwicklungsabweichungen eher erst ab dem zweiten Lebensjahr richtig deutlich werden, so daß erst dann vermehrt fachärztlicher Rat gesucht wird.

4. Ursachen

Für den *frühkindlichen Autismus* liegen klare Hinweise auf die Wirksamkeit *erblicher Faktoren* vor. Familienstudien haben eine Häufung von Autismus, Sprachstörungen, Lernstörungen und geistiger Behinderung ergeben. Eineiige Zwillinge weisen höhere Übereinstimmungen als zweieiige hinsichtlich des Autismus auf. Ein breiterer Verhaltenstyp mit ungenügend entwickelten Sozialfertigkeiten sowie stereotypem Verhalten stimmt bei eineiigen Zwillingen häufiger überein als bei zweieiigen Zwillingen und wurde in Familien mit mehreren autistischen Fällen gehäuft gefunden. Schließlich sind in jüngster Zeit auch Störungen einzelner Gene entdeckt worden.

Eine Reihe weiterer Faktoren verstärkt die grundsätzliche Annahme einer *biologischen Basis* der Störung des frühkindlichen Autismus. Zu ihnen zählen die Geschlechtsverteilung, die Intelligenzverteilung, die Verknüpfung von Autismus mit Epilepsie, Störungen der Sinnessysteme sowie das gemeinsame Auftreten mit verschiedenen, zum Teil erblichen Störungen (fragiles X-Syndrom, tuberöse Sklerose, Neurofibromatose, Phenylketonurie, Rötelnembryopathie sowie das Rett-Syndrom), die Belastung mit Risikofaktoren in der Schwangerschaft und unter der Geburt sowie die Verschlechterung des Verlaufs in der Pubertät in einigen Fällen. Hingegen konnten die älteren Annahmen einer bedeutsamen Beziehungsstörung zwischen Mutter und Kind durch die moderne Forschung klar widerlegt werden.

Für das *Asperger-Syndrom* wurde schon von seinem Erstbeschreiber eine konstitutionelle, d. h. anlagebedingte Entstehung hervorgehoben. An dieser Feststellung hat sich auch in neuerer Zeit keine Veränderung ergeben.

5. Therapie

Aufgrund der starken Überlappung mit einer geistigen Behinderung brauchen viele Patienten mit einem frühkindlichen Autismus eine oft lebenslange Betreuung in *Sondereinrichtungen*. Frühkindliche Autisten sind jedoch vielfach in den Sondereinrichtungen für geistig Behinderte ungenügend versorgt, so daß weitere spezielle Einrichtungen für ihre Förderung verfügbar gemacht werden müssen. Diesem Ziel haben sich vor allem die nationalen Fachverbände bzw. Selbsthilfegruppen verschrieben. Dies ist in Deutschland z. B. der Verein „Hilfe für das autistische Kind". Dabei wird ähnlich wie bei geistig Behinderten von der Tageseinrichtung bis zum Wohnheim versucht, den besonderen Versorgungsnotwendigkeiten Rechnung zu tragen. Zusätzlich können kinder- und jugendpsychiatrische sowie psychologische Behandlungen im ambulanten, teilstationären und stationären Rahmen erfolgen.

Insbesondere für die Behandlung des *frühkindlichen Autismus* sind differenzierte Ansätze und Programme der *Verhaltenstherapie* mit dem Schwerpunkt des Aufbaus sozialer und sprachlicher Fertigkeiten entwickelt worden. Das Ziel der Behandlung besteht darin, die soziale und kommunikative Entwicklung zu unterstützen, die allgemeine Lern- und Problemlösefähigkeit zu fördern, lernhinderliches Verhalten abzubauen und den Familien autistischer Kinder Hilfen zu vermitteln. Die kontinuierliche *Eltern- und Familienarbeit* unter Einschluß der Eltern als sogenannten Co-Therapeuten in diese verhaltensorientierten Behandlungsprogramme ist ein wesentlicher Bestandteil des Vorgehens. Mit einem sehr zeitaufwendigen Programm der Verhaltenstherapie, das sich bei hohen Stundenanzahlen (bis zu 30 Stunden pro Woche) über Jahre speziell im Kleinkind- und Vorschulalter erstreckt, haben sich beeindruckende Entwicklungen nachweisen lassen.

Die Behandlung mit *Medikamenten* kommt nur als stützende Maßnahme bei krisenhaften Zuspitzungen des Verhaltens bzw. zur Verhinderung von Schädigungen durch das eigene Verhalten in Frage. Hingegen gibt es keine medikamentöse Basistherapie, welche die allgemeine Entwicklung fördert. In Krisensituationen kommen unter den Psychopharmaka nur die sogenannten Neuroleptika in Frage, die aufgrund ihrer oft nicht vermeidbaren Nebenwirkungen allenfalls vorübergehend eingesetzt werden sollten. Andere Therapieformen – insbesondere eine Reihe von alternativen Vorgehensweisen wie z. B. Festhaltetherapie, Behandlung mit Mineralien und Diäten oder gestützte Kommunikation – sind bisher entweder wissenschaftlich ungenügend untersucht oder sogar nachgewiesenermaßen wirkungslos.

Beim *Asperger-Syndrom* können stützende Psychotherapie, kognitive Therapie, Beratung und antidepressive Behandlung im

Autismus (Kanner-Syndrom, Asperger-Syndrom)

Rahmen depressiver Entwicklungen im Jugend- und Erwachsenenalter angezeigt sein.

6. Verlauf

Angesichts des hohen Anteils von geistig Behinderten unter den frühkindlichen Autisten muß bei zwei Drittel eine lebenslange Behinderung und Unterstützungsbedürftigkeit erwartet werden. Nur der kleine Anteil normal intelligenter Autisten oder etwa jeder sechste Betroffene ist in der Lage, sich beruflich und sozial zu integrieren, wobei Beziehungsprobleme und Reste des autistischen Verhaltens erhalten bleiben. Zwischen diesen beiden Extremen befindet sich eine mittlere Gruppe von Autisten, deren Verhaltensauffälligkeiten im Entwicklungsverlauf zwar abnimmt und deren relative Selbständigkeit zunimmt, die aber dennoch fürsorgebedürftig bleibt. Möglicherweise wird sich die Prognose durch den Einsatz der verhaltenstherapeutischen Intensivbehandlung junger Kinder deutlich verbessern.

Bei Menschen mit einem Asperger-Syndrom muß auch im Erwachsenenalter mit einer eingeschränkten Beziehungs- und Bindungsfähigkeit sowie sonderlingshaften Interessen und Aktivitäten gerechnet werden. Vereinzelt sind auch schizophrene Psychosen im Verlauf des Asperger-Syndroms beobachtet worden.

7. Empfohlene weiterführende Literatur

- Klicpera, C., Bormann-Kischkel, C., Gasteiger-Klicpera, B.: Autismus. In: Steinhausen, H.-C. (Herausgeber). Entwicklungsstörungen im Kindes- und Jugendalter, Kohlhammer, Stuttgart, 2001.
- Nieß, N., Dirlich-Wilhelm, H.: Leben mit autistischen Kindern. Erfahrungen und Hilfen. Herder Verlag, Freiburg 1995
- Aarons, M., Dittens, T.: Das Handbuch des Autismus. Ein Ratgeber für Eltern und Fachleute. Beltz Verlag, Weinheim, 1994
- Hermelin, B.: Rätselhafte Begabungen. Eine Entdeckungsreise in die faszinierende Welt außergewöhnlicher Autisten. Klett-Cotta, Stuttgart, 2001.

8. Fachverbände und Selbsthilfegruppen

– Bundesverband Hilfe für das autistische Kind e. V. Deutschland, Bebelallee 141, D–22297 Hamburg
– Autismus Schweiz. Rue de Lausanne 91, CH-1700 Freiburg

Autismus (Kanner-Syndrom, Asperger-Syndrom)

Fallbeispiel

Die 17jährige Ute hatte seit Jahren versucht, mit verschiedenen Diäten ihr Gewicht zu senken. Im Verlauf dieser Entwicklung setzte sie auch Erbrechen ein und entwickelte einen erheblichen Mißbrauch von Abführmitteln. Schließlich entwickelte sie ausgeprägte Heißhungerattacken, in denen sie vor dem Kühlschrank stehend hintereinanderweg die vorhandene Nahrung in sich hineinstopfte. Sie ging schließlich dazu über, im Supermarkt bevorzugt weiche Nahrung wie Toastbrot, Kuchen oder Joghurt in großen Mengen einzukaufen. Zu Hause aß sie sämtliche eingekauften Nahrungsmittel gierig auf und entwickelte danach heftige Schuldgefühle. Im Anschluß an derartige Freßattacken setzte Ute regelmäßig Erbrechen ein, das sie nur am Anfang mit dem Finger im Hals auslösen mußte. Später konnte sie das Erbrechen schon durch das Zusammenziehen ihrer Bauchmuskeln willkürlich auslösen. Ute zeigte ausgeprägte Zeichen einer depressiven Verstimmung.

1. Definition

Mit Bulimie werden *Heißhungerattacken* bezeichnet, in denen ungewöhnlich große Mengen an Nahrung aufgenommen bzw. geradezu verschlungen werden. Kennzeichnend ist der Kontrollverlust über das Eßverhalten. Den Heißhungerattacken folgen in der Regel Schuld- und Schamgefühle sowie möglicherweise ernsthafte depressive Verstimmungen.

Der Begriff der Bulimie steht zunächst nur für ein Symptom, das am längsten als Teilsymptom einer Anorexie (s. oben) bekannt ist. Es kann ebenso im Zusammenhang mit schwerer Übergewichtigkeit beobachtet werden. Als Krankheitsbild ist die Bulimia nervosa erst seit 1979 mit dieser Bezeichnung bekannt. Für die Diagnose sind vier *Kennzeichen* bestimmend:

(1) Eine andauernde Beschäftigung mit Essen in Verbindung mit einer unwiderstehlichen Gier nach Nahrungsmitteln. Die Pa-

tienten erliegen *Eßattacken*, bei denen große Mengen Nahrung in sehr kurzer Zeit aufgenommen werden.

(2) Die Patienten versuchen, dem *dickmachenden Effekt der Nahrung* durch verschiedene Vorgehensweisen *entgegenzuwirken*: selbstausgelöstes Erbrechen, Mißbrauch von Abführmitteln, zeitweilige Hungerperioden sowie Gebrauch von Appetitzüglern, Schilddrüsenpräparaten oder harntreibenden Mitteln. In der bisweilen zu beobachtenden Kombination mit der Zuckerkrankheit kann es zu einer Vernachlässigung der Behandlung mit Insulin kommen.

(3) Im Zentrum des seelischen Erlebens steht die *krankhafte Furcht* davor, *dick zu werden*. Die Patienten setzen sich eine scharf definierte Gewichtsgrenze, die in der Regel weit unter dem als gesund zu betrachtenden Gewicht liegt.

(4) Häufig ist der Bulimie entweder vor Monaten oder vor Jahren eine *Anorexie* vorausgegangen. Sie ist möglicherweise auch nur in abgeschwächter Form aufgetreten.

2. Häufigkeit

Die Bulimie ist im Jugendalter noch relativ selten. Sie tritt typischerweise zu Beginn des Erwachsenenalters auf. Auch hier sind Frauen wiederum extrem viel häufiger als Männer betroffen. Das *Einzelsymptom* der Heißhungerattacken kann sowohl im Jugendalter wie auch im jungen Erwachsenenalter sehr oft beobachtet werden. Internationale Studien in der Bevölkerung haben Häufigkeitsraten bis zu knapp 10 % für das isolierte Auftreten von Heißhungerattacken ergeben. Das Vollbild der *Bulimia nervosa* tritt hingegen nicht sehr viel häufiger als bei 1 % der Bevölkerung im Jugend- und frühen Erwachsenenalter auf.

3. Erscheinungsbild

Die Bulimie als vollständiges Krankheitsbild kommt leider in vielen Fällen viel zu spät in Behandlung. Die Heißhungerattacken bleiben häufig der Umwelt verborgen, und die Patienten scheuen aus Schuld- und Schamgefühlen viel zu lange den Weg zum Arzt.

Dabei kann das Gewicht beträchtliche Schwankungen zeigen. Die Anzahl der Heißhungerattacken reicht von mehrmals täglich bis zu größeren Abständen. Dabei werden gigantische Mengen von Nahrungsmitteln aufgenommen, die bis um das zwanzig- bis dreißigfache der üblichen und empfohlenen Nahrungsmenge reichen. In der Regel bevorzugen die Patienten weiche süße Nahrung, wobei sie diese im Geheimen eher verschlingen als wirklich essen.

Die Heißhungerattacken werden durch Gefühle von Spannung, Langeweile oder Einsamkeit und Angst ausgelöst. Zwar bringt die Heißhungerattacke vorübergehend Entlastung von diesen Gefühlen, zugleich baut sich aber ein Teufelskreis auf, in dem der Attacke wiederum negative Gefühle von Scham und Schuld folgen. Aus dieser Entwicklung können ernsthafte depressive Störungen mit einer Selbsttötungsgefährdung hervorgehen.

In Verbindung mit dem Symptom der Bulimie treten auch Versuche einer Gewichtskontrolle mit Diät sowie sehr häufig Erbrechen auf. Dieses *Erbrechen* wird von einigen Patienten geradezu serienhaft täglich ausgelöst, wobei nur am Anfang Hilfsmittel eingesetzt werden müssen – wie z. B. den Finger in den Hals zu stecken. Mit zunehmender Krankheitsdauer automatisiert sich das Erbrechen, so daß z. B. die Anspannung der Bauchmuskeln ausreicht, um Erbrechen auszulösen. Wie bei der Anorexie setzen einige Patientinnen außerdem noch andere Mittel der Gewichtsreduktion ein, die bereits in der Definition angesprochen waren.

Die Bulimie wird vielfach ärztlich erst aufgrund der eintretenden *Komplikationen* erkannt, weil nunmehr eine medizinische Hilfe unabdingbar geworden ist. Diese Komplikationen betreffen fast jedes Organsystem des Körpers und können aus der nebenstehenden Tabelle 6 entnommen werden.

4. Ursachen

Ähnlich wie bei der Anorexie gibt es eine Reihe von *Verhaltensbereitschaften*, die aus der Lebensgeschichte und Entwicklung der Patienten resultieren. Diese Verhaltensbereitschaften sind weiter

Bulimie (Eß-Brechsucht, Bulimia nervosa)

Tab. 6: Komplikationen der Bulimia nervosa

- Schrumpfung des Gehirnmantels
- Ohnmachtszustände, epileptische Anfälle
- Speicheldrüsenschwellungen
- Zahnschäden
- Entzündungen der Speise- und Luftröhre
- Herzrhythmusstörungen
- Magenentzündungen, Magenerweiterung
- Magen-Darm-Störungen
- Störung der Nierenfunktionen
- Fehlende Monatsblutung; Unfruchtbarkeit
- Osteoporose (Knochenbrüchigkeit)
- Muskelkrämpfe, tetanische Anfälle
- Nervenstörungen
- diabetische Entgleisungen
- Bauchspeicheldrüsenentzündungen

vorne im Abschnitt über Ursachen der Anorexie dargestellt und in der Abbildung 3 nochmals aufgelistet. In Ergänzung zu diesen Verhaltensbereitschaften tritt nun der in der Abbildung dargestellte *bulimische Teufelskreis*, in dem sich seelische Faktoren im Sinne der negativen Gefühle von Hoffnungslosigkeit, Verstimmung und Schuld mit dem gestörten Eßverhalten verbinden. Die Heißhungerattacken schaffen nur kurzfristige Entlastungen und führen wiederum zu negativen Gefühlen, so daß sich ein geschlossener Kreislauf ergibt, aus dem die Patienten nicht mehr ausbrechen können.

5. Therapie

Für die Behandlung der Bulimie gelten ähnliche Grundsätze wie für die Behandlung der Anorexie (s. weiter vorne). Angesichts der

Abb. 3: Ursachen der Bulimie

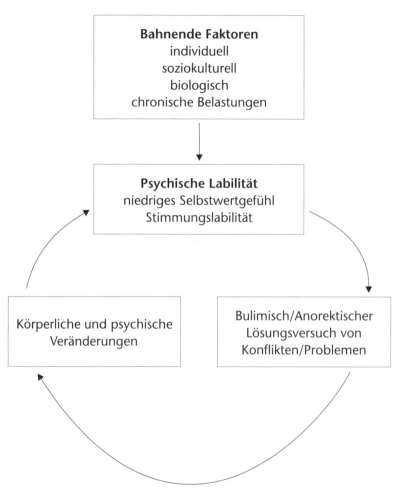

Ausweglosigkeit im Sinne des soeben beschriebenen Teufelskreises ist die *stationäre Behandlung* häufig eine unverzichtbare Voraussetzung, um zu wirksamen Verhaltensänderungen zu kommen. Dies bedeutet natürlich, daß speziell geschultes Personal verfügbar sein muß, um das insgeheim von den Patienten weiter praktizierte Eßverhalten mit Erbrechen und Heißhungerattacken wirkungsvoll zu unterbinden. Auch bei der Bulimie ist angesichts der meist unausgewogenen und ungesunden Form der Ernährung eine spezifische *Diät* und *Ernährungsberatung* erforderlich.

Unter den verschiedenen verfügbaren *Psychotherapien* hat sich eindeutig die kognitive Verhaltenstherapie als die wirksamste Form der Hilfe erwiesen. Hier wird versucht, den Teufelskreis von Heißhungerattacken und Erbrechen sowie die abnormen Einstellungen gegenüber Nahrung, Gewicht und Essen zu verändern. Ganz speziell lernen die Patienten, ihre unangemessenen Gedanken und Gefühle zu kontrollieren und zu verändern. Da viele der Patienten aufgrund ihrer Störung in extreme soziale Isolation geraten sind, liegt ein weiterer Schwerpunkt in der Entwicklung von sozialen Fertigkeiten und Aktivitäten. Schließlich lernen die Patienten, für ihre Lebensprobleme geeignetere Methoden der Problemlösung zu entwickeln. Der Effekt von Psychotherapie bleibt aber solange begrenzt, wie die ungenügende Therapiemotivation nicht erfolgreich bearbeitet wird.

Schon im stationären Rahmen können viele dieser Maßnahmen auch in der Gruppe gemeinsam mit anderen Patienten durchgeführt werden. In der regelhaft notwendigen *ambulanten Nachsorge* können diese Vorgehensweisen der Gruppenbehandlung auch im Rahmen von *Selbsthilfegruppen* fortgesetzt werden, um auch auf diesem Weg einem möglichen Rückfall vorzubeugen. Ferner liegt ein wirksames Selbsthilfeprogramm in Buchform vor (s. u.).

6. Verlauf

Da die Bulimia nervosa erst seit knapp drei Jahrzehnten bekannt und diagnostiziert ist, gibt es noch keine vergleichbare Erfahrung mit dem Verlauf wie bei der Anorexie. Gleichwohl läßt sich feststellen, daß die *Heilungschancen* bei der Bulimie etwas schlechter als bei der Anorexie sind. Sie entsprechen mit etwa 50 % Heilungen, 25 % Besserungen und 25 % Chronifizierungen in etwa den Verläufen bei Patienten mit Anorexie, die erst nach dem Jugendalter erkranken. Die Verläufe der Bulimie werden durch die begleitenden depressiven Störungen und die mangelnde Behandlungsbereitschaft vieler Patienten verschlechtert. Eine weitere Gefahr besteht in der Entwicklung von Drogenabhängigkeit und schließlich durch die vielfältigen körperlichen Komplikationen, an denen einige Patienten versterben.

7. Empfohlene weiterführende Literatur

- Schmidt, U. und Treasure, J.: Die Bulimie besiegen. Ein Selbsthilfeprogramm. Campus Verlag, Frankfurt, 1996.
- Steinhausen, H.-C.: Anorexia und Bulimia nervosa. In: Steinhausen, H.-C., von Aster, M. (Herausgeber). Verhaltenstherapie und Verhaltensmedizin bei Kindern und Jugendlichen. 2. Auflage. Psychologie Verlags Union, Weinheim, 1999.
- Steinhausen, H.-C.: Essstörungen. In: Schlottke, P. F., Silbereisen, R., Schneider, S., Lauth, G. W. (Herausgeber). Enzyklopädie der Psychologie, Bd. 5, Störungen im Kindes- und Jugendalter, Hogrefe, Göttingen, 2003.

Bulimie (Eß-Brechsucht, Bulimia nervosa)

Fallbeispiel

Der 11jährige Klaus wurde nach Aufdeckung eines wiederholten sexuellen Mißbrauchs durch seinen Stiefvater im Kinderheim aufgenommen. Eine sich anschließende kinderpsychiatrische Untersuchung ergab eine insgesamt traurige, verzweifelte und resignierte Stimmung. Gegenüber anderen Menschen und Tätigkeiten bestand ein Interesseverlust und eine Teilnahmslosigkeit. Er berichtete von Freudlosigkeit und fehlender Kraft. In seinen schulischen Leistungen war er deutlich abgefallen. Aufgrund der eingetretenen Trennung von seiner Mutter waren Kopf- und Bauchschmerzen sowie wiederkehrende Alpträume aufgetreten. Er erlebte die Entscheidung der Behörden, ihn nach Bekanntwerden der sexuellen Übergriffe in ein Kinderheim einzuweisen, als eine nicht nachvollziehbare und schwere Bestrafung. In der Untersuchungssituation war er gehemmt und sprach mit leiser, zögerlicher und hoher Stimme.

1. Definition

Fast jeder Mensch hat an sich einmal das Zeichen einer Verstimmung (Depression) verspürt. Wir reagieren z. B. auf Enttäuschungen oder Verluste einer geliebten Person mit diesem Gefühl. Von einer depressiven Störung sprechen wir hingegen erst, wenn bestimmte Merkmale erfüllt sind. Zu diesen gehören neben der *Dauer* und dem *Schweregrad* auch die *Verbindung* mit einer Reihe weiterer *Symptome*, die erst in ihrer Gesamtheit das Wesen einer depressiven Störung ausmachen.

In der Psychiatrie der verschiedenen Lebensalter wird zunächst die *depressive Episode* als eine erste Unterform einer depressiven Störung angesehen. Hier muß zumindest über zwei Wochen eine depressive Verstimmung in Verbindung mit Interessenverlust, Freudlosigkeit und erhöhter Ermüdbarkeit vorgelegen haben. Die depressive Episode kann hinsichtlich ihres Schweregrades in eine *leichte*, eine *mittelgradige* und eine *schwere Form* unterschieden werden. Wenn depressive Episoden wiederholt auftreten, spricht man von einer *rezidierenden depressiven Störung*.

Eine zweite Form depressiver Störungen wird als *Dysthymie* bezeichnet. Bei dieser Form liegt eine *chronische depressive Verstimmung* vor. Dabei wird angenommen, daß sich die Störung über mehrere Jahre erstreckt. Schließlich gibt es als dritte Form auch kurze oder längere *depressive Reaktionen*, die auf belastende Lebensereignisse – wie z. B. den Verlust einer wichtigen Bezugsperson – eintreten. Derartige depressive Reaktionen sind von vorübergehender Natur. In Ergänzung zu diesen drei Grundformen depressiver Störungen kann sich eine Depression auch mit anderen seelischen Störungen wie Angst, Zwangsstörungen oder gestörtem Sozialverhalten verbinden.

Diese sehr stark an Erwachsenen orientierte Einteilung depressiver Störungen hat im Prinzip auch für das Jugendalter und mit gewissen Einschränkungen für das Kindesalter Gültigkeit. Allerdings handelt es sich bei depressiven Störungen im *Kindesalter* häufig um Verstärkungen noch normaler Entwicklungsverläufe. Die sichere Diagnose einer depressiven Störung ist deshalb in diesem Altersabschnitt schwieriger.

2. Häufigkeit

Wie bereits ausgeführt wurde, ist das isolierte Symptom einer depressiven Verstimmung überaus häufig und nicht notwendigerweise ein sicheres Zeichen für das Vorliegen einer behandlungsbedürftigen seelischen Störung. Aufgrund internationaler Studien kann aber angenommen werden, daß bis zu 3 % aller Kinder unter einer *schweren depressiven Episode* leiden und diese Zahlen mit dem Jugendalter eher noch zunehmen. Besonders häufig verbindet sich die Depression im Kindesalter mit einer *Angststörung*. Die Häufigkeiten für das Vorliegen einer *Dysthymie*, also einer chronischen depressiven Störung, liegen deutlich niedriger. Dies kann zum Teil schon aus der Tatsache erklärt werden, daß ein mehrjähriger Verlaufszeitraum als bestimmendes Merkmal bei

Tab. 7: Die Zeichen einer depressiven Störung

- Depressive Stimmung (gelegentlich auch gereizt-mürrische Stimmung)
- Interessenverlust und Freudlosigkeit
- Selbstentwertung und Schuldgefühle
- Selbsttötungsgedanken und -vorstellungen
- Energieverlust
- Schulleistungsstörungen
- Sozialer Rückzug
- Reizbarkeit (gelegentlich auch Aggressivität)
- Körperliche Beschwerden
- Verlangsamte Bewegungsabläufe (gelegentlich auch Bewegungsunruhe)
- Verarmung des Ausdrucks
- Schlafstörungen
- Appetitverlust
- Tagesschwankungen der Stimmung

einmaligen Untersuchungen im Kindes- und Jugendalter noch nicht erreicht wird.

3. Erscheinungsbild
Das Symptom der Depression kann über die verschiedenen Entwicklungsstufen des Kindes- und Jugendalters mit jeweils typischen Ausformungen beobachtet werden. Während es sich beim *Säugling und Kleinkind* als Weinen und Protest mit Schlafstörungen und sogenannten psychosomatischen Symptomen (z. B. Bauchweh) verbindet, fällt schon beim *Kleinkind* der Rückgang der Aktivität, der depressive Gesichtsausdruck und die typische Freudlosigkeit mit Rückzug und Spielunlust auf. Ab dem frühen *Schulalter* können weitere Hinweiszeichen beobachtet werden.

Depressive Störungen

111

Diese setzen sich aus Rückzug von Familie oder Freunden, Einschlafstörungen, Appetitstörungen und Gewichtsverlust, Verschlechterung der Schulleistungen und Klagen über Müdigkeit sowie Schwunglosigkeit zusammen. Mit weiter fortschreitendem Alter gewinnen das Kind und der *Jugendliche* zunehmend auch die Fähigkeit, ihre eigene Verstimmung wahrzunehmen, und es können sich mit der Verstimmung Todeswünsche und -vorstellungen verbinden. In einigen Fällen tritt auch eine ziellose motorische Unruhe und Rastlosigkeit mit gleichzeitiger Ängstlichkeit auf. Schon vor dem Eintritt in die Pubertät werden depressive Störungen bei Kindern mit einem niedrigen Selbstwertgefühl, von Empfindungen der Sinnlosigkeit, des Versagens und der Schuld begleitet. Ab dem Jugendalter können dann alle Zeichen einer depressiven Störung beobachtet werden, wie sie in der Tabelle 5 zusammengefaßt sind.

4. Ursachen

Verschiedene Modelle für die Erklärung depressiver Störungen machen deutlich, daß die eigentlichen Ursachen noch ungenügend geklärt sind. Die Erklärungsansätze gehen im wesentlichen in zwei Richtungen: einerseits werden stärker *biologische* und andererseits stärker *psychosoziale Elemente* betont.

Bei den biologischen Modellen werden Faktoren diskutiert, welche das Zusammenspiel von Nervensystem und Hormonen (neuroendokrine Faktoren), Störungen der biochemischen Botenträgersubstanzen sowie erbliche Faktoren betreffen. Aus den körperlichen Begleitsymptomen depressiver Störungen, nämlich Störung von Schlaf, Appetit und Sexualtrieb, läßt sich schlußfolgern, daß tatsächlich Beeinträchtigungen der zentralen Hormonregulation vorliegen. Unter den Botenträgersubstanzen, welche die Erregungen und Informationsübermittlungen in unserem Nervensystem steuern, sind bei der Depression vor allem Störungen des Stoffwechsels der Substanzen Noradrenalin und Serotonin bedeutsam. Für eine Beteiligung erblicher Faktoren sprechen die Beobachtungen, daß Kinder von Eltern mit bestimmten depressiven

Störungen häufiger selbst an depressiven Störungen erkranken. Weitere Argumente für eine erbliche Entstehung lassen sich aus der Tatsache ableiten, daß eineiige Zwillinge häufiger in gleicher Weise an depressiven Störungen leiden als zweieiige Zwillinge und daß auch Kinder depressiver Eltern, die frühzeitig in Adoption gegeben wurden, später dennoch gehäuft an Depressionen erkranken.

In den verschiedenen *psychosozialen Modellen* spielen je nach wissenschaftlicher Orientierung Verlust- oder Trennungserfahrungen, frühkindliche Bindungsstörungen oder fehlende soziale Fertigkeiten eine herausragende Rolle. Viele dieser Modelle sind jedoch an depressiven Störungen von Erwachsenen entwickelt worden, wie z. B. die in neuerer Zeit entwickelte Theorie der gelernten Hilflosigkeit, in der angenommen wird, daß der depressive Mensch eine Erwartungshaltung aufbaut, wahrscheinlich das Opfer unangenehmer Ereignisse zu werden – ganz gleich, wie er sich selbst verhält. Diese Einstellung geht häufig mit einer Wahrnehmungsverzerrung einher, von der die negativen Einstellung zu sich selbst, zur Welt und zur Zukunft bestimmt werden. Die Schwäche derartiger psychosozialer Theorien besteht häufig darin, daß sie, wie z. B. die psychoanalytische Ableitung der Depression als eine gegen das eigene Selbst gerichteten Aggression, ungenügend bewiesen sind oder aber wie bei der Theorie der Wahrnehmungsverzerrung die Folge der Depression für ihre Ursache halten.

5. Therapie

Für die Behandlung der depressiven Störung des Kindes- und Jugendalters ist eine *Zweiteilung* der depressiven Störung in eine schwere Form sowie eine leichte Form sinnvoll. Zur *schweren Form* gehören die schweren depressiven Episoden, zu der *leichten Form* hingegen die leichten depressiven Episoden, die Dysthymie und die depressiven Reaktionen.

Auf der Basis dieser Zweiteilung ergibt sich das in Tabelle 6 abgebildete Therapieschema. Dieses zeigt, daß die schwere Form der Depression in der Regel eine stationäre Behandlung mit stützen-

113

Tab. 8: Therapie der Depression

	leichte Form	schwere Form
ambulant/stationär	eher ambulant	eher stationär
Einzeltherapie	tiefenpsychologisch klientzentriert/ verhaltenstherapeutisch	anfänglich stützend, später wie bei leichter Form
Psychopharmakotherapie	eventuell	immer
Familie	Familienberatung und/oder -therapie	anfänglich stützend, später wie bei leichter Form
Schule	frühe Wiederaufnahme der Beschulung, evtl. flankierende Hilfen	anfänglich reduzierte Beschulung, später wie bei leichter Form
Soziale Umwelt	Kontaktaktivierung (Sport, Gruppen, etc.)	anfänglich stützend, später wie bei leichter Form

der Zuwendung und erst später nach Besserung der Symptome eine Psychotherapie und eine zunehmend realitätsgerechte Belastung vorsieht. Hingegen kann bei den leichteren Formen depressiver Störungen schon frühzeitig sehr viel stärker aktivierend unter Einfluß von Einzelpsychotherapie, Familienberatung und Aktivierung in den Bereichen von Schule und sozialer Umwelt begonnen werden.

Der Einsatz von *Psychopharmaka* ist eher auf die schweren Formen der Depression und dabei meist im Rahmen stationärer Behandlungen beschränkt, wobei die sogenannten Antidepressiva eingesetzt werden. Hier hat sich durch die Entwicklung neuer Substanzen eine Bevorzugung der sogenannten selektiven Serotoninwiederaufnahmehemmer ergeben. Dies sind Substanzen, welche die Konzentrationen des Botenträgerstoffes Serotonin im Spalt zwischen den Verbindungsstellen der Nervenzellen erhöhen und damit Serotonin für den Nervenstoffwechsel besser verfügbar machen. Diese modernen Antidepressiva haben den Vorteil, daß sie weniger Nebenwirkungen als ältere Substanzen entwickeln. Insgesamt muß jedoch festgehalten werden, daß die Wirksamkeit von Antidepressiva bei jugendlichen Patienten im Vergleich zu Erwachsenen weniger ausgeprägt ist und bei Kindern mit depressiven Störungen noch wenig Erfahrungen über die Behandlung mit diesen Stoffen vorliegen.

6. Verlauf

Die depressiven Störungen des Kindes- und Jugendalters zeigen je nach Form unterschiedliche Verläufe. Bei den *depressiven Reaktionen* kann in der Regel mit einem guten Ansprechen auf alle therapeutischen Maßnahme und einer schnellen Rückbildung gerechnet werden. Dies gilt weniger für die *schweren depressiven Episoden*. Der langfristige Verlauf dieser Unterform ist bisher noch ungenügend erforscht. Allerdings zeigen Langzeitbeobachtungen, daß depressive Störungen unabhängig von diesen Einteilungen in schwere und leichte Formen insgesamt mit einem erhöhten *Risiko* für die Entwicklung von depressiven Störungen im Erwachsenenalter einhergehen.

7. Empfohlene weiterführende Literatur

- Kerns, L. L.: Hilfen für depressive Kinder. Deutsche Herausgabe durch von Aster, S. und M., Huber-Verlag, Bern, 1997.
- Braun-Scharm, H. (Herausgeber): Depressionen und komorbide Störungen bei Kindern und Jugendlichen. Wissenschaftliche Verlagsgesellschaft, Stuttgart, 2002.

Depressive Störungen

Der 16jährige Daniel wird von seinem Vater, bei dem er seit der Scheidung vor fünf Jahren lebt, in der Sprechstunde vorgestellt. Der Vater ist besorgt über den Drogenkonsum von Daniel. Es wird die Frage gestellt, ob Daniel bereits süchtig ist. Eine genaue Befragung zum Drogenkonsum ergibt, daß Daniel täglich etwa 1 Päckchen Zigaretten raucht und bereits seit 2 Jahren regelmäßig Heroin über das Folienrauchen zu sich nimmt. Daneben nimmt er regelmäßig Haschisch ein. Er kann berichten, daß er jeweils am Morgen körperliche und psychische Entzugserscheinungen hat. Seine Drogen beschafft er sich in der Stadt. Er hat noch Freunde, die keine Drogen nehmen. Im Verlauf der letzten Monate hat er die Schule sehr unregelmäßig besucht und ist nun vom Ausschluß aus der Schule bedroht. Der Vater trägt sich mit dem Gedanken, Daniel in ein Heim einzuweisen.

1. Definition

Das Wesen der Drogenabhängigkeit besteht in einer *seelischen und körperlichen Abhängigkeit* von einer Substanz, die auf das zentrale Nervensystem einwirkt und zeitweise oder fortgesetzt eingenommen wird. International wird von *Substanzmißbrauch* gesprochen. Je nach Substanz werden die folgenden neun Typen unterschieden:

- Störungen durch Alkohol
- Störungen durch Opiate (z. B. Heroin)
- Störungen durch Cannabinoide (Haschisch, Marihuana)
- Störungen durch Sedativa (Beruhigungsmittel) oder Hypnotika (Schlafmittel)
- Störungen durch Kokain
- Störungen durch andere Stimulanzien (anregende Substanzen), einschließlich Koffein
- Störungen durch Halluzinogene (z. B. LSD)
- Störungen durch Tabak
- Störungen durch flüchtige Lösungsmittel

Tab. 9: Wirkungen und Gefahren der einzelnen Drogen

	Körperliche Gefahren der akuten Vergiftung	Körperliche Gefahren des Langzeitgebrauchs
Alkohol	Bei höherer Dosierung Atemlähmung; Störung von Herz und Kreislauf, Störung des Gleichgewichts, Sinnes- und des Sprechvermögens	Schädigung von Nerven, Leber, Magen und Herz
Opiate	Lähmung des Atemzentrums, Lungenschädigungen	Einschränkung der körperlichen Abwehrkräfte, verschlechterter allgemeiner und Ernährungszustand; Verstopfung von Blutgefässen, Leberentzündung und und HIV-Entzündung
Haschisch/ Mariuhana	Eventuell Störungen der Herztätigkeit, des Magen-Darm-Bereiches und der Schleimhaut der Bronchien	Lungenfunktionsstörung, chronische Bronchitis und Lungenkrebs können früher als beim gewöhnlichen Rauchen auftreten
Beruhigungs-/ Schlafmittel	Einschläfernde Wirkung, Absinken des Blutdruckes, Lähmungen, Atemlähmung und Tod bei Überdosis	Bewegungsstörungen, Gleichgewichts- und Sprechstörungen, Leber- und Knochenmarksschädigung, Krampfanfälle
Kokain	Störungen des Blutdruckes und der Atmung, Krampfanfälle, Atemlähmung und Tod bei Überdosis	Abmagerung, Abnahme der Abwehrkräfte und Leistungsfähigkeit, Schädigung der Nasenschleimhaut, Folgekrankheiten durch Spritzen
Stimulanzien (Weckmittel)	Weckwirkung, Appetithemmung, Blutdruckerhöhung, vermehrte Atemtätigkeit, Temperaturerhöhung, Krampfanfälle, Tod bei Überdosis	Abmagerung, Schlafstörung, verminderte Abwehrfähigkeit, Folgekrankheiten durch Spritzen
Halluzinogene	Schädigung des Erbmaterials	nicht bekannt
Nikotin	Störung von Herz, Kreislauf, Magen und Darm; Krampfanfälle, und Atemlähmung bei Überdosis	Bronchitis, Lungenblähung und Lungenkrebs; Durchblutungsstörungen (Raucherbein, Herzinfarkt)

Drogenabhängigkeit

118

Seelische Folgen der akuten Vergiftung	Seelische Folge des Langzeitgebrauchs
itik- und Urteilsschwäche, Selbstüber-hätzung, Wahrnehmungsverlangsamung ɪd -störung, Einschränkung des Blick-ɪdes, Verlust von Hemmungen, Gewalt-tigkeit oder Depression	Wesensveränderung, »Verblödung«, Säufer-wahnsinn, Sinnestäuschung, Eifersuchtswahn
ötzlich einschießendes starkes Wohl-ɪfühl mit prickelnder Haut, häufig auch ɪr ein Abklingen des Opiathungers; ɪhläfrigkeit und Benommenheit	Schwere Wesensveränderung, körperliche und seelische Entzugserscheinungen mit langanhaltender innerer Unruhe, chronische Schmerzen
ɪi höherer Dosierung Wahrnehmungs-ɪrzerrung, Fehlleistungen, ängstliche ɪregungszustände bis Panik, vorüber-ɪhender Verfolgungswahn, späterer Echo-ɪusch (Wiederholung des Rausches ohne ɪogeneinnahme)	Eventuell Persönlichkeitsveränderungen
ɪüdigkeit bis Schlaf oder auch Über-ɪachheit und Enthemmung, Verminde-ɪng von Konzentration, Wahrnehmung, ɪeaktionsfähigkeit und Handlungsfähigkeit	Wesensveränderung mit Gleichgültigkeit, Interesselosigkeit, Reizbarkeit, Leistungs-einbuße und Kritikschwäche
ɪi höheren Dosen Erregung, Verwirrt-ɪeitszustände, Sinnestäuschungen	Persönlichkeitsveränderung
ɪntriebssteigerung und Anregung, ɪrübergehende Leistungssteigerung, ɪrminderte Ermüdbarkeit; Unrast, ɪregung, Ideenflucht, Verwirrung und ɪnnestäuschung	Schwere Wesensveränderung, Verfolgungs-wahn
ɪahrnehmungsveränderung, Panik-ɪstände, Fehleinschätzung der Situation, ɪahnhafte Zustände	Wesensveränderung (selten)
ɪeicht anregende Wirkung; bei höheren ɪosen dämpfend, Verminderung der ɪonzentration	Verminderte Leistungsfähigkeit und erhöhte Ermüdbarkeit

Drogenabhängigkeit

Neben diesen reinen Formen ist ferner eine Störung durch den Gebrauch mehrerer Substanzen zu berücksichtigen. Bei einigen Substanzen sind die Übergänge von gelegentlichem Genuß und Konsum in die Abhängigkeit gleitend und werden sogar – wie z. B. bei Tabak und auch Kaffee – sozial kaum geächtet. Die Wirkungen und Gefahren von Drogen sind in Tabelle 10 zusammengefaßt.

2. Häufigkeit

Es ist außerordentlich schwierig, verläßliche Zahlen zur Häufigkeit der Drogenabhängigkeit im Jugendalter zu gewinnen. Offizielle Statistiken stützen sich in der Regel auf jenen Anteil von Drogenabhängigen, die öffentlich auffällig geworden sind. Dies ist immer nur ein kleiner Teil der tatsächlich Drogenabhängigen. Da die Auseinandersetzung mit Drogen im jugendlichen Alter beim Probierverhalten beginnt und sich erst allmählich über Mißbrauch in eine Abhängigkeit entwickelt, ist der Anteil von wirklich drogenabhängigen Jugendlichen noch relativ klein. Es wird geschätzt, daß nur etwa 5 % der Drogenabhängigen Jugendliche sind. Hingegen haben etwa ein Fünftel bis ein Drittel aller Jugendlichen, und dabei Jungen häufiger als Mädchen, zumindest eine einmalige Erfahrung mit illegalen Drogen gemacht.

Die häufigste Form von Drogenabhängigkeit ist der *Alkoholismus*. Von Störungen durch eine Alkoholabhängigkeit sind 2 – 3 % der Bevölkerung betroffen. In dieser Gruppe der Alkoholabhängigen machen Jugendliche etwa 10 % aus, darunter nur ein sehr kleiner Anteil von Mädchen.

3. Erscheinungsbild

Es gibt eine Reihe allgemeiner Merkmale, die für jede Drogenabhängigkeit unabhängig von der Art der eingenommenen Droge gelten. Hierzu zählt zunächst die *seelische Abhängigkeit* von der Droge, die sich in einem unbezwingbaren Drang äußert, mit der Einnahme der Substanz fortzufahren und sie sich um jeden Preis zu beschaffen. Hingegen ist die *körperliche Abhängigkeit* mit den Abstinenzerscheinungen beim Entzug nicht bei allen Drogen

Tab. 10: Risiko-Profil der Drogen

++ hohe Wahrscheinlichkeit des Auftretens
+ Wahrscheinlichkeit des Auftretens
(+) geringe Wahrscheinlichkeit des Auftretens
− nicht nachgewiesen

	Todes-fall-Risiko bei Über-dosierung	Organ-schäden bei chroni-schem Gebrauch	seelische Abhängig-keit	körper-liche Ab-hängigkeit	akute Psychosen	chro-nische Psychosen	suchtbe-dingte Wesensver-änderung mit sozia-len Folgen
Alkohol	+	++	+	+	+	+	+
Opiate	++	+	++	++	−	−	+
Cannabis	−	+	−	+	+	+	+
Schlafmittel	+	(+)	+	+	+	−	+
Kokain	+	+	++	−	+	++	+
Stimulanzien	+	+	++	−	+	++	+
Halluzinogene	−	−	−	−	+	+	−
Nikotin	(+)	++	+	−	−	−	−
Lösungsmittel	+	+	+	−	+	−	+
Mehrere Substanzen	+	++	+	+	+	+	+

gegeben. Sie äußert sich bei der Abhängigkeit von Opiaten (Heroin) und Beruhigungsmitteln sowie beim Alkoholismus. Dabei können z. B. heftige Schmerzzustände und vielfältige vegetative Symptome in Form von Zittern, Frieren, Schweißausbrüchen, Speichelfluß, Nasenlaufen, Durchfall, Erbrechen und Übelkeit auftreten. Die seelischen Entzugserscheinungen äußern sich als Unruhe, Angst, depressive Verstimmung, Selbsttötungsgedanken und dem heftigen Drang nach erneuter Einnahme der Droge.

Typisch für alle Formen von Drogenabhängigkeit ist ferner die Tatsache, daß der Körper allmählich die Fähigkeit erlernt, zunehmend größere Mengen an giftigen Substanzen zu verarbeiten.

Drogenabhängigkeit

121

Diese Entwicklung wird als *Toleranzerwerb* bezeichnet und hat zur Folge, daß die Dosis immer stärker gesteigert werden muß, um gleiche Wirkungen zu erzielen. Die Abhängigkeit von einer Droge geht ferner mit einer fortschreitenden Vernachlässigung anderer Interessen und Aktivitäten einher, und die Zeit für die Beschaffung und den Konsum der Droge wird immer größer. Der Abhängige kann nicht mit dem Drogenkonsum aufhören, obwohl er die zahlreichen schädlichen Folgen für Körper und Seele kennt.

Neben diesen allgemeinen Kennzeichen der Drogenabhängigkeit haben die einzelnen Typen je nach eingenommener Substanz ein jeweils sehr eigentümliches *Risiko-Profil* hinsichtlich der körperlichen Gefahren, der Abhängigkeitsgefährdung, der psychischen Folgen sowie der sozialen Auswirkungen (s. Tabelle 8). Tabelle 8 macht deutlich, daß z. B. ein Konsument von Haschisch unvergleichlich viel weniger gefährdet als ein Heroin- oder Kokainkonsument ist. Insofern dürfen die sogenannten harten und weichen Drogen auch nicht gleichbehandelt werden. Auf diesem Wege werden sonst gefährliche Fehleinschätzungen gebahnt. Wenn etwa ein Jugendlicher die Erfahrung von ausbleibenden Entzugserfahrungen bei Haschischkonsum macht, neigt er möglicherweise zu der fatalen Vereinfachung, daß auch andere Drogen vergleichsweise harmlos seien und die Warnungen der Erwachsenen nicht stimmen würden.

Unter den verschiedenen Typen der Drogenabhängigkeit haben einige eine besondere Bedeutung für das Jugendalter. Dies gilt zunächst für den *Jugendalkoholismus*. Hier sind es im wesentlichen vier Typen, die in Erscheinung treten:

- der Problem- und Rauschtrinker, der seine Angst, Unsicherheitsgefühle, depressiven Verstimmungen und Kontaktstörungen mit Alkohol zu verbessern sucht, um beziehungsfähig zu sein,
- der beginnende Gewohnheitstrinker, der stark unter dem Einfluß einer Umgebung steht, welche dieses Trinkverhalten ungenügend eingrenzt bzw. sogar verstärkt,

- vom ursprünglichen Drogenmißbrauch auf Alkohol umgestiegene Jugendliche
- Jugendliche, die neben Drogen auch übermäßig Alkohol zu sich nehmen.

Die *Alkoholabhängigkeit* im Jugendalter kann verschiedene Rauschzustände hervorrufen. Während der einfache Rausch eine Stimmungsaufhellung und Steigerung der Aktivität durch Enthemmung mit sich bringt, sind der komplizierte Rausch durch aggressive Gereiztheit und möglicherweise überwertige Ideen und der krankhafte Rausch durch eine Bewußtseinsstörung und Verlust des Bezugs zur Realität gekennzeichnet. Beim chronischen Alkoholismus kommt es zu einem zunehmenden Abbau der Persönlichkeit mit Problemen in Schule, Ausbildung und Beruf sowie zu vielfältigen körperlichen Symptomen in Form von Herz-Kreislauf-Störungen, Magenentzündungen, Leberschädigungen und neurologischen Ausfällen.

Unter Kindern und Jugendlichen ist ferner die *Schnüffelsucht* ein bedrohliches Problem. Sie tritt häufig in Kombination mit Verwahrlosung bzw. bei Vernachlässigung und sozialem und wirtschaftlichem Elend und daher gehäuft bei Straßenkindern auf. Bei dieser Form von Drogenabhängigkeit handelt es sich um den Mißbrauch von Lösungsmitteln wie z. B. Klebstoff, Verdünner, Fleckentferner, Sprays sowie verschiedene Gase und Benzin. Wegen der freien Verkäuflichkeit der meisten dieser Substanzen gibt es kaum Möglichkeiten einer wirkungsvollen Vorbeugung. Die Substanzen werden in eine kleine Plastiktüte gegeben und dann tief über Mund und Nase eingeatmet. An der Methode, sich einen großen gefüllten Plastikbeutel über den Kopf zu ziehen, sind bereits viele Kinder und Jugendliche erstickt. Die Schnüffelsucht führt am Anfang zu einer Stimmungsaufhellung, die dem Rausch unter Alkohol ähnlich ist. Es können sich jedoch sehr bald wahnähnliche Zeichen einstellen und vielfältige Komplikationen auftreten. Diese können z. B. durch akute Atemstörungen oder Herzstillstand lebensbedrohlich werden. Die besondere Gefährdung der Schnüffelsucht besteht auch in den chronischen Komplikationen, welche vor allem das Nervensystem mit einer Schädigung des Gehirns, des Rückenmarks und des gesamten weiteren Nervensystems betreffen. Diese Störungen bilden sich in der Regel nicht zurück.

In jüngster Zeit haben sich neue Probleme durch die sogenannten *Designer-Drogen* ergeben. Hier handelt es sich um Substanzen, die mit zum Teil relativ geringem Aufwand in kleinen chemischen Laboratorien hergestellt werden. Am bekanntesten ist die Droge *Ecstasy* geworden. Ihre Wirkung wird als ein Gefühl der Nähe, Offenheit, Harmonie und Sinnlichkeit beschrieben. Der Puls wird beschleunigt, der Blutdruck erhöht und es kommt bei anhaltender Anstrengung zu Überhitzung und Austrocknung. In seltenen Fällen kann daher bei den Technoparties, auf denen Ecstasy bevorzugt eingenommen wird, ein Hitzeschlag oder Herzstillstand eintreten. Wenngleich das Suchtpotential von Ecstasy als vergleichsweise gering einzustufen ist, besteht bei häufigem Gebrauch doch die Gefahr einer dauerhaften depressiven Verstimmung und eines Gefühls des Ausgebranntseins. In einigen Fällen werden schwere seelische Störungen ausgelöst.

4. Ursachen

Um die Drogenabhängigkeit erklären zu können, sind Ansätze und Modelle in verschiedenen Bereichen entwickelt worden. Dabei werden jeweils einzelne Elemente wie z. B. biologische, psychologische oder soziale Aspekte besonders betont. Keines dieser Elemente kann die Drogenabhängigkeit allein erklären, so daß auch in diesem Bereich an das Zusammenwirken mehrerer Faktoren im Sinne eines Mehrebenenmodells angenommen wird. In den *biologischen Theorien* werden z. B. erblich bedingte Anlagen oder bestimmte Abweichungen des Hirnstoffwechsels und Auswirkungen der Substanzen auf den Körper betont. Bei den *psychologischen Modellen* wird auf bestimmte Persönlichkeitsmerkmale bzw. Entwicklungen Bezug genommen. *Soziale Theorien* betonen die sozialen Bedindungsfaktoren für abweichendes Verhalten.

Wenn man diese verschiedenen Teilelemente berücksichtigt und in ein Mehrebenenmodell einbringt, so lassen sich neben einer möglicherweise erblich vorbestimmten Verhaltensbereitschaft zur Einnahme von Drogen auf der Ebene der *Persönlichkeitsmerkmale* einige häufig zu beobachtende Merkmale benennen. Jugendliche mit Drogenproblemen sind häufig ängstlich-verschlossen und sehr empfindliche Persönlichkeiten, bei denen der Drogenmißbrauch am Anfang ihrer Drogenkarriere einen Versuch darstellt, sich im Sinne einer Selbstbehandlung von Angst, Hemmung, Kontaktschwäche, Verstimmbarkeit und vereinzelt sogar von schweren Psychosen zu heilen. Daneben besteht oft der Wunsch, durch Drogenmißbrauch die eigene Persönlichkeit zu erweitern, mehr Nähe zu einer bestimmten Altersgruppe zu finden, der belastenden Wirklichkeit zu entfliehen oder einfach nur Lust zu empfinden.

Die *sozialen Bedingungselemente* sind insofern typisch, als drogenabhängige Jugendliche häufig aus sozial schwachen oder schwer belasteten Familien mit Partnerstreit der Eltern stammen und wenig Bindung und Betreuung erfahren haben. Hierin liegt auch die Wurzel für die häufig begleitenden schweren Störungen des Sozialverhaltens. Darüber hinaus können gesellschaftliche Faktoren auch insofern bedeutsam sein, als bestimmte Formen von Drogenabhängigkeit oft sehr zeittypisch sind und sich erst unter bestimmten Rahmenbedingungen entwickeln können. Dies gilt z. B. für die aktuelle Welle des Mißbrauchs von Designer-Drogen und Ecstasy im Zusammenhang mit dem Kult der Techno-Musik und den damit zusammenhängenden lang dauernden Tanz-Parties.

5. Therapie

Für die Behandlung von jugendlichen Drogenabhängigen müssen *spezielle Versorgungseinrichtungen* unter Einschluß von langfristig ambulanten und kurzfristig stationären Therapien verfügbar gemacht werden. Durch eine *stationäre Behandlung* müssen vor allem Notfälle versorgt und Maßnahmen der Entgiftung und Entwöhnung durchgeführt werden. Hingegen können längerfristige *Wiedereingliederungsmaßnahmen* und Beratungen besser ambulant durchgeführt werden. Für die Behandlung von körperlichen Begleiterkrankungen können gleichermaßen stationäre wie ambulante Behandlungen notwendig werden. Tritt im Rahmen einer Drogenabhängigkeit eine Psychose auf, so ist immer eine stationäre Behandlung auf einer psychiatrischen Station erforderlich.

Um diesen vielfältigen Aufgaben gerecht zu werden, sind eine Reihe von *Spezialeinrichtungen* wie z. B. Drogenberatungsstellen, therapeutische Gemeinschaften, Suchtkliniken und Fachkrankenhäuser erforderlich. Der Therapieeinsatz setzt hier zunächst ein vollständiges Absetzen der Droge voraus. Im einzelnen müssen sowohl medikamentöse als auch psychotherapeutische und soziale Behandlungsmaßnahmen kombiniert werden. Angesichts der oft geringen Therapiemotivation und der hohen Rückfallgefährdung ist die Behandlung von Drogenabhängigen außerordentlich schwierig und setzt in jedem Falle hoch qualifizierte Fachleute aus verschiedenen Bereichen voraus. In den ambulanten Beratungsstellen ist die vollständige Enthaltsamkeit von der Droge zwar häufig das Ziel, nicht aber die Voraussetzung der Behandlung. Insbesondere bei Abhängigkeit von harten Drogen kann die Behandlungsbereitschaft nur sehr schwer und langsam aufgebaut werden. In einigen Ländern werden in sorgfältig ausgewählten Fällen auch Behandlungen mit Ersatzstoffen (z. B. Methadon) vorgenommen oder sogar staatlich kontrollierte Drogen an die Patienten abgegeben, um ihre persönliche und soziale Verelendung aufzuhalten.

6. Verlauf

Die Drogenabhängigkeit ist meist ein über viele Jahre bestehendes Problem. Um die Lebensmitte können drei *Entwicklungen* beobachtet werden: ein Herauswachsen aus der Abhängigkeit, der Umstieg auf andere Suchtmittel oder andere seelische Abhängigkeiten (z. B. von Sekten oder Psychokulten) oder der Tod im Rahmen der jeweiligen Abhängigkeit. Der Verlauf verschlechtert sich, wenn bereits vor der Drogenabhängigkeit seelische Störungen vorlagen; er kann aber auch durch eine stabile Beziehung zu einem gesunden Partner und befriedigender Arbeitsverhältnisse positiv beeinflußt werden.

Bei der häufigsten Form der Drogenabhängigkeit, dem *Alkoholismus*, ist seit langer Zeit bekannt, daß nur etwa 50 % der Alkoholabhängigen dauerhaft gesunden. Bis zu 20 % der Betroffenen scheiden durch Selbsttötung aus dem Leben. Die Lasten für die betroffenen Familien und Angehörigen sind außerordentlich groß. Komplikationen entstehen vor allem durch die Kombination des Alkoholismus mit Störungen des Sozialverhaltens und Kriminalität.

7. Fachverbände und Selbsthilfegruppen
– In vielen Regionen gibt es neben öffentlichen Beratungsstellen und Gesundheitsdiensten Angebote von Organisationen wie: Anonyme Alkoholiker, Guttempler, Synanon u. a. m.

Fallbeispiel

Der 13jährige Paul zeigte in der Kleinkindzeit eine normale motorische und sprachliche Entwicklung. Hingegen war er bis heute noch nie länger als 2 Wochen nachts trocken gewesen. Eine sorgfältige kinderärztliche Untersuchung konnte körperliche Ursachen ausschließen. Paul näßt durchschnittlich zwei- bis dreimal pro Woche ein. Eine richtige Behandlung hat bisher nicht stattgefunden. Während früher die Mutter für die Versorgung der nassen Bettwäsche zuständig war, kümmert sich Paul seit einiger Zeit selber um frische Bettwäsche. Im Gespräch ist er sehr beschämt, über sein Einnässen zu sprechen. Er traut sich deswegen auch nicht, einmal bei einem guten Freund zu übernachten. An Klassenreisen kann er grundsätzlich nicht teilnehmen und wird dann durch ein Attest des Hausarztes der Familie entschuldigt.

1. Definition

Beim Einnässen liegt ein unwillkürlicher Harnabgang am Tage (Enuresis diurna) oder bei Nacht (Enuresis nocturna) vor, der im Verhältnis zum Alter und zum geistigen Entwicklungsstand des betroffenen Kindes oder Jugendlichen nicht normal ist. Das bedeutet, daß das Einnässen vor dem Alter von weniger als fünf Jahren oder bei einem geistigen Entwicklungsalter von weniger als vier Jahren nicht als Störung angesehen wird. Bei der *primären Enuresis* ist das Kind noch nie anhaltend trocken gewesen, bei der *sekundären Enuresis* handelt es sich um einen Rückfall, nachdem das Kind bereits trocken war. Die häufigste Form ist das Bettnässen (Enuresis nocturna).

Neuere Erkenntnisse über das Einnässen am Tage (Enuresis diurna) gehen von drei Unterformen aus, die durch eine Funktionsschwäche gekennzeichnet sind, den Urin zu halten (sog. Harninkontinenz). Bei der als *Dranginkontinenz* bezeichneten Störung handelt es sich um einen ungewollten Harnabgang bei plötzlichem, von Anfang an überstarkem Harndrang und verminderter Speicherfähigkeit der Blase. Eine zweite Form ist durch unwillkürlichen Harnabgang als Folge von Hinauszögern des Wasserlassens trotz Harndrang gekennzeichnet (sog. *Harninkontinenz bei Miktionsaufschub*). Die dritte Form besteht in einer Fehlsteuerung des Zusammenwirkens der Muskeln für Öffnen und Schließen der Blase (sog. *Detrusor-Sphinkter-Dyskoordination*).

2. Häufigkeit

Im Alter von fünf Jahren sind bis zu 60 % aller Kinder noch nicht trocken und im Alter von sieben Jahren beträgt die Häufigkeit für das Einnässen noch 7 %. Dabei ist der Anteil der primären Enuresis doppelt so hoch wie der für die sekundäre Enuresis. Etwa 80 % der Betroffenen leiden unter Bettnässen. Bis zum Alter von sieben Jahren sind Jungen und Mädchen etwa gleich häufig von einer Enuresis betroffen, während die Rate im Alter von elf Jahren bei Jungen doppelt so hoch ist wie bei den Mädchen.

3. Erscheinungsbild

Die meisten Kinder mit *nächtlichem Einnässen* sind nachts noch nie trocken gewesen. Der Zeitpunkt des Einnässens ist in den einzelnen Nächten verschieden und an keine bestimmte Phase des Schlafs gebunden. Die Kinder werden allenfalls erst durch das nasse Bett wach. Meistens merken sie erst am Morgen nach dem Aufwachen, daß ihr Pyjama und Bett naß sind.

Beim Einnässen am Tage müssen die drei verschiedenen Formen getrennt betrachtet werden. Bei der (sog. idiopathischen) *Dranginkontinenz* tritt der Harndrang sehr plötzlich und ziemlich häufig auf. Hierbei werden nur kleine Urinmengen abgegeben, wobei dies gehäuft bei Ermüdung am Nachmittag auftritt. Die Kinder zeigen auffällige Haltemanöver, wie z. B. das Aneinanderpressen der Oberschenkel oder von einem Bein auf das andere zu hüpfen. Häufig treten wiederkehrende Infekte der Harnwege auf. Bisweilen sind die Kinder verstopft und manchmal kann auch Einkoten beobachtet werden.

Bei der sog. *Harninkontinenz bei Miktionsaufschub* ist das Aufschieben des Wasserlassens in bestimmten Situationen wie dem Heimweg nach der Schule oder beim Spiel typisch. Diese Kinder gehen bei Harndrang nicht rechtzeitig zur Toilette, sondern versuchen, das Wasserlassen so lange wie möglich aufzuschieben. Mit zunehmender Dauer dieses Aufschubs wird der Harndrang immer stärker, so daß Haltemanöver eingesetzt werden müssen, die schließlich den Harnabgang nicht mehr zurückhalten können. Auch hier sind Verstopfung und begleitendes Einkoten häufig.

Schließlich zeichnet sich die *Fehlsteuerung der Blasenmuskeln*, die für Öffnen und Schließen der Blase zuständig sind, dadurch aus, daß es zu Beginn des Harnlassens zu einem Pressen kommt, der Harnfluß teilweise unterbrochen ist, der Harnstrahl wenig kräftig ist und häufig Harnwegsinfekte, Verstopfung und Einkoten als Begleitsymptome auftreten.

Zusätzlich zum Symptom des Einnässens können je nach Form in unterschiedlicher Häufigkeit weitere seelische Störungen beobachtet werden, wie aus Tab. 11 ersichtlich wird.

4. Ursachen

Schon seit geraumer Zeit ist aufgrund von familiären Häufungen angenommen worden, daß *erbliche Faktoren* bei der Enuresis bedeutsam sind. Unlängst konnten für das *Bettnässen* sogar bestimmte Gene auf einigen Chromosomen nachgewiesen werden.

Für die drei Unterformen der Harninkontinenz am Tage gelten unterschiedliche Ursachen. Für die idiopathische Dranginkontinenz sind körperliche Bedingungen im Sinne einer mangelnden Stabilität des Muskels verantwortlich, der für die Blasenöffnung zuständig ist. Beim unwillkürlichen Harnabgang als Folge des Hinauszögerns des Wasserlassens sind verständlicherweise ausschließlich seelische Bedingungen (z. B. im Sinne des Verspielens) wirksam. Schließlich gilt für die Fehlkoordination der Blasenmuskeln, daß dies ein erworbenes Verhalten als Folge einer Reifungsverzögerung ist.

Einnässen (Enuresis)

131

Tab. 11: Häufigkeit zusätzlicher seelischer Störungen bei verschiedenen Formen des Einnässens

Primäres nächtliches Einnässen	ca. 20 %
Sekundäres nächtliches Einnässen	ca. 75 %
Dranginkontinenz	ca. 40 %
Harninkontinenz bei Miktionsaufschub	ca. 60 %
Fehlsteuerung der Blasenmuskeln	ca. 57 %

5. Therapie

Verhaltenstherapeutische Behandlungen sind beim Einnässen ohne begleitende seelische Störung allen anderen Behandlungsmaßnahmen deutlich überlegen. Diese Methoden reichen von der besonders wirksamen Behandlung mit einem Weckgerät bis zu speziellen Trainingsverfahren (Blasentraining, Intensivnacht-Behandlung bei nächtlichem Einnässen). Für den Einsatz der jeweiligen Vorgehensweisen gelten Voraussetzungen sowie Regeln für die Durchführung, die jeweils durch Fachleute sehr sorgfältig zu prüfen bzw. einzuhalten sind. Andere psychotherapeutische Ansätze sind beim Einnässen viel weniger wirksam, können aber bei zusätzlichen seelischen Störungen erwogen werden, bevor eine Verhaltenstherapie zur Behandlung des Einnässens begonnen wird.

Die Behandlung mit *Medikamenten* kann sich allein auf die Präparate Tofranil® sowie Mianserin® als zumindest kurzfristig wirksame Mittel stützen. Die Wirksamkeit ist jedoch dahingehend eingeschränkt, daß es nach Absetzen des Medikamentes in der Regel zu schnellen Rückfällen kommt. Hingegen sind die verhaltenstherapeutischen Effekte in der Regel stabiler und können bei Rückfällen erneut mit Erfolg eingesetzt werden.

Nicht wirksam sind viele von Eltern eingesetzte Maßnahmen. Die Einschränkung der Trinkmenge am Abend verhindert das Einnässen nachts nicht und belastet die Beziehung zwischen Kind und Eltern. Es ist außerdem eher ungesund. Das Anlegen von

Windeln bei älteren Kindern kann Entzündungen begünstigen und beeinträchtigt die Wahrnehmung der nassen Kleidung und damit die Lernmöglichkeiten. Das leider auch von Fachleuten verordnete Kalenderführen mit Sonnen für trockene Nächte und Regenwolken für feuchte Nächte ist ohne andere Therapie allein ohne Wirkung.

6. Verlauf

Der Verlauf des Einnässens ist durch eine hohe Rate von Rückbildungen auch ohne Behandlung gekennzeichnet, so daß nur noch relativ wenige Jugendliche und Erwachsene weiterhin an diesem Symptom leiden. Es ist allerdings ungenügend bekannt, daß immerhin bis zu 1 % aller Erwachsenen seit ihrer Kinderzeit anhaltend einnässen.

7. Empfohlene weiterführende Literatur

- Große, S.: Enuresis. In: Steinhausen, H.-C., von Aster, M. (Herausgeber). Verhaltenstherapie und Verhaltensmedizin bei Kindern und Jugendlichen, 2. Auflage, Psychologie Verlags Union, Weinheim, 1998.
- von Gontard, A.: Einnässen im Kindesalter. Erscheinungsformen – Diagnostik – Therapie. Thieme Verlag, Stuttgart, 2001.
- Zuleger, I.: Bettnässen. Komm ich helfe Dir. Südwest Verlag, München, 1998.

Einnässen (Enuresis)

Fallbeispiel

Bei dem knapp 9jährigen Dieter verlief die frühkindliche Entwicklung der Motorik und der Sprache unauffällig. Mit dreieinhalb Jahren war er tags und nachts trocken. Hingegen kotet er bis auf den heutigen Tag immer wieder ein. Dieses Einkoten kommt alle 2 bis 3 Wochen, manchmal auch zweimal hintereinander und immer nur tagsüber vor. Dieter hat fast täglich Kotspuren in seinen Unterhosen. Er hat in der Zwischenzeit gelernt, seine verschmutzte Wäsche selber zu waschen. Seine Mutter vermutet, er sei einfach zu faul, sein Spiel zu unterbrechen, weil er vor allem beim Spiel mit anderen Kindern einkotet. Vielleicht merke er auch gar nicht, daß er einkote. Eine Untersuchung durch seine Kinderärztin hat keine körperliche Ursache für das Einkoten gefunden. In der Familie zeigt Dieter heftige Machtkämpfe mit seiner Mutter, wenn diese ihm nur irgend eine kleine Forderung stelle. Mit seiner Schwester ist er häufig in Streitigkeiten verstrickt, die meistens von ihm ausgehen. Unter den Gleichaltrigen hat Dieter keine echten Freunde. Die weitere Untersuchung ergibt, daß bei Dieter neben dem Einkoten auch eine Störung des Sozialverhaltens vorliegt.

1. Definition

Als Einkoten wird die wiederholte unwillentliche Stuhlentleerung in die Kleidung oder andere nicht dafür vorgesehene Stellen bezeichnet. Wie beim Einnässen werden zwei Formen unterschieden: beim *primären Einkoten* hat das Kind noch keine Darmkontrolle entwickelt, während beim *sekundären Einkoten* bereits für einige Monate eine stabile Darmkontrolle vorgelegen hat.

2. Häufigkeit

Die Häufigkeit für das Einkoten ist mit 4 % für die Vierjährigen und 1,5 % bei den Sieben- bis Achtjährigen deutlich niedriger als beim Einnässen. Jungen sind in allen Altersstufen drei- bis viermal häufiger betroffen als Mädchen.

3. Erscheinungsbild

Das Einkoten ist häufiger als das Einnässen mit einer allgemeinen *Entwicklungsverzögerung* (Lernbehinderung oder geistige Behinderung) oder auch Zeichen einer *seelischen Störung* verbunden. Gleichzeitiges Einnässen, chronische Verstopfung, Bauchschmerzen und Eß- und Appetitstörungen treten häufig in Verbindung mit Einkoten auf. Die Unterscheidung zwischen Einkoten mit bzw. ohne Verstopfung ist sinnvoll wie Tab. 12 zeigt. Die Beziehung zu den Eltern ist ebenfalls häufig – nicht nur als Folge des Einkotens – belastet und gestört. Dabei können in ähnlicher Weise wie bei anderen seelischen Störungen ein Mangel an liebevoller Zuwendung in Verbindung mit stark strafender Erziehung sowie Beziehungsproblemen der Eltern untereinander beobachtet werden.

4. Ursachen

Für das Einkoten gibt es keine Hinweise auf eine mögliche Beteiligung erblicher Faktoren. Insgesamt sind die Ursachen dieser Störung sehr unbefriedigend aufgeklärt. In der Diskussion sind verschiedene Anteile einer leichten körperlichen Reifungsverzögerung im Sinne einer Hirnfunktionsstörung oder einer funktionellen bzw. organisch bedingten Störung der Stuhlentleerung. Möglicherweise sind eine Reihe psychologischer Faktoren ebenfalls von Bedeutung. Dazu können die Auswirkungen einer sehr zwanghaften Reinlichkeitserziehung und ein allgemeines erzieherisches Fehlverhalten, Beziehungsstörungen in der Familie sowie eine ungenügende Gewohnheitsbildung bzw. eine Vermeidung der Stuhlentleerung gehören. Schließlich können belastende Lebensereignisse – z. B. die Trennung oder Scheidung der Eltern – für die Auslösung des Einkotens bedeutsam sein, sofern das Kind zuvor schon eine Stuhlkontrolle erreicht hatte.

5. Therapie

Da das Einkoten sehr häufig durch zusätzliche seelische Störungen kompliziert wird, sind in der Regel recht intensive therapeuti-

Tab. 12: Unterschiede zwischen Einkoten mit und ohne Verstopfung

	Einkoten	
	mit Verstopfung	ohne Verstopfung
Häufigkeit des Stuhlgangs	selten	häufig/täglich
Stuhlmengen	groß	klein
Häufigkeit des Einkotens	täglich	seltener als täglich
Einkoten nachts	$^1/_3$ der Kinder	selten
Schmerzen bei der Stuhlentleerung	58 %	30 %
Bauchschmerzen	ca. 40 %	ca. 20 %
Zusätzliches Einnässen am Tag	ca. 12 %	ca. 7 %
Zusätzliches Einnässen nachts	ca. 30 %	ca. 10 %
Behandlung mit Abführmitteln	hilfreich	nicht hilfreich

sche Maßnahmen erforderlich, die häufig nur im Rahmen einer *stationären Behandlung* umgesetzt werden können. Dabei werden verschiedene Elemente kombiniert. Sie reichen von *Psychothe-rapie* über *Verhaltenstherapie* mit einem speziellen *Sauberkeits-training* bis zu *Gruppenpsychotherapie* und *Eltern- und Familien-arbeit*. Diese verschiedenen Elemente der Behandlung richten sich auf eine Verbesserung der allgemeinen emotionalen Befind-lichkeit des Kindes, der Symptome des Einkotens sowie der sozia-len Beziehungsfähigkeit des Kindes. Ebenso sollen möglicherweise vorliegende Beziehungsstörungen in der Familie angegangen wer-den.

6. Verlauf
Obwohl das Einkoten im Kindesalter häufig erhebliche Probleme aufwirft und von anderen seelischen Störungen begleitet wird, ist der Verlauf insgesamt durch eine gute Rückbildungsneigung ge-kennzeichnet. Ungünstigere Verlaufsbedingungen können durch

Einkoten (Enkopresis)

eine begleitende geistige Behinderung oder schwergradige zusätzliche seelische Störungen gekennzeichnet sein.

7. Empfohlene weiterführende Literatur

– Berger-Sallawitz, F.: Enkopresis. In: Steinhausen, H.-C., von Aster, M. (Herausgeber). Verhaltenstherapie und Verhaltensmedizin bei Kindern und Jugendlichen. 2. Auflage, Psychologie Verlags Union, Weinheim, 1998.
– von Gontard, A.: Störungen der Ausscheidung. In: Steinhausen, H.-C. (Herausgeber). Entwicklungsstörungen im Kindes- und Jugendalter. Kohlhammer, Stuttgart, 2001.

Einkoten (Enkopresis)

Der 13jährige Sebastian zeigte schon früh einen ausgeprägten Entwicklungsrückstand, der sich vor allem in der stark verspäteten und eingeschränkten Sprachentwicklung äußerte. Die Sauberkeitsentwicklung vollzog sich stark verzögert, indem Sebastian erst mit 10 Jahren sauber und trocken wurde. Im häuslichen Bereich braucht er viel Unterstützung. Er kann sich selbst vollständig anziehen, muß aber Hilfe haben, weil er von selbst sehr langsam ist. Er kann nur mit fremder Hilfe duschen, ißt aber allein. Von sich aus entwickelt er wenig Aktivitäten, sondern schaukelt gerne mit seinem Körper rhythmisch hin und her. In seiner Sonderklasse nimmt er wenig Kontakt mit seiner Lehrerin oder seinen Mitschülern auf. Er kann nur einfachste Aufforderungen verstehen, ist aber andererseits feinmotorisch recht geschickt, wenngleich langsam. Die testpsychologische Untersuchung ergibt, daß der 13jährige in seiner Intelligenzentwicklung dem Alter eines 3- bis 4jährigen entspricht, wobei seine sprachlichen Fertigkeiten sogar noch geringer entwickelt sind.

1. Definition und Einteilung

Für die geistige Behinderung ist gemäß Definition der Weltgesundheitsorganisation (WHO) eine unterdurchschnittliche allgemeine Intelligenz bestimmend, die während der Entwicklungsperiode in Kindheit und Jugend entsteht und mit einer Beeinträchtigung der Fähigkeit zur selbständigen Lebensbewältigung einhergeht.

Die Intelligenz wird mit dem Intelligenzquotienten bestimmt. Für den Intelligenzquotienten (IQ) gilt, daß er unterschiedliche Ausprägungen in der Bevölkerung und einen Mittelwert von 100 hat. Zwei Drittel der Bevölkerung haben einen IQ zwischen 85 und 115. International hat sich die ebenfalls von der WHO vorgenommene Einteilung der geistigen Behinderung in vier Schweregradstufen durchgesetzt, die sich am Intelligenzquotienten orientiert und in der Tabelle 9 wiedergegeben ist. Oberhalb der

Tab. 13: Einteilung der Geistigen Behinderung nach dem Intelligenzquotienten (IQ)

	IQ
leicht	70 – 50
mittelgradig	49 – 35
schwer	34 – 20
schwerst	19 – 0

geistigen Behinderung ist der Bereich der Lernbehinderung (IQ 71–85) angesiedelt. Angesichts der testpsychologisch kaum wirklich meßbaren Unterschiede werden die Klassen der mittelgradigen, schweren und schwersten geistigen Behinderung vielfach auch zu einer einzigen Klasse der schweren geistigen Behinderung zusammengefaßt.

2. Häufigkeit

Eine Reihe internationaler Bevölkerungsstudien haben Häufigkeitsraten zwischen 2 % bis 3 % ergeben. Variationen ergeben sich vor allem für den Anteil der leichten geistigen Behinderung, die sehr stark mit niedriger Sozialschicht verknüpft ist. Hingegen liegen die Anteile der sehr viel weniger von der Sozialschicht abhängigen schweren geistigen Behinderung (IQ < 50) recht übereinstimmend bei 0,3 % bis 0,5 % der Bevölkerung. Die auf sog. Fallregistern von Menschen mit geistiger Behinderung beruhende Häufigkeit liegt in den meisten internationalen Statistiken für den gesamten Bereich der geistigen Behinderung bei unter 1 %. Der Unterschied zu den Ergebnissen aus Bevölkerungsstudien erklärt sich aus der Tatsache, daß viele leicht geistig Behinderte wegen ihrer geringen Beeinträchtigung in Fallregistern nicht erfaßt werden. Jungen sind – vornehmlich wegen ihrer höheren biologischen Anfälligkeit – häufiger als Mädchen von einer geistigen Behinderung betroffen.

3. Erscheinungsbild

Für die Diagnosesicherung einer geistigen Behinderung ist zunächst eine Untersuchung mit einem standardisierten *Intelligenztest* erforderlich. Gebräuchliche Verfahren sind z. B. der Hannover-Wechsler-Intelligenztest für das Vorschulalter (HAWIVA), der Hamburg-Wechsler-Intelligenztest für Kinder und Jugendliche (HAWIK) sowie der Hamburg-Wechsler-Intelligenztest für Erwachsene (HAWIE). Für das Kindes- und Jugendalter sind eine Reihe weiterer Testverfahren im Einsatz (z. B. Kaufman Assessment Battery K-ABC, Adaptives Intelligenz-Diagnostikum AID, Grundintelligenztest CFT). Viele dieser Verfahren sind allerdings insofern ungenügend, als sie die Unterschiede im Bereich der geistigen Behinderung nicht genau genug erfassen. Daher sind Testbatterien für geistig Behinderte entwickelt worden, die spezielle, über die Intelligenz hinausgehende Fähigkeiten erfassen. Sofern aufgrund der Beeinträchtigung und mangelnden Kooperationsfähigkeit bzw. des Alters eine Intelligenzdiagnostik nicht möglich ist, erfolgen entweder eine ausführliche Entwicklungsdiagnostik – nach Möglichkeit mit standardisierten Entwicklungstests – oder spezifische Arbeitsproben. Ferner können spezielle Funktionen mit neuropsychologischen Testverfahren überprüft werden.

Zusätzlich zur Minderung der Intelligenz kann die geistige Behinderung mit verschiedenen seelischen Störungen verknüpft sein. Im Bereich der leichten geistigen Behinderung ist das Spektrum der *psychischen Störungen* dem von Normalintelligenten weitgehend ähnlich. Bei der schweren Form der geistigen Behinderung stehen im Kindes- und Jugendalter hirnorganische Störungen, hyperkinetische Störungen und Stereotypien (z. B. Körperschaukeln) im Vordergrund. Mit dem Bild des frühkindlichen Autismus (siehe Kap. Autismus) besteht insofern eine spezielle Überschneidung, als zwei Drittel aller Autisten geistig behindert sind und viele geistig Behinderte autistische Züge zeigen. Weitere begleitende Störungen umschließen die seltenen sogenannten desintegrativen Störungen des frühen Kindesalters, die affektiven und schizophre-

Geistige Behinderung

nen Psychosen, die Selbstbeschädigungen, die Ausscheidungsstö-
rungen Enuresis (Einnässen) und Enkopresis (Einkoten) sowie
verschiedene Eßstörungen.

Die geistige Behinderung kann ferner mit einer Vielzahl *körperlicher Auffälligkeiten* verknüpft sein, die häufig mit bestimmten
Eigennamen bezeichnet werden (sog. Syndrome wie z. B. das
Down-Syndrom, das Fetale-Alkohol-Syndrom, das Prader-Willi-
Syndrom). Daher muß bei einer geistigen Behinderung immer eine
sehr sorgfältige körperliche Untersuchung durchgeführt werden.
Eine genaue Zuordnung der zahlreichen Anomalien ist häufig nur
dem Experten möglich. Die körperliche Untersuchung muß eine
sorgfältige entwicklungsneurologische Befunderhebung einschließen.

Insbesondere bei der Erstuntersuchung auf geistige Behinderung im Kindesalter sind außerdem verschiedene *Zusatzuntersu-
chungen* erforderlich. Mit Sprach- und Hörprüfungen werden die
häufig begleitenden Entwicklungsverzögerungen, bzw. Behinde-
rungen in diesen Bereichen erfaßt. Eine Chromosomenanalyse ist
nahezu regelhaft erforderlich. Das EEG ist besonders bei gleichzeitig bestehenden Epilepsien angezeigt. Unter den verschiedenen
biochemischen Analysen spielt das sogenannte Aminosäuren-
screening eine herausragende Rolle, weil auf diesem Wege zahlreiche Stoffwechselstörungen erkannt werden können.

4. Ursachen

Unter den Ursachen einer geistigen Behinderung müssen zunächst
biologische Faktoren diskutiert werden. Dabei spielen erbliche
Faktoren eine herausragende Rolle. Einige Begriffe aus der Ver-
erbungsforschung sind auf Seite 26 erläutert. Der Erkenntnis-
fortschritt in diesem Bereich gestattet eine klare Unterscheidung
in zunächst die Gruppe der *leichten geistigen Behinderung*, die
über einen sogenannt *polygen-multifaktoriellen Erbgang* (mehrere Gene und Bedingungen sind beteiligt) vermittelt und durch
familiär-kulturelle Umweltfaktoren beeinflußt wird. Dabei sind
Geschwister und andere Verwandte ersten Grades ebenfalls häu-

fig geistig behindert bzw. leicht intelligenzgemindert. Hingegen dominieren in der Verursachung der Gruppe der *schweren geistigen Behinderung hirnorganische Bedingungen* mit oft spezifischen Schädigungen oder erblichen Ursachen. Dabei sind seltener sog. monogene Erbgänge anzutreffen, bei denen nur ein einzelnes Gen beteiligt ist. Bei den schweren Formen der geistigen Behinderung stehen *vorgeburtliche Ursachen* und dabei speziell Chromosomen-Störungen im Vordergrund, während Schädigungen unter der Geburt oder nach der Geburt seltener sind. Knapp 20 % der Ursachen in diesem Bereich sind unbekannt. Der Anteil unbekannter Ursachen ist bei der leichten geistigen Behinderung deutlich höher.

Aufgrund des raschen Erkenntnisfortschrittes, der mit den modernen Forschungsmethoden der Genetik verbunden ist, sind gegenwärtig mehrere Hundert Störungen einzelner *Gene* bekannt, die mit einer geistigen Behinderung verbunden sind. Beispiele sind etwa der angeborene Defekt im Eiweißstoffwechsel mit der Bezeichnung Phenylketonurie (PKU), oder die an das X-Geschlechtschromosom gebundene Störung mit der Bezeichnung Fragiles-X-Syndrom.

Chromosomenstörungen sind für 40 % der schweren und für 10 % – 20 % der leichten Form der geistigen Behinderung verantwortlich. Diese Störungen sind nicht notwendigerweise vererbt, sondern entstehen häufig durch sogenannte Mutationen (spontane Veränderungen des genetischen Materials) und sind mit höherem Alter der schwangeren Mutter verbunden. Für die bekannteste und häufigste Störung der Körperchromosomen (Autosomen), das Down-Syndrom, ist die Trisomie 21, d. h. das dreifache statt zweifache Vorliegen des Chromosoms 21, seit geraumer Zeit bekannt.

Für die Störungen der Geschlechtschromosomen (Gonosomen) gilt, daß die überwiegende Mehrzahl der Betroffenen normal intelligent ist und eher bestimmte psychiatrische Auffälligkeiten (z. B. Sprachentwicklungsverzögerung beim Klinefelter-Syndrom) oder neuropsychologische Defizite (z. B. Störung der Raumwahr-

143

nehmung beim Turner-Syndrom) aufweisen. Der Anteil an geistig Behinderten ist bei diesen Störungen früher aufgrund von Untersuchungen in Einrichtungen für geistig Behinderte überschätzt worden. Schließlich sind in jüngster Zeit verschiedene sogenannte chromosomale Mikrodeletionen, d. h. fehlende Bruchstücke an Chromosomen wie z. B. beim Fragilen-X-Syndrom, beim Prader-Willi-Syndrom (PWS) und beim Angelman-Syndrom entdeckt worden.

Bei einer beträchtlichen Anzahl von geistig Behinderten können *Stoffwechselstörungen* im Bereich von Bausteinen des Stoffwechsels wie Aminosäuren und Eiweißen, Kohlehydraten, Fetten, Mineralien sowie Vitaminen nachgewiesen werden. Ursächlich liegt in der Regel eine sogenannte Genmutation zugrunde.

Schon seit geraumer Zeit ist die angeborene *Schilddrüsenunterfunktion* als eine wichtige Ursache einer geistigen Behinderung bekannt. Klinisch resultiert ein Erscheinungsbild mit Kleinwuchs, geistiger Behinderung und Kropf. Sogenannte Screening-Untersuchungen bei Neugeborenen mit dem Nachweis einer durch die Minderung der Schilddrüsenfunktion ausgelösten Vermehrung des Hormones, welches die Bildung von Schilddrüsenhormon anregt (TSH), sollten dafür Sorge tragen, daß rechtzeitig fehlendes Schilddrüsenhormon gegeben und damit eine Störung der Hirnentwicklung verhindert wird.

Neben diesen biologischen Bedingungen hat auch die Psychologie eine Vielzahl von Theorien beigetragen, die teilweise eher von historischer Bedeutung sind. *Entwicklungspsychologisch orientierte Theorien* argumentieren dahingehend, daß zwischen Menschen mit einer geistigen Behinderung und Normalintelligenten keine prinzipiellen Unterschiede bestehen, die sich aus Defekten ableiten lassen. Vielmehr bestehen ein unterschiedliches Entwicklungstempo sowie eine veränderte Motivation mit der Folge veränderter Lernprozesse. So wird z. B. in der Theorie der Mißerfolgserwartung angenommen, daß geistig Behinderte schon mit geringem Erfolg zufrieden sind. Der berühmte Entwicklungspsychologe Piaget hat in seiner strukturellen Theorie der Intelligenz eine prinzipielle Gleichheit von Entwicklungsschritten angenommen, wobei geistig Behinderte diese Schritte ebenfalls, allerdings mit geringerem Tempo und niedrigerem Endniveau vornehmen. Die aktuelle psychologische und pädagogische Theoriendebatte hat sich zunehmend auf Aspekte der Bildungs- und Lernfähigkeit verschoben, indem die geistige Behinderung als veränderbar betrachtet wird und konkrete Möglichkeiten für die Veränderungen begründet werden.

Eine Verknüpfung von *biologischen und psychologischen Bedingungen* ist bereits angeklungen. Allerdings gerät die Annahme einer Wechselwirkung von biologischen und psychologischen Bedingungen der leichten geistigen Behinderung zunehmend unter Druck, weil immer mehr Nachweise für die Bedeutsamkeit hirnorganischer Faktoren auch bei der leichten geistigen Behinderung vorliegen. Dies gilt z. B. für die hohe Zahl von Kindern mit leichter geistiger Behinderung, die durch ein Fetales-Alkohol-Syndrom (FAS) aufgrund einer durch starken Alkoholgenuß belasteten Schwangerschaft geschädigt sind.

5. Therapie

Die Behandlung von Menschen mit einer geistigen Behinderung macht ein komplexes *Versorgungssystem* erforderlich. Die Versorgung beginnt im Kindesalter in der Regel in der Familie und nur bei unzureichenden oder überforderten Kräften in einer außerfamiliären Einrichtung. Die ergänzende oder alternative Betreuung in spezialisierten Einrichtungen orientiert sich am Schweregrad der Behinderung. Zusätzlich zur familiären Betreuung können ambulant Psychologen, Sozialpädagogen, familienentlastende Dienste sowie verschiedene Therapeuten (Logopäden, Physiotherapeuten, Musiktherapeuten) eingesetzt werden.

Die *sonderpädagogische Förderung* setzt bei Frühfördermaßnahmen und Sonderkindergärten ein und wird in Sonderschulen sowie Werkstätten für geistig Behinderte fortgeführt. Mit zunehmendem Alter sind verschiedene Hilfen für Wohnung und Unterbringung erforderlich, wobei pädagogisch betreute

Wohnformen anzustreben und die Unterbringung in psychiatrischen Kliniken nach Möglichkeit zu vermeiden sind. Bei Krisen sowie psychischen Störungen können vorübergehende stationäre Behandlungen erforderlich werden. Insgesamt überwiegt in der Versorgung geistig Behinderter eine psychologisch-pädagogische Betreuung.

Neben diesen allgemeinen Grundsätzen für die Behandlung gelten eine Reihe spezieller Gesichtspunkte und *Behandlungsansätze*. Für das Training lebenspraktischer Fertigkeiten liegen verschiedene Methoden der *Verhaltenstherapie* vor, die sich z. B. mit angemessenem Toilettenverhalten, Körperpflegeverhalten, Selbständigkeit bei An- und Auskleiden, Eßverhalten, Sozialfertigkeiten, Problemlöseverhalten u. a. m. befassen. In entsprechenden Trainings werden Eltern und andere Betreuungspersonen in der Regel stark einbezogen. Verhaltenstherapeutische Methoden zielen auf eine Verbesserung der Lebensbewältigung im Alltag.

Auch bei der Behandlung begleitender seelischer Störungen kommen Methoden der Verhaltenstherapie zur Anwendung, indem z. B. Stereotypien und Selbstbeschädigungen abgebaut oder soziales Verhalten beim Autismus entwickelt werden. Andere Formen von *Psychotherapie* haben bei den begleitenden psychischen Störungen im Rahmen einer leichten geistigen Behinderung durchaus ihren Stellenwert und werden dieser Gruppe Betroffener in der Praxis zu wenig zuteil.

Der *Psychopharmakotherapie* kommt nur bei speziellen Gegebenheiten eine Bedeutung zu. Neuroleptika sollten eher vorübergehend im Rahmen von Akutbehandlungen oder bei Krisen Verwendung finden. So können mit Neuroleptika einige Zielsymptome wie akute motorische Unruhe, schwere Wutdurchbrüche und Erregungszustände sowie schwer beeinflußbare autistische und stereotype Verhaltensweisen mit Selbstbeschädigung positiv beeinflußt werden. Hyperkinetische Störungen können auch bei geistig Behinderten, allerdings mit mehr Variabilität des Erfolgs als bei normal intelligenten Kindern mit Stimulanzien behandelt werden. Antidepressiva, Lithium sowie Tranquilizer können mit den üblichen sorgsamen Vorgehensweisen auch bei geistig Behinderten Verwendung finden.

Zusätzlich zur geistigen Behinderung liegen häufig Formen einer Körperbehinderung oder Sinnesbehinderung sowie Epilepsien im Sinne einer *Mehrfachbehinderung* vor. Sie stellen erhöhte Anforderungen an die pädagogische Betreuung und machen ergänzende ärztliche Maßnahmen im Rahmen von Diagnostik und Therapie erforderlich, die im Rahmen einer ganzheitlichen und umfassenden Versorgung angemessen berücksichtigt werden müssen.

Aus der Unmündigkeit von Menschen mit einer geistigen Behinderung resultieren schließlich spezielle *Fürsorgemaßnahmen* sowie spezielle Tatbestände der Gesetzgebung. Diese betreffen z. B. Hilfen zur Pflege und Eingliederung, die gesetzliche Vertretung geistig Behinderter im Rahmen von Pflegschaften und Vormundschaften sowie die Rechtsprobleme bei der Sterilisation.

6. Verlauf
Intelligenztestbefunde im Bereich der geistigen Behinderung haben in der Regel eine hohe Stabilität. Zugleich ist mit dem Ausmaß der Intelligenzminderung auch eine ähnlich starke Beeinträchtigung der selbständigen Lebensführung verbunden. Der leichten Form der geistigen Behinderung kann ein Entwicklungsalter von 15 Jahren, der mittelgradigen Form ein Entwicklungsalter von 6 Jahren und der schwersten Form ein maximales Entwicklungsalter von 18 Monaten zugeordnet werden. Einzelne Entwicklungsverläufe im Kindesalter lassen sich als Entwicklungsverzögerung, als Entwicklungsstillstand oder als Entwicklungsabbau kennzeichnen. Je nach Ursache der geistigen Behinderung kann die Lebenszeiterwartung stark eingeschränkt sein.

7. Empfohlene weiterführende Literatur

- Neuhäuser, G. und Steinhausen, H.-C. (Herausgeber). Geistige Behinderung. Dritte Auflage. Kohlhammer Verlag, Stuttgart, 2003.
- Hofman, A., Hoffmann, E. und Stengel-Rutkowski, S. (Herausgeber). Kinder mit Down-Syndrom. Zweite Auflage. Klett-Cotta, Stuttgart, 1998.

8. Fachverbände und Selbsthilfegruppen

- Bundesvereinigung Lebenshilfe für geistig Behinderte, Raiffeisenstraße 18, D-35043 Marburg

Geistige Behinderung

148

Fallbeispiel

Von dem 11jährigen Patrick ist aus seiner Entwicklung bekannt, daß er bei der sehr langen Geburt (32 Stunden) blau angelaufen war, was als Zeichen für eine schlechte Versorgung mit Sauerstoff im Blut anzusehen ist. Als Säugling hatte er Ein- und Durchschlafstörungen, wachte bis zu 20mal in der Nacht auf und schrie viel. Er ist seit jeher in der Grobmotorik ungeschickt, verkrampft und unsicher. Bei Handarbeiten und beim Schreiben zeigt er auch feinmotorische Schwächen. Im Kleinkindalter war er sehr lebhaft, während er heute eher langsam wirkt. Als Kleinkind hatte er eine auffällige Angst vor allem Neuen und fühlte sich sehr schnell überfordert. Durch viele gleichzeitige Eindrücke wurde er sehr schnell verwirrt. In der Schule stellten sich dann massive Rechtschreibschwierigkeiten ein. Außerdem wurde er durch sein mangelndes Selbstvertrauen und durch immer wieder auftretende aggressive Verhaltensweisen auffällig. Sowohl in der Familie als auch in der Schule erlebte er sich als lästig und ausgestoßen. Bei der Untersuchung zeigt sich, daß Patrick normal intelligent ist. Hingegen ist sein sprachlicher Entwicklungsstand hinsichtlich des Wortverständnisses und der Umsetzung von sprachlichen Aufforderungen in Handlungen nicht altersgemäß. Patrick hat sowohl mit der Rechtschreibung als auch mit dem Rechnen große Probleme. Seine schon früh beobachteten Schwierigkeiten in der Fein- und Grobmotorik haben sich auch im Alter von 11 Jahren noch nicht zurückgebildet.

1. Definition

Der Mensch kommt mit einem wenig ausgereiften Gehirn auf die Welt. Nach der Geburt setzt eine Phase sehr schnellen Wachstums des Gehirns ein, in der ein zunehmend dichteres und feineres Netz der Nervenzellen entsteht. Dieses ist für die Lebensbewältigung des Menschen unverzichtbar. Innerhalb der ersten vier Lebensjahre vollziehen sich 80 % der gesamten nachgeburtlichen Ausreifung des Gehirns.

In dieser Phase ist das Gehirn für Einwirkungen von außen außerordentlich empfindlich. Diese Tatsache der leichten *Verletzbarkeit* (Vulnerabilität) wird allerdings dadurch teilweise wieder relativiert, daß in der Phase des Wachstums des Gehirns auch Schädigungen und Beeinträchtigungen wiederum leichter *ausgeglichen* werden können (Prinzip der Plastizität).

Das Gehirn kann in jeder Phase des Lebens durch bestimmte Ereignisse wie eine *Verletzung* oder eine *Entzündung* so geschädigt werden, daß bestimmte Symptome oder Ausfälle zu beobachten sind. Eine genaue Untersuchung des Hirngewebes mit verschiedenen wissenschaftlichen Methoden würde dann auch eine entsprechende Schädigung der Feinstruktur des Gehirnes nachweisen.

Neben diesen klar schädigenden Ereignissen gibt es jedoch auch eine Reihe von *Risikobedingungen*, bei denen mit den bisher zur Verfügung stehenden Untersuchungsmethoden keine direkten Schädigungen des Hirngewebes oder der Strukturen des Gehirns nachweisbar sind. Andererseits können insbesondere bei Kindern eine Reihe von Symptomen und Auffälligkeiten beobachtet werden, welche eine starke Ähnlichkeit mit den Symptomen haben, die man von Patienten mit Hirnschädigungen kennt. Die Symptome dieser Patienten ohne eine nachweisbare Schädigung des Hirngewebes, wo aber bestimmte Funktionen des Gehirns beeinträchtigt sind, werden unter der Bezeichnung *Hirnfunktionsstörung* zusammengefaßt.

Hirnfunktionsstörungen sind demgemäß eine Gruppe von Symptomen und Auffälligkeiten, die als Entwicklungsabweichungen, Reifungsstörungen und Beeinträchtigungen von Leistungen des Gehirns zu verstehen sind. Diese Funktionsabweichungen des Gehirns äußern sich in der Regel bei Kindern mit normaler Intelligenz, während bei Kindern mit einer mittelgradigen bis schweren geistigen Behinderung eher eine Hirnschädigung vorliegt.

Für den Begriff der Hirnfunktionsstörungen sind mit zum Teil leicht anderen Schwerpunktsetzungen im deutschsprachigen Bereich auch Bezeichnungen wie „minimale cerebrale Dysfunktion

(MCD)" oder auch „psychoorganisches Syndrom (POS)" im Gebrauch. In der ICD-10 gibt es allerdings keine spezielle Berücksichtigung dieser Störung. Unter dem Einfluß der englischsprachigen Forschung der Kinder- und Jugendpsychiatrie hat man sich hier dafür entschieden, auf den Begriff der Hirnfunktionsstörungen zu verzichten. Das entsprechende Bild der psychischen Symptome muß bei einer Diagnose nach ICD-10 durch eine Kombination einer für Kindheit und Jugend spezifischen Störung des Verhaltens und Erlebens (Achse 1) und einer Entwicklungsstörung (Achse 2) dargestellt werden. Beispielsweise würde eine Hyperkinetische Störung (HKS oder ADHS) in Verbindung mit einer Störung der motorischen Entwicklung gemäß ICD-10 dem Bild einer Hirnfunktionsstörung entsprechen.

2. Häufigkeit

Da der Begriff der Hirnfunktionsstörungen im Detail recht unterschiedlich bestimmt worden ist, gehen die Angaben über die Anzahl betroffener Kinder beträchtlich auseinander. Verschiedene Untersuchungen in der Bevölkerung haben Schwankungen zwischen 7 % bis 13 % im frühen Schulalter ergeben. In kinder- und jugendpsychiatrischen Praxen und Kliniken wird die Diagnose sehr viel häufiger gestellt, weil entsprechend auffällige Kinder häufiger vorgestellt werden.

3. Erscheinungsbild

Das Bild der frühkindlich entstandenen Hirnfunktionsstörung ist sehr vielfältig. Grundsätzlich lassen sich drei Ebenen unterscheiden, auf denen Funktionsstörungen angesiedelt sind. Wie Tabelle 14 zeigt, sind neurologische Funktionen, neuropsychologische Funktionen und das Verhalten betroffen. Die betroffenen Kinder weisen unterschiedliche Mischungen dieser einzelnen Symptome auf. Zusätzlich zu diesen Basismerkmalen können verschiedene andere Symptome seelischer Störungen im emotionalen Bereich, im Sozialverhalten und im körperlichen Bereich hinzutreten. Dementsprechend muß eine sorgfältige körperlich-neurologische

Tab. 14: Das Erscheinungsbild von Hirnfunktionsstörungen

Störungen neurologischer Funktionen

– Motorischer Reifungsrückstand

Störungen neuropsychologischer Funktionen

– Aufmerksamkeitsschwäche

– Merkfähigkeitsschwäche

– Störungen der Wahrnehmung und zentralen Verarbeitung von Sinnesreizen

– Teilleistungsschwächen

– Sprachentwicklungsverzögerung

Störungen im Verhalten

– Störung des Antriebs

◆ Hyperaktivität

◆ Antriebsminderung

– Soziale Funktionsstörungen

◆ Distanzstörung im Kontakt

◆ Störung des Einfühlungsvermögens

– Störung der Affektivität

◆ Reizbarkeit

◆ Stimmungslabilität

◆ verminderte Angstbildung

– Störung der Handlungsplanung und -kontrolle

◆ Impulsivität

Untersuchung, eine genaue testpsychologische Untersuchung sowie eine Erfassung seelischer Störungen durchgeführt werden.

4. Ursachen

Hirnfunktionsstörungen werden im wesentlichen mit *Risikofaktoren* aus der Entwicklungsperiode zwischen Schwangerschaft,

152

Geburt und Neugeborenenperiode in Verbindung gebracht. Derartige Risikofaktoren sind z. B. Blutungen in der Schwangerschaft, Frühgeburtlichkeit, Geburtsgewicht unter 2000 Gramm, Übertragung, Kaiserschnitt, ungenügende Sauerstoffzufuhr unter der Geburt – um nur die wichtigsten Merkmale zu nennen. Dabei ist es in der Regel die Verknüpfung von mehreren Risikobedingungen, welche die normale Reifung des Gehirns beeinträchtigt und zur Ausbildung von Hirnfunktionsstörungen beiträgt. Es kommt hinzu, daß Kinder mit ähnlichen Risikofaktoren durchaus recht unterschiedliche Entwicklungen nehmen. Eine fördernde Familienumwelt trägt nachgewiesenermaßen zu einer besseren Rückbildung der Funktionsstörungen bei einem großen Teil der Kinder bei.

5. Therapie

Hirnfunktionsstörungen sollten möglichst früh erkannt werden. Dies ist z. B. durch ihre motorischen Auffälligkeiten und ihre Probleme in der Verhaltenssteuerung im Kindergarten möglich. Entsprechend den oben dargestellten Ebenen der Auffälligkeiten ist eine *kombinierte Therapie* erforderlich. Dabei werden funktionelle Übungsbehandlungen, gegebenenfalls auch Psychotherapien für die zusätzlichen Auffälligkeiten, Elternberatung, vereinzelt auch medikamentöse Behandlungsformen und vor allem spezielle pädagogische Ansätze verbunden.

Bei den *funktionellen Übungsbehandlungen* sollen vor allem die motorischen und neuropsychologischen Entwicklungsrückstände ausgeglichen werden. Entsprechende Behandlungsprogramme haben Bezeichnungen wie psychomotorische Übungsbehandlung, Mototherapie, sensorisch-integrative Therapie oder Wahrnehmungstraining. Liegen im Rahmen einer Hirnfunktionsstörung auch Sprachentwicklungsstörungen vor, so ist eine *logopädische Behandlung* notwendig. Sollten im Schulalter in Verbindung mit einer Hirnfunktionsstörung auch Probleme wie eine Lese-Rechtschreibstörung oder eine Rechenstörung vorliegen, sind wiederum andere spezielle Übungsbehandlungen erforderlich.

Psychotherapeutische Behandlungen richten sich nicht auf die Basissymptome der Hirnfunktionsstörungen, sondern sollen Probleme in den Bereichen von Erleben, Befinden und Verhalten verändern. Hier stehen z. B. verschiedene Formen von Spieltherapie oder Verhaltenstherapie zur Verfügung. Begleitend zur Psychotherapie muß in jedem Falle auch eine regelmäßige *Elternberatung* stattfinden.

Eine *medikamentöse Behandlung* muß sich jeweils auf wenige Zielsymptome richten, zumal es keine medikamentöse Basistherapie für die Behebung der Hirnfunktionsstörungen gibt. Daher zielt die medikamentöse Therapie in der Regel auf begleitende seelische Störungen wie z. B. die häufig gleichzeitig vorliegende *hyperkinetische Störung*, bei der eine Behandlung mit Stimulanzien außerordentlich sinnvoll und erfolgreich ist.

Schließlich brauchen Kinder mit Hirnfunktionsstörungen eine sehr auf ihre Probleme eingehende abgestimmte *Heilpädagogik*. Sie können aufgrund ihrer Basisstörungen oft nicht in den normalen Klassen unterrichtet werden, sondern brauchen Kleinklassen mit ganz speziellen Lernmaterialien und Unterrichtsmethoden. Leider wird diese Forderung in der Praxis nur ungenügend umgesetzt.

6. Verlauf

Obwohl Hirnfunktionsstörungen als Entwicklungsstörungen eine deutliche Neigung zur *Rückbildung* haben, kann nicht regelhaft mit einer vollständigen *Nachreifung des Gehirns* bzw. einem Ausgleich der Funktionsstörungen gerechnet werden. So können durchaus bis in das junge Erwachsenenalter Probleme der Merkfähigkeit, des Gedächtnisses, der Konzentration und der Wahrnehmung weiterhin anhalten. In der Regel bilden sich jedoch viele Probleme im Schulalter zurück. Sofern Probleme – wie z. B. hinsichtlich der Feinmotorik – weiterhin anhalten, haben sie im Erwachsenenalter keine vergleichsweise große Bedeutung wie im Kindesalter. Derartige Erwachsene werden sich in der Regel Berufe aussuchen, in denen entsprechende Probleme weniger auffallen.

154

7. Empfohlene weiterführende Literatur
- Steinhausen, H.-C. (Hrsg.) Hirnfunktionsstörungen und Teilleistungsschwächen. Springer Verlag, Berlin, 1992 (vergriffen, daher nur in Bibliotheken erhältlich).
- Steinhausen, H.-C. (Hrsg.) Entwicklungsstörungen. Kohlhammer, Stuttgart, 2001.

8. Fachverbände und Selbsthilfegruppen
- Elternverein für Kinder und Jugendliche mit leichten psychoorganischen Funktionsstörungen (ELPOS) Schweiz, Affolternstraße 125, CH–8050 Zürich

Hirnfunktionsstörungen

■■■ *Fallbeispiel*

Bei dem 14jährigen Frank mußte im Alter von 14 Jahren eine Hirngeschwulst aus dem Großhirn durch eine Operation entfernt werden. Er hatte zuvor ein Jahr lang über ständig auftretende Kopfschmerzen geklagt und war dann in einer Fachklinik untersucht worden. Nach der erfolgreichen Entfernung der Hirngeschwulst zeigte Frank verschiedene Ausfälle. So konnte er anfänglich einfache alltägliche Gegenstände wie zum Beispiel einen Schlüssel nicht erkennen oder beschreiben, welche Handlung man damit ausführen kann. Im sprachlichen Bereich fiel ferner auf, daß er viele Gegenstände zwar erkennen, aber nicht mehr korrekt bezeichnen konnte. Schließlich war ihm die Fähigkeit des Lesens nahezu vollständig abhanden gekommen und er mußte es wieder mühsam wie ein Erstklässler erlernen. Auch sein Gedächtnis war deutlich beeinträchtigt. In einer langfristigen Rehabilitation mußte Frank diese verlorengegangenen Funktionen langsam wieder erlernen.

1. Definition

Bei einem Hirnschaden müssen einerseits *Bedingungen* vorgelegen haben, die als eine Schädigung zu betrachten sind, und andererseits Symptome im Befinden und Verhalten auftreten, die als eine *Folge* dieser Schädigungen des Gehirns anzusehen sind. Nach medizinischer Lehre gibt es fünf *Bedingungen*, welche als eine Schädigung des Gehirns bekannt sind: Entzündungen, Verletzungen, Vergiftungen, Neubildungen (Tumoren) und Hormonstörungen.

2. Häufigkeit

Da sämtliche Bedingungen nur bei Kindern und Jugendlichen beobachtet werden können, die sich in einer ärztlichen Behandlung in Klinik oder Praxis befinden und diese Zahlen nicht zentral erfaßt werden, gibt es praktisch keine zuverlässigen Zahlenangaben zum Auftreten von Hirnschädigungen in der Normalbevölkerung.

3. Erscheinungsbild

Die Symptome sind bei den unterschiedlichen Formen von Hirnschädigungen nicht einheitlich. Die Vielfalt der seelischen Symptome wird in der Fachsprache mit dem Begriff der *organischen Psychosyndrome* bezeichnet. Grundsätzlich ist es notwendig, die *akuten Symptome* im Krankheitsgeschehen und die *chronischen Folgen* zu unterscheiden.

Bei den *entzündlichen Erkrankungen* (Gehirnentzündung = Enzephalitis und Gehirnhautentzündung = Meningitis) sind nicht immer auffällige Zeichen im Verhalten zu beobachten. Bei einem raschen Fieberanstieg entwickeln sich Kopfschmerzen, Übelkeit und Erbrechen sowie eine Eintrübung des Bewußtseins, die unterschiedlich tief sein kann. Zusätzlich können Zeichen einer Verwirrtheit und Verkennung der Realität sowie eine motorische Unruhe beobachtet werden. Daneben treten möglicherweise vielfältige *neurologische Symptome* (z. B. Krampfanfälle, Lähmungen einzelner Hirnnerven, Ausfälle des Empfindungssinnes sowie Lähmungen und Gangstörungen) auf. Leichte Bewußtseinseinschränkungen und Verwirrtheitszeichen können schon bei fieberhaften Erkrankungen beobachtet werden, bei denen das Gehirn gewissermaßen mitreagiert. Die schweren und eher anhaltenden Symptome weisen hingegen häufiger auf eine Entzündung des Hirns bzw. der Hirnhaut hin.

Als *chronische Folgezustände* können verschiedene Verhaltensauffälligkeiten im Sinne einer sogenannten Wesensänderung resultieren. Dazu zählen Aufmerksamkeitsstörungen, sog. Antriebsstörungen im Sinne von entweder Schwunglosigkeit und Passivität oder ständiger motorischer Unruhe, Leistungsschwankungen und -minderungen, Verstimmungen, Triebstörungen (z. B. gieriges Essen), Kontaktstörungen, Aggressivität und fehlende Verhaltenssteuerung. Nicht alle diese Symptome müssen beim einzelnen Kind vorliegen. Neben diesen Zeichen einer Wesensänderung kann aus einer Entzündung des Gehirns eine bleibende Beeinträchtigung der Intelligenz bis zum Grad einer geistigen Behinderung resultieren. Schließlich können verschiedene neurologische

Zeichen zurückbleiben; dazu zählen Lähmungen, Bewegungsstörungen, Störungen einzelner Sinnesorgane oder Sprachstörungen. Eine weitere gefürchtete Komplikation von Entzündungen des Gehirns sind epileptische Anfälle.

Bei den meist durch Verkehrsunfälle hervorgerufenen *Verletzungen* von Schädel und Gehirn kann zunächst wiederum als zentrales Symptom die Bewußtlosigkeit beobachtet werden. Diese kann unterschiedlich lange anhalten und gibt damit zugleich einen Hinweis auf den Schweregrad der Schädigung. Daneben können seelische Funktionen wie das Denken, der Antrieb und das Gedächtnis von dem Schaden betroffen sein. Vorübergehend können die Patienten durch ihre Verlangsamung, ihren Verlust an Initiative und Aktivität, durch ihre Vergeßlichkeit sowie ihre leichte Verstimmbarkeit auffällig sein. Ferner können eine Reihe ähnlicher neurologischer Ausfälle, wie bereits beschrieben, beobachtet werden.

Zu den möglichen chronischen Folgezuständen kann wiederum eine Wesensveränderung des Kindes und Jugendlichen gezählt werden. Verletzungen des Gehirns können ferner sehr umschriebene Ausfallsymptome zur Folge haben. Hierzu zählt z. B. der Verlust der Sprache (die sog. Aphasie), der jeweils bei einzelnen betroffenen Kindern und Jugendlichen sehr unterschiedlich ausfallen kann. Eine andere umschriebene Störung des Gehirns ist die Unfähigkeit, vertraute Gegenstände erkennen zu können (Agnosie). Neben diesen umschriebenen Ausfällen kann auch eine bleibende Intelligenzminderung resultieren. Schließlich können bei Schädigungen des Frontalhirns ganz spezielle Verbindungen von Symptomen beobachtet werden, die sich als Antriebsminderung, Denkverlangsamung, Aufmerksamkeitsstörung, Steuerungsdefizit und Stimmungsveränderungen zusammensetzen. Derartige Bilder sind jedoch bei Kindern seltener.

Die *Vergiftungen* des Gehirns können sowohl akut wie auch chronisch auftreten. Ursächlich ist die Einnahme von bestimmten Substanzen, zu denen Medikamente, Drogen und Chemikalien gehören. Bei Kindern entstehen Vergiftungen mehrheitlich im

Rahmen einer versehentlichen Einnahme oder durch Unfälle im Haushalt. Hingegen können bei Jugendlichen auch Selbsttötungsabsichten oder Drogenmißbrauch bedeutsam sein. Die Symptome sind häufig relativ uncharakteristisch und werden von Erbrechen und Durchfall bestimmt. Daneben können aber Störungen des Bewußtseins, der Orientierung, der Wahrnehmung, des Denkens, des Gedächtnisses und auch der Emotionen beobachtet werden. *Chronische Vergiftungszustände* können auch durch bestimmte Stoffwechselstörungen hervorgerufen werden. Diese führen in unbehandeltem Zustand häufig zu geistiger Behinderung, neurologischen Ausfällen und Krampfanfällen. Nicht jede dieser Stoffwechselstörungen ist behandelbar.

Das Erscheinungsbild der im Kindes- und Jugendalter häufig bösartigen *Hirntumoren* ist nicht immer sehr charakteristisch. Überempfindlichkeit, Verstimmbarkeit und verminderte Leistungsfähigkeit können Erstsymptome noch vor neurologischen Zeichen sein. Schließlich gibt es eine Reihe von *Hormonstörungen*, die zu Veränderungen der Stimmung, des Antriebes und einzelner Triebe führen können, wenngleich derartige Zeichen bei Kindern eher selten sind. Derartige Hormonstörungen sind z. B. Schilddrüsenfunktionsstörungen, Funktionsstörungen der Nebenniere oder eine Form des Kleinwuchses, die durch eine Funktionsstörung der Hirnanhangsdrüse (Hypophyse) bedingt ist.

4. Therapie

Die akuten Symptome bei den unterschiedlichen Formen von Hirnschädigungen machen immer eine sehr sorgfältige stationäre Behandlung erforderlich. Dabei wirken verschiedene ärztliche Spezialisten wie Kinderarzt, Neurologe, Hirnchirurg und Kinder- und Jugendpsychiater zusammen. Im Rahmen dieser Behandlung sind jeweils sehr spezielle medizinische Maßnahmen unter Einschluß von Medikamenten zu ergreifen.

Wegen der Möglichkeit der Ausbildung von chronischen Folgezuständen ist oft eine längerfristige Betreuung der seelischen Probleme und Symptome der Kinder mit Hirnschädigungen erforderlich. Dabei kommen sowohl *funktionelle Übungsbehandlungen* zur Beeinflussung von eingetretenen Funktionseinbußen als auch *Psychotherapien* und gegebenenfalls auch *medikamentöse Behandlungen* z. B. zur Verhinderung von epileptischen Krampfanfällen oder der ausgeprägten motorischen Unruhe zur Anwendung. Die Behandlung ist oft langwierig und muß eine intensive *Beratung der Eltern* einschließen, die oft lange Zeit brauchen, um die eingetretene Wesensveränderung ihres Kindes verstehen und akzeptieren zu lernen.

5. Verlauf

Wegen der Plastizität des kindlichen Gehirns, d. h. der gegenüber dem Gehirn des Erwachsenen höheren Ausgleichs- und Anpassungsfähigkeit, sind die Verläufe von Schädigungen des Gehirns außerordentlich unterschiedlich. Eine langanhaltende Bewußtlosigkeit oder epileptische Krampfanfälle haben einen ungünstigen Effekt auf den längerfristigen Verlauf. Glücklicherweise können einige chronische Vergiftungszustände des Gehirns aufgrund von *Stoffwechselstörungen* heute durch eine frühzeitig einsetzende Diagnostik und Therapie verhindert werden. Zu diesen Störungen zählt beispielsweise die Phenylketonurie. Diese angeborene Erkrankung des Eiweißstoffwechsels kann heute routinemäßig bereits bei Neugeborenen aufgespürt und durch eine spezielle Diät behandelt werden, so daß die früher unausweichliche schwere Hirnschädigung vermieden werden kann.

Ebenso können verschiedene *Hormonstörungen* durch rechtzeitige Entdeckung und Behandlung soweit ausgeglichen werden, daß bleibende Schädigungen vermieden werden können. Bei den *Tumoren* schließlich ist der Verlauf sehr stark von der Art des Tumors abhängig. Während die bösartigen Tumoren trotz verbesserter Operationstechniken und Chemotherapie immer noch eine beträchtliche Todesrate aufweisen, können andere im Prinzip gutartige Tumoren durch die Verdrängung von Hirngewebe ebenfalls längerfristige Ausfälle zur Folge haben.

6. Empfohlene weiterführende Literatur

- Steinhausen, H.-C. (Hrsg.): Entwicklungsstörungen. Kohlhammer, Stuttgart, 2001.

Hirnschaden

(siehe auch Kap. Aufmerksamkeitsdefizitstörung,
S. 85)

(siehe auch Kap. Aufmerksamkeitsdefizitstörung, S. 85)

Fallbeispiel

Der 9jährige Frank fällt schon seit dem Kleinkindalter dadurch auf, daß er wenig ausdauernd spielen kann, angefangene Dinge nicht zu Ende führt und eine sehr kurze Aufmerksamkeitsspanne hat. Sehr schnell wird er durch Kleinigkeiten abgelenkt und ist ständig zappelig und immer in Bewegung. Er handelt häufig impulsiv und hat keinen Respekt vor Gefahren. Unlängst ist er in ein Auto gelaufen, wodurch er eine Verletzung der linken Hand erlitten hat. Auch hat er vor kurzem einen Brand im Badezimmer der Familie verursacht und ist sehr erstaunt gewesen, daß so ein großes Feuer entstanden ist. Dies hindert ihn aber nicht daran, weiter mit Feuer zu spielen. In der Schule ist er sehr schnell ermüdet und nicht sehr an Leistung interessiert. Seine Lehrerin muß ihn ständig zur Aufmerksamkeit ermahnen. Er stört andere Kinder im Unterricht und kann nur sehr schwer auf seinem Platz stillsitzen. Diese Probleme werden bereits seit der Einschulung beobachtet.

1. Definition

Die charakteristischen Merkmale der Hyperkinetischen Störungen (HKS) sind ausgeprägte motorische Unruhe *(Hyperaktivität)*, massive Probleme der Konzentration *(Aufmerksamkeitsdefizit)* und große Schwierigkeiten, das eigene Verhalten zu planen und zu steuern *(Impulsivität)*. In der offiziellen Fachdefinition werden die folgenden *Merkmale* herausgestellt:

(1) früher Beginn – in der Regel in den ersten fünf Lebensjahren,

(2) die Kombination von überaktivem, wenig zielangepaßtem Verhalten mit deutlicher Unaufmerksamkeit und Mangel an Ausdauer bei Aufgabenstellungen,

(3) diese Verhaltensmerkmale sind von der Situation, in der sich das Kind jeweils befindet, unabhängig und über die Zeit stabil.

Es werden im wesentlichen zwei Formen, nämlich die einfache Aktivitäts- und Aufmerksamkeitsstörung und die kombinierte Form der hyperkinetischen Störung mit einer Störung des Sozialverhaltens unterschieden. Der häufig verwendete Begriff des Aufmerksamkeits-Defizit-Syndroms (ADS, siehe weiter oben) ist zwar populär geworden, aber nicht unproblematisch. Er reduziert die Hyperkinetische Störung auf eine Aufmerksamkeitsschwäche; ADS ist aber nur eine Unterform, die speziell im Jugend- und Erwachsenenalter als Rest-Symptom übrig bleiben kann. Im Kindesalter ist die isolierte Aufmerksamkeitsschwäche häufig keine eigenständige Störung, sondern nur ein Symptom, das in vielfältigen Verbindungen – z. B. mit Angst oder Depression – auftreten kann. Die Bezeichnung ADHS (engl. ADHD) entspricht weitgehend dem HKS, wobei ADHS aber weiter gefaßt ist und somit deutlich mehr betroffene Kinder und Jugendliche einschließt.

2. Häufigkeit

Neuere internationale Erhebungen in verschiedenen Bevölkerungen weisen beträchtlich streuende Häufigkeitsraten zwischen 2 % bis 9,5 % für ADHS bzw. HKS auf. Diese Unterschiede dürften schwerpunktmäßig auf die unterschiedlichen Definitionen von ADHS und HKS, die ungenügende Berücksichtigung von zusätzlichen Störungen sowie ein unterschiedliches Vorgehen bei diesen Untersuchungen zurückzuführen sein. Alle Studien zeigen gleichermaßen, daß Jungen drei- bis neunmal häufiger betroffen sind.

3. Erscheinungsbild

Der *Aufmerksamkeitsmangel* äußert sich in vorzeitigem Abbruch von Aufgaben, unbeendeten Tätigkeiten sowie häufigem Aktivitätswechsel in einer Weise, die nicht im Verhältnis zu Alter und Intelligenz des Kindes stehen. Die *Überaktivität* zeigt sich als extreme Ruhelosigkeit, besonders in Situationen, für die relative Ruhe verlangt wird. Auch hier weicht das Ausmaß der Überaktivität von der alters- und intelligenzbezogenen Erwartung deutlich ab. Beide Merkmale müssen gleichzeitig vorliegen und situationsunabhängig, d. h. sowohl zu Hause als auch in der Klasse oder in anderen Umwelten beobachtbar sein. Als drittes Merkmal ist die *Impulsivität* bedeutsam. Sie äußert sich in der Mißachtung sozialer Regeln, aber auch im Sinne überstürzter Entscheidungen anstelle von Nachdenken. Die häufigsten begleitenden Probleme entstehen durch *Störungen des Sozialverhaltens* und *Lernstörungen.* Andere seltenere zusätzliche Störungen betreffen *emotionale Störungen, Tics* sowie *Drogenmißbrauch.*

Kinder mit HKS zeigen ihre Symptome typischerweise schon vor dem Alter von 5 Jahren. Bisweilen fallen sie schon als leicht störbare und erregbare Säuglinge auf, sind in der Sprachentwicklung leicht verzögert und entwickeln ihre typische Symptomatik bereits im Kindergartenalter. Ihre Grundstörung zusammen mit ihrer begrenzten Kontrolle ihrer Stimmungen und dem ausgeprägten Mangel, sich in Andere einzufühlen, führt sie sehr bald in eine Randposition innerhalb und außerhalb der Familie. Typischerweise erfolgt ihre Vorstellung in der klinischen Praxis aber erst in den frühen Schuljahren, weil nun ihre Grundsymptome mit den Anforderungen des Schulalltags zusammenstoßen und die Lernmöglichkeiten stark beeinträchtigen.

In der Untersuchung von Kindern mit HKS kommen Fragebögen (siehe Kasten) für Eltern oder Lehrer zum Einsatz, welche das typische Verhalten erfassen. Von zentraler Bedeutung sind jedoch die Verhaltensbeobachtung und das Interview, wobei zu berücksichtigen ist, daß die Symptome je nach Umgebungskontext variieren können, wie in Tab. 15 dargestellt ist.

4. Ursachen

Ergebnisse aus Adoptions-, Zwillings- und Familienstudien weisen auf eine starke *erbliche Komponente* bei HKS hin. So sind höhere Raten von Hyperaktivität bei den biologischen Eltern hyperaktiver Kinder als bei den Adoptionseltern solcher Kinder gefunden worden. In Zwillingsstudien ist eine höhere Übereinstimmung des Verhaltens bei eineiigen als bei zweieiigen Zwillingen für Hyperaktivität und Aufmerksamkeit festgestellt worden.

Kurzfragebogen zu Hyperkinetischen Störungen

Name, Vorname: _____ Geb. Datum: _____

Datum: _____

Bitte beurteilen Sie das Kind hinsichtlich der unten aufgeführten Verhaltensmerkmale auf der vorgegebenen Antwortskala. Lassen Sie bitte kein Merkmal aus. Vielen Dank für Ihre Mitarbeit!

	Ausmaß der Aktivität			
	überhaupt nicht 0	ein wenig 1	ziemlich stark 2	sehr stark 3
1. unruhig oder übermäßig aktiv	○	○	○	○
2. erregbar, impulsiv	○	○	○	○
3. stört andere Kinder	○	○	○	○
4. bringt angefangene Dinge nicht zu einem Ende, kurze Aufmerksamkeitsspanne	○	○	○	○
5. ständig zappelig	○	○	○	○
6. unaufmerksam, leicht abgelenkt	○	○	○	○
7. Erwartungen müssen umgehend erfüllt werden, leicht frustriert	○	○	○	○
8. weint leicht und häufig	○	○	○	○
9. schneller und ausgeprägter Stimmungswechsel	○	○	○	○
10. Wutausbrüche, explosives und unvorhersagbares Verhalten	○	○	○	○

ausgefüllt von: Mutter/Vater/LehrerIn

Hyperkinetische Störungen

Tab. 15: Verhaltensbeobachtung des HKS in verschiedenen Umgebungen und Kontexten

Symptome sind evtl. nicht beobachtbar	Symptome verschlechtern sich
• Unter hoch strukturierten Bedingungen (z. B. Lehrer sitzt neben dem Kind)	• Unter unstrukturierten Bedingungen (normaler Unterricht)
	• In langweiligen Situationen
• In neuen Situationen	• Bei sich wiederholenden Aktivitäten
• Bei interessierenden Aktivitäten	
• Bei direkter Zuwendung und Kontrolle	• Bei geringer Zuwendung und Kontrolle
• Bei kontinuierlicher Verstärkung (z. B. durch Lob)	• Bei selbstbestimmter Aktivität
	• Bei erhöhten Aufmerksamkeitsanforderungen

Ferner haben Familienstudien eine hohe Belastung mit anderen psychischen Störungen, insbesondere schweren Depressionen und – vornehmlich in der männlichen Linie – Alkoholismus bei Verwandten gefunden.

Neueste genetische Analysen haben Hinweise auf eine Störung einzelner Gene ergeben, welche den Stoffwechsel vor allem des zentralnervösen Übertragungs- und Botenträgerstoffes Dopamin (Neurotransmitter) beeinflussen. Störungen im Stoffwechsel der Botenträgerstoffe, welche die Erregung der Nervenzellen und damit die Informationsvermittlung regulieren, sind sehr wahrscheinlich an der Verursachung der HKS beteiligt. Dies gilt sicher für die Unterfunktion von Dopamin. Bedeutsam beteiligt ist ferner auch ein weiterer Übertragungs- und Botenstoff, das Noradrenalin, wobei über die Richtung seiner Aktivität (Über- oder Unterfunktion) in der Wissenschaft keine einheitliche Meinung herrscht.

Die Bedeutsamkeit der Einwirkung bestimmter *Stoffwechselgifte* (Toxine) ist in der jüngsten Vergangenheit sowohl in der Laienöffentlichkeit wie in der wissenschaftlichen Forschung breit diskutiert worden. Zwischen *Bleibelastung* und Hyperaktivität besteht

Hyperkinetische Störungen

eine geringe, aber wiederholt nachgewiesene Beziehung, welche aber nur eine Minderheit der belasteten Kinder betrifft. Starke Bleibelastungen kommen in Mitteleuropa praktisch nicht vor. Ein behaupteter Zusammenhang mit *Nahrungsmittelzusätzen* bzw. *Allergie-Auslösern in der Nahrung* ist für die sogenannten Salicylate und Phosphat sowie Zucker negativ. Allerdings bestehen Hinweise auf die Wirksamkeit einer sogenannten oligoantigenen Diät bei einer kleinen Anzahl von Kindern mit HKS. Bei dieser Diät werden jeweils einzelne Nahrungsmittel, auf die das Kind mit den Zeichen der HKS reagiert, aus der Ernährung herausgehalten. Ferner liegen Hinweise auf ein gleichzeitiges Vorkommen von Allergie und HKS bei einer im einzelnen noch ungenügend bestimmbaren Untergruppe der betroffenen Kinder vor.

Bedeutsam ist ganz sicher auch der *Alkoholgenuß während der Schwangerschaft;* Kinder mit einem sogenannten Fetalen Alkohol-Syndrom (FAS) zeigen ungewöhnlich häufig die Symptomatik der HKS. Selbst für geringere Mengen von Alkohol während der Schwangerschaft lassen sich leichtere langanhaltende ungünstige Effekte auf die Aufmerksamkeitsleistungen nachweisen. Ebenso besteht eine bedeutsame Beziehung zwischen hohem *Nikotingenuß* in der Schwangerschaft und der Entwicklung hyperkinetischer Störungen. Schließlich können bestimmte *Medikamente* (wie z. B. Phenobarbital) durch akute oder chronische Vergiftungen vorübergehend hyperaktives Verhalten hervorrufen.

Beim gegenwärtigen Stand des Wissens muß also von stark *biologisch-angeborenen Anteilen* bei der Verursachung der HKS ausgegangen werden. Hingegen läßt sich ein sog. psychosoziales Modell, in dem das hyperaktive Verhalten durch die soziale Umgebung des Kindes bedingt wird, nicht aufrechterhalten. Theoretisch läßt sich allerdings durchaus auch ein Modell begründen, in dem die Entwicklung als eine andauernde wechselseitige Beeinflussung des Organismus mit der Umwelt betrachtet wird. In dieser Vorstellung werden Hyperaktivität und Aufmerksamkeitsdefizit als ein Verhaltensstil auf der Basis biologischer Risiken betrachtet, welche unter bestimmten Umweltbedingungen zur Entwicklung von klinischen HKS beitragen.

5. Therapie

In der klinischen Praxis kommt in der Regel ein kombinierter Behandlungsansatz mit verschiedenen *Therapiebausteinen* zum Einsatz. Dabei ist die medikamentöse Behandlung mit *Stimulanzien* (z. B. Ritalin®, Medikinet®, Equasym®, Concerta®) als eine Basistherapie zu betrachten. In den meisten Fällen wird das Kind erst durch die Pharmakotherapie für weitere therapeutische Maßnahmen zugänglich. Im Durchschnitt sprechen etwa drei Viertel der Kinder mit HKS positiv auf diese Form der Behandlung an. Die Wirkungen der Stimulanzien bestehen in einer kurzfristigen Besserung der Aufmerksamkeit sowie – weniger ausgeprägt – in einer Abnahme der Überaktivität. In der Folge nimmt das Störverhalten deutlich ab und bessert sich auch die Beziehungsfähigkeit der betroffenen Kinder. Die Dosis muß individuell angepaßt und wegen der schnellen Verstoffwechslung der Stimulanzien auf zwei bis drei Gaben pro Tag verteilt werden. Stimulanzien können bei Patienten mit HKS unabhängig vom Lebensalter, also auch bei Erwachsenen, erfolgreich eingesetzt werden. Die im Verlauf bisweilen beobachtete Entwicklung eines Drogenmißbrauchs sollte nicht aus der Behandlung mit Stimulanzien abgeleitet werden; erbliche Zusammenhänge und vor allem die in Begleitung von HKS häufig auftretenden Störungen des Sozialverhaltens sind wahrscheinlicher.

Ein zweiter bedeutsamer Therapiebaustein wird von verschiedenen Methoden der *Verhaltenstherapie* gebildet. Hierzu zählen das verhaltenstherapeutisch orientierte Elterntraining sowie die sogenannte kognitiv-verhaltenstherapeutische Behandlung hyperaktiver Kinder. In den verhaltenstherapeutischen *Elterntrainings* werden vor allem die Prinzipien der sozialen Verstärkung von erwünschtem Verhalten vermittelt, trainiert und hinsichtlich des praktischen Vorgehens bewertet. In der Arbeit mit dem Kind wird eine verbesserte Impuls- und Handlungssteuerung durch Selbstanweisungen und *Selbstkontrolle* angestrebt. Zusätzlich wird auch am Abbau der häufig begleitenden aggressiven Verhaltensweisen gearbeitet.

Weitere ergänzende Therapiebausteine erstrecken sich in Abhängigkeit von den Ergebnissen der Diagnostik auf sogenannte *funktionelle Therapien*, sofern gleichzeitig umschriebene spezifische Entwicklungsrückstände vorliegen. Hier können z. B. psychomotorische Übungsbehandlungen oder Sprachheilbehandlungen eingesetzt werden. Angesichts der beeinträchtigten Voraussetzungen für eine normale Schulkarriere sind häufig auch sonderpädagogische Maßnahmen in Form von Einzelfallhilfen oder ggf. auch Sonderklassenbeschulung erforderlich.

In der Öffentlichkeit sowie bei Selbsthilfegruppen werden darüber hinaus eine Vielzahl von Diäten und alternativmedizinischen Therapien mit fraglicher Wirksamkeit empfohlen. Unter den Diäten hat allein die sog. *oligoantigene Diät* (s. o.) den Nachweis ihrer Wirksamkeit erbracht, wenngleich sie in ihrer Durchführung umständlich, aufwendig, kostspielig und sozial einschneidend ist und eine sorgfältige Überwachung in spezialisierten Zentren erforderlich macht.

6. Verlauf

Die in der Kindheit beginnenden Symptome der HKS bleiben mehrheitlich bis in das Jugendalter bestehen und schaffen durch die begleitenden Probleme in Form von Schulschwierigkeiten, Störungen des Sozialverhaltens sowie abweichenden Persönlichkeitsentwicklungen erhebliche Komplikationen für die betroffenen Kinder. Wenngleich die Behandlung eine deutliche Besserung der Symptome bewirkt und wahrscheinlich das Selbstwertgefühl stützt, hat sie auf den Verlauf bis in das Jugendalter leider nur wenig maßgeblichen Einfluß.

Bei einem großen Teil der betroffenen Kinder bilden sich die Symptome der HKS vollständig zurück. Ein anderer Teil nimmt allerdings eine problematische Entwicklung, wie Verlaufsuntersuchungen zeigen. Langzeitstudien aus den USA und Kanada haben hinsichtlich des Verlaufs im Erwachsenenalter neben einem hohen Fortbestehen der hyperkinetischen Störungen erhöhte Raten für Störungen des Sozialverhaltens und Drogenmißbrauch gefunden, wobei alle drei Störungen häufig gemeinsam auftraten. Gegenüber dem Jugendalter konnte allerdings eine relative Abnahme der Rate von hyperkinetischen Störungen und Störungen des Sozialverhaltens beobachtet werden. Mit den Störungen des Sozialverhaltens waren aber in einigen Fällen auch deutlich dissoziale Persönlichkeitsstörungen mit Kriminalität und Haftstrafen verbunden. Das erhöhte Entwicklungsrisiko der Kinder mit HKS spiegelte sich auch in schlechten Schulabschlüssen sowie beeinträchtigten beruflichen Laufbahnen wieder. Unter den Kernmerkmalen bildet sich die Hyperaktivität vergleichsweise besser zurück, während die Aufmerksamkeitsschwäche (als Rest-Symptom) häufiger erhalten bleibt und dann mit dem – wie oben aufgezeigt – Begriff des ADS bezeichnet wird.

Bisher konnten keine Merkmale gesichert werden, welche eine Vorhersage des Verlaufs von HKS beim einzelnen Kind gestatten. Angesichts der unvollständigen Rückbildungsrate der HKS besteht auch im Erwachsenenalter die Notwendigkeit zu angemessener Diagnostik und Therapie. Die Forschung muß allerdings noch klären, ob die nordamerikanischen Verlaufsergebnisse auf Mitteleuropa übertragbar sind.

7. Empfohlene weiterführende Literatur

- Steinhausen, H-C. (Herausgeber): Hyperkinetische Störungen im Kindes-, Jugend- und Erwachsenenalter. 2. Auflage. Kohlhammer Verlag, Stuttgart, 2000.
- Döpfner, M., Schürmann, S., Frölich, J.: Therapieprogramm für Kinder mit hyperkinetischem und oppositionellem Problemverhalten THOP. 2. Auflage. Psychologie Verlags Union, Weinheim, 1999.
- Döpfner, M., Schürmann, S., Lehmkuhl, G.: Wackelpeter & Trotzkopf. Hilfen bei hyperkinetischem und oppositionellem Verhalten. Psychologie Verlags Union, Weinheim, 1999.

Fallbeispiel

Der zweijährige Stefan wurde als ein kraftlos wirkendes und mangelernährtes Kleinkind in die Notaufnahmestelle eines Krankenhauses gebracht. Sein Körper war mit mehreren Wunden und blauen Flecken in verschiedenen Abheilungsphasen übersät. Er war das dritte, zu früh geborene Kind eines jungen Elternpaares, das zahlreiche Probleme hatte. Der Vater hatte begonnen, aufgrund seiner Arbeitslosigkeit übermäßig Alkohol zu trinken. Die Mutter war mit der Erziehung der insgesamt drei Kinder völlig überfordert. Sie selbst hatte als früheres Heimkind wenig Geborgenheit erlebt. Bei der Entwicklungsuntersuchung von Stefan zeigten sich ausgeprägte Rückstände hinsichtlich der motorischen, sprachlichen und sozialen Entwicklung.

1. Definition

Die Kindesmißhandlung erstreckt sich auf *körperliche Verletzungen* bzw. schwerwiegende *Gefährdung der körperlichen Gesundheit* eines Kindes, die in der Regel von Eltern oder Erziehungsberechtigten ausgeführt bzw. zugelassen wird. Derartige Handlungen sind strafbar. Eine besondere Form von Kindesmißhandlungen ist der *sexuelle Mißbrauch*, der in einem gesonderten Kapitel dargestellt wird.

Die Kindesmißhandlung zeigt fließende Übergänge zur *Vernachlässigung*, mit der alle Zustände beschrieben werden, in denen wesentliche Bedürfnisse der körperlichen und seelischen Entwicklung des Kindes nicht befriedigt werden. Vernachlässigung kann Entbehrung hinsichtlich Ernährung, Kleidung und Unterkunft ebenso wie den Mangel an liebevoller Zuwendung, erzieherischer Leitung und Anregung bedeuten. Schließlich gehören zur Vernachlässigung auch das Fehlen eines hinreichenden Schutzes des Kindes vor Gefahren in der Umwelt sowie eine mangelnde Gesundheitsfürsorge.

Auf der Basis der körperlichen Symptome können leichtere und schwerere Formen der Kindesmißhandlung unterschieden werden. Zu den *leichteren Formen* werden Quetschungen, Schürfungen und offene Wunden der Haut und seltener Verbrennungen und Knochenbrüche als Folge der Mißhandlung gezählt. Die *schwere Form* ist durch Hirnblutungen, Knochenbrüche und Weichteilschwellungen gekennzeichnet. Leichtere Formen der Kindesmißhandlung werden sehr viel häufiger übersehen als schwerere Formen.

2. Häufigkeit

Da Kindesmißhandlungen sehr häufig verschleiert und verheimlicht werden, ist es schwierig, exakte Zahlen zur Häufigkeit zu erhalten. Zur mangelnden Erkennung trägt leider auch die ungenügende Sorgsamkeit oder Unsicherheit bei der Diagnosenstellung durch Personen und Einrichtungen bei, die im sozialen und medizinischen Sektor für die Behandlung von Kindern zuständig sind. Aufgrund dieser Tatbestände können die offiziellen Statistiken nur als eine Minimalschätzung betrachtet werden. Nach Expertenmeinungen muß damit gerechnet werden, daß auf einen aufgedeckten Fall etwa fünfzehn bis zwanzig unaufgedeckte Fälle von Kindesmißhandlung kommen.

Die umfassendsten Erhebungen stammen aus den USA und haben festgestellt, daß pro Jahr etwa 3 % aller Kinder körperlich mißhandelt, etwa 2 % emotional mißhandelt, weitere 3 % erzieherisch vernachlässigt, knapp 2 % körperlich vernachlässigt und 1 % sexuell mißbraucht werden.

Da *junge Kinder* körperlich leichter verletzbar sind und sich auch weniger gegen die Übergriffe verteidigen oder sie vermeiden können, stellen sie etwa zwei Drittel aller Fälle von aufgedeckten Kindesmißhandlung. Bis zur Pubertät sind beide *Geschlechter* etwa gleich betroffen, ab der Pubertät kommen Fälle von Kindesmißhandlung – oft in Kombination mit sexuellem Mißbrauch – bei Mädchen deutlich häufiger vor. Sehr häufig ist die Kindesmißhandlung kein einmaliges, sondern ein wiederholtes Ereignis, das sich oft über Jahre hinstreckt.

Mißhandelte Kinder stammen häufig aus großen, kinderreichen *Familien*, in denen Trennung oder Scheidung der Eltern und andere Belastungen die Entwicklung gefährden. Bei etwa einem Drittel der Fälle ist mehr als ein Kind in der Familie betroffen. Kindesmißhandlung und insbesondere Vernachlässigung können in allen *sozialen Schichten* beobachtet werden. Unter den aufgedeckten Fällen finden sich sehr viel mehr Kinder aus der Unterschicht. Dieser Sachverhalt wird auch teilweise durch die Tatsache erklärt, daß der Arbeitsauftrag von Jugendämtern, Polizei und Fürsorge eher auf diese Sozialschicht ausgerichtet ist, so daß in diesem Milieu eher erfolgreiche Aufklärung von Kindesmißhandlungsfällen betrieben wird.

3. Erscheinungsbild

Die Kindesmißhandlung sollte unter zwei Blickwinkeln gesehen werden: dem des Opfers – also des Kindes – und dem des Täters – in der Regel der Eltern. Unter den betroffenen Kindern sind zunächst intelligenzgeminderte und entwicklungsverzögerte junge Kinder deutlich in der Mehrzahl. Mißhandelte Säuglinge sind leicht störbar, in ihrem Ausdrucksverhalten reduziert und zurückgezogen und sprechen auf den Versuch einer Kontaktaufnahme wenig an. Mißhandelte Kleinkinder sind neben ihrer Entwicklungsverzögerung unfähig, phantasievoll zu spielen, in ihrem Verhalten ziellos und unruhig und in der Gruppe aufgrund ihres aggressiven Verhaltens oft nur schwer einzuordnen. Bei Schulkindern fallen neben der Entwicklungsbeeinträchtigung Zeichen einer hyperkinetischen Störung mit mangelnder Verhaltenssteuerung auf. Diese Kinder können Versagungen kaum ertragen, leiden unter heftigen Angstzuständen sowie Gefühlen der Hoffnungslosigkeit. Die begleitenden Verhaltensauffälligkeiten reichen von ängstlicher Zurückhaltung bis zu aggressivem und zerstörerischem Verhalten im Umgang mit Gleichaltrigen und Geschwistern. Ihre Bindungsunfähigkeit äußert sich in oberflächlichen schnellen Kontaktaufnahmen ohne Tiefe und Beständigkeit. Dieses weitgehend ähnliche Bild wird im Jugendalter noch durch

Tab. 16: Hinweiszeichen und körperliche Symptome bei Kindesmißhandlung

Hinweiszeichen

- Eine unerklärliche Verzögerung der Behandlungseinleitung nach einer Verletzung.
- Eine nicht nachvollziehbare oder widersprüchliche Darstellung des Entstehens der Symptome.
- Eine mit den körperlichen Symptomen nicht vereinbare Darstellung.
- Eine Darstellung mit Verdacht auf wiederholte Verletzungen.
- Die Eltern beschuldigen Geschwister oder Dritte für die Verletzung.
- Die Eltern behaupten, das Kind habe sich die Verletzungen selbst beigebracht.
- Das Kind ist bei zahlreichen Ärzten oder Krankenhäusern zur Behandlung von Verletzungen vorgestellt worden.
- Das Kind beschuldigt die Eltern oder Sorgeberechtigten der Verletzung.
- Die Eltern sind selbst als Kind Opfer von Mißhandlungen gewesen.
- Die Eltern haben unrealistische oder altersunangemessene Erwartungen gegenüber dem Kind.

Symptome

- Typische Zeichen einer körperlichen Bestrafung wie Hautabschürfungen und -schwellungen an Gesäß, Rücken, Geschlecht oder inneren Oberschenkeln, die eventuell als Strafe für Einnässen oder Einkoten eingesetzt werden. Die Haut- und Weichteilverletzungen in verschiedenen Heilungsstadien sind Zeichen einer wiederholten Mißhandlung. Hautverletzungen mit einer besonderen Ausprägung, die eine Hand, einen Griff, einen Kniff oder einen Riemen markieren, weisen in der Regel auf Mißhandlung hin.
- Bestimmte Brandwunden, wie z. B. zahlreiche Zigarettenverbrennungen, Hand- und Fußverbrühungen, Brandwunden an Damm und Gesäß.
- Bauchverletzung mit Leber- und Milzriß.
- Gehirnblutung mit oder ohne Schädelverletzung.
- Zeichen abgelaufener Knochenverletzungen im Röntgenbild.
- Augenverletzungen.

die Gefährdung verstärkt, straffällige Handlungen zu begehen und Drogen zu konsumieren. *Mädchen* sind in diesem Entwicklungsabschnitt besonders gefährdet, wahllos sexuelle Kontakte einzugehen und möglicherweise in die Prostitution zu geraten.

Um Zeichen einer Kindesmißhandlung richtig erkennen zu können, müssen sowohl die Hinweiszeichen aus der Befragung der Eltern und des Kindes wie auch die vorliegenden körperlichen Symptome richtig interpretiert werden. Die wichtigsten Zeichen sind in Tabelle 16 zusammengestellt. In der Regel liegen nicht einzelne, sondern mehrere Anhaltspunkte vor, so daß die Unsicherheit bei der Interpretation einzelner Zeichen durch die Häufung von Hinweiszeichen und konkreten Symptomen abgebaut wird.

Betrachtet man die *Täter*, so sind es ganz überwiegend die leiblichen Eltern, welche für die Mißhandlung und Vernachlässigung verantwortlich sind. Diese Eltern sind sehr häufig in ihrer Kindheit und Jugend selbst Opfer von Mißhandlungen gewesen oder werden im Falle von mißhandelnden Müttern häufig von ihrem Ehemann oder Partner selbst mißhandelt. Das *Milieu* ist häufig durch Scheidung, Trennung oder starke finanzielle und wirtschaftliche Belastungen gekennzeichnet. Durch eine eigene belastete Kindheit sind mißhandelnde Eltern außerordentlich schlecht auf die Übernahme ihrer Elternrolle vorbereitet. Ferner können Intelligenzminderung, körperliche und psychische Krankheiten – insbesondere der häufig anzutreffende Alkoholismus – sowie Armut und Arbeitslosigkeit und schlechte berufliche Qualifikation Glieder in einer Kette von Risikofaktoren bilden, an deren Ende schließlich die Mißhandlung des Kindes steht.

4. Ursachen

Die Betrachtung der Kindesmißhandlung unter den Blickwinkeln des Opfers und des Täters hat bereits deutlich werden lassen, daß die Wurzeln der Mißhandlung oder Vernachlässigung in einem Zusammenspiel von verschiedenen Elementen liegen. So schließen sich die eigenen negativen Kindheitserfahrungen der Eltern häufig mit den aktuellen Belastungsfaktoren zusammen. Auf diese Weise kann es dann zu einem *Generationenkreislauf* kommen, in dem die eigenen Mißhandlungserfahrungen der Eltern aus ihrer Kindheit an die nächste Generation ihrer Kinder weitergegeben werden.

Für einige Kinder ist das *Risiko*, Opfer einer Kindesmißhandlung zu werden, deutlich erhöht. Dies gilt für alle behinderten, kranken oder frühgeborenen Kinder, welche häufig die elterlichen Erwartungen an eine unkomplizierte Entwicklung nicht erfüllen können und die geringen erzieherischen Anpassungsmöglichkeiten der Eltern überfordern. Auf ganz ähnliche Weise sind auch uneheliche Kinder, Stiefkinder oder Heimkinder nach ihrer Rückkehr in die Herkunftsfamilie dem Risiko einer Mißhandlung ausgesetzt, weil sie die zumeist völlig unangemessenen elterlichen Erwartungen an das kindliche Verhalten nicht erfüllen und mit vielfältigen negativen Erfahrungen aus einem meist sehr belasteten Lebensabschnitt verbunden werden.

Schließlich ist das *soziale Umfeld* durch wirtschaftliche und finanzielle Belastungen, ungenügende Wohnverhältnisse, Arbeitslosigkeit und ähnliche Belastungen ein weiteres Element, welches die Wahrscheinlichkeit von Kindesmißhandlungen deutlich erhöht.

5. Therapie

Alle Maßnahmen der Behandlung von Kindern, die Opfer einer Kindesmißhandlung geworden sind, müssen sich dem Hauptziel unterwerfen, das Kind vor weiteren Mißhandlungen zu schützen. Zugleich soll aber auch soweit wie möglich versucht werden, die Familie soweit zu stützen und zu behandeln, daß sie wieder in der Lage ist, eine positive Rolle in der *Erziehung* der Kinder zu übernehmen. Wenn die Gefahr einer *Wiederholung von Mißhandlungen* des Kindes besteht, muß das Kind auf jeden Fall aus der Familie genommen werden. Gegebenenfalls muß aber auch geprüft werden, wann sich die Lebensbedingungen bei den Eltern soweit normalisiert haben, daß das Kind wieder in die Familie eingegliedert werden kann.

Für die *Arbeit mit den Eltern* gibt es eine Reihe von Zielen, die sich schwerpunktmäßig folgendermaßen darstellen:
- Entlastung der Familie von Konflikten und äußeren Belastungen,
- Aufbau einer vertrauensvollen Beziehung zu den behandelnden und beratenden Personen,
- Behandlung der persönlichen Probleme der Eltern,
- Abbau der sozialen Isolation, in der die Eltern leben,
- Aufbau eines angemessenen Erziehungsverhaltens,
- Abbau der verzerrten Wahrnehmung des Kindes,
- Information über Kindesentwicklung und Erziehung,
- Aufarbeitung der eigenen belastenden Kindheitserfahrungen und
- Vermittlung von Freude über den Umgang mit dem Kind.

Für die Umsetzung dieser Ziele der Elternarbeit sind psychologische Beratung, Elterntraining, Sozialarbeit und gegebenenfalls auch psychotherapeutische Behandlungen erforderlich. Häufig kann diese Arbeit nur in speziell organisierten und ausschließlich für diese Aufgaben eingesetzten *Kinderschutzgruppen* geleistet werden.

Neben der Elternarbeit muß für das zu behandelnde Kind ein ebenso intensives *Behandlungsprogramm* bereitgestellt werden. Oft sind jahrelange intensive Behandlungen erforderlich, um die tiefgreifende seelische Schädigung mißhandelter Kinder zu bearbeiten. Kinder im Säuglings- und Kleinkindalter benötigen ein stark anregendes Behandlungsprogramm, welches alle Sinnessysteme einschließt, um die entstandenen Entwicklungsrückstände zu beseitigen. Die versunkene Spielfähigkeit dieser Kinder und die fehlenden Fertigkeiten im sozialen Kontakt zu anderen Kindern müssen allmählich wieder entwickelt werden. Nach Möglichkeit sollten die Eltern in dieses Behandlungsprogramm einbezogen werden, damit sie ihre verzerrten Wahrnehmungen des kindlichen

Verhaltens abbauen und zugleich einen positiven Austausch mit ihrem Kind aufzubauen lernen.

Bei älteren Kindern im Schul- und Jugendalter ist aufgrund der oft jahrelangen Mißhandlung eine längerfristige *Psychotherapie* erforderlich, um die eingetretenen seelischen Verletzungen zu mildern oder zu beseitigen. Die Therapie muß häufig durch intensive heilpädagogische Maßnahmen begleitet werden, weil die schulische Lernfähigkeit oft schwer beeinträchtigt ist.

6. Verlauf

Das Schicksal mißhandelter Kinder und Jugendlicher ist wesentlich von der frühzeitigen Erkennung und einer umfassenden Behandlung abhängig. Besondere *Risiken* stellen die Wiederholungsgefahr sowie die Intensität der Mißhandlung dar, zumal nicht wenige Kinder an Mißhandlungen sterben.

Die vorhandenen Langzeitbeobachtungen an ehemals mißhandelten Kindern zeigen insgesamt ein relativ düsteres Bild. Zu den *Folgen* können Intelligenzminderungen (geistige Behinderung), gehäufte emotionale Störungen mit Angst und Depression sowie auch sehr häufig ein selbstschädigendes Verhalten gehören. Viele ehemals mißhandelte Kinder sind außerordentlich unsicher in ihrer Kontaktaufnahme zu Menschen und haben Probleme, ihr Verhalten angemessen zu steuern. Die Bedrohlichkeit der Wiederholung von Kindesmißhandlung in der nächsten Generation ist eine weitere schreckliche Konsequenz. Inwieweit die in den letzten Jahren verstärkten Kinderschutzmaßnahmen das Schicksal mißhandelter Kinder langfristig deutlich verbessern, muß erst noch durch sorgfältige Untersuchungen sichergestellt werden.

7. Empfohlene weiterführende Literatur

– Martinius, J., Frank, R. (Herausgeber): Vernachlässigung, Mißbrauch und Mißhandlung von Kindern. Huber Verlag, Bern, 1990.

Fallbeispiel

Der 14jährige Simon wurde nach einer unauffälligen frühkindlichen Entwicklung und dem Kindergartenbesuch altersgemäß eingeschult. Dort verlief das erste Schuljahr zunächst recht erfolgreich. In der zweiten Klasse wurde Simon jedoch zum Schulpsychologischen Dienst wegen seiner ungenügenden Fortschritte im Lesen und Schreiben überwiesen. Dort wurde die Diagnose einer Lese-Rechtschreib-Schwäche gestellt. Die weitere schulische Laufbahn war trotz Fördermaßnahmen sehr beeinträchtigt. Simon mußte die dritte Klasse wiederholen und kam dann in eine Kleinklasse für Kinder mit Lernproblemen. Trotz jahrelanger sonderpädagogischer und therapeutischer Bemühungen war die Leseleistung im Alter von 14 Jahren noch so schlecht, daß eine Fortführung der Behandlung notwendig erschien. Dabei hatte Simon eine völlig normale Intelligenz, zeigte aber bei der neuropsychologischen Untersuchung verschiedene Auffälligkeiten in den Bereichen der akustischen Wahrnehmung, der Merkfähigkeit sowie der Formerfassung.

1. Definition und Einteilung

Der Lernerfolg in der Schule kann durch verschiedene Störungen beeinträchtigt sein. Diese können mit der biologischen Ausstattung ebenso wie mit Bedingungen der Umwelt, in denen das Kind aufwächst, zusammenhängen. Ein Kind mit einer geistigen Behinderung oder einer Lernbehinderung hat eine ungenügende Ausstattung für einen erfolgreichen Besuch und Abschluß der Normalschule. Bestimmte seelische Störungen wie z. B. die Hirnschädigung durch einen Unfall haben einen Abbau der Leistungsfähigkeit zur Folge, der sich vielleicht allmählich wieder ausgleicht. Schließlich kann der Lernerfolg auch dadurch gefährdet sein, daß eine seelische Störung oder eine Entwicklungskrise vorliegen. Als Beispiel kann die Trennungsangst (siehe Kapitel Angststörungen) dienen.

Neben diesen Möglichkeiten kann der Schulerfolg aber auch

durch Störungen beeinträchtigt sein, die als *spezifische Lernstörungen* oder als *umschriebene Entwicklungsstörungen* bezeichnet werden. Zu ihnen zählen einerseits die Lese-Rechtschreibschwäche (LRS) und andererseits die Rechenschwäche, die in einem gesonderten Kapitel beschrieben wird. Beide Störungen können gemeinsam auftreten. In der älteren deutschsprachigen Fachliteratur wird für die LRS der Begriff der Legasthenie verwendet. International gebräuchlich ist der Begriff der Dyslexie.

2. Häufigkeit

Verschiedene internationale Studien lassen eine Häufigkeitsschätzung für die LRS von 2 % bis 8 % im Schulalter zu. Jungen sind drei bis vier Mal häufiger als Mädchen betroffen.

3. Erscheinungsbild

Die Feststellung einer LRS erfolgt mit psychologischen *Tests* zur Erfassung von Lese- und Rechtschreibfertigkeiten. Für die Diagnose ist bestimmend, daß diese Testleistungen des Kindes sehr niedrig sind, während die *Intelligenz* immer im Normalbereich (IQ 85 bis 115) liegt. Auf S. 183 ist ein Ausschnitt aus einem Rechtschreibtext eines Kindes mit LRS wiedergegeben. Wenn sowohl die Lese- und Rechtschreibleistungen als auch die Intelligenz unter dem Normalbereich liegen, so handelt es sich nicht um eine Lese-Rechtschreibschwäche, sondern allenfalls um eine Lernbehinderung oder sogar eine geistige Behinderung.

Begleitende *Entwicklungsverzögerungen* insbesondere im Bereich der Sprache, aber auch seltener der Motorik machen weitere Untersuchungen erforderlich. Unter den begleitenden *seelischen Störungen* besteht eine gehäufte Verknüpfung mit Störungen des Sozialverhaltens. Andere Probleme bestehen in emotionalen Störungen sowie hyperkinetischen Störungen.

4. Ursachen

Sowohl familiäre Häufungen als auch die Ergebnisse von Zwillingsstudien sowie neuere Ergebnisse der Grundlagenforschung

Ausschnitt aus einem Rechtschreibtext eines Kindes mit einer LRS. Bei diesem Diktat wird jeweils ein ganzer Satz vorgelesen und das Kind soll das fehlende Wort in den Text einfügen. (23. zischt; 24. Spruch; 25. träumt; 26. Stall; 27. pflücken; 28. Sträucher; 29. dünner; 30. gewinnt; 31. öffnen; 32. knurrt)

23. Der Pfeil _____ *sies* _____ durch die Luft.

24. Wir lesen einen _____ *schtroch* _____ an der Tafel.

25. Karin _____ *treurrat* _____ von den Ferien.

26. Das Schwein grunzt im _____ *schtal* _____.

27. Wir _____ *fluken* _____ Obst.

28. Im Park wachsen _____ *streuer* _____.

29. Mutti ist _____ *duner* _____ als Vati.

30. Wer nicht wagt, der nicht _____ *gewirnt* _____.

31. Wir _____ *öfnen* _____ die Tür.

32. Mein Magen _____ *kurt* _____.

sprechen für die Bedeutsamkeit *erblicher Faktoren* unter mehreren Bedingungen der LRS. Dabei ist wahrscheinlich eine der LRS vorausgehende bzw. zugrundeliegende Entwicklungskomponente der Sprache erblich vermittelt. Diese betrifft eine ungenügende Lautwahrnehmung mit der Folge einer Schwäche beim Zusammenfügen von Lauten. Diese auf Chromosom 6 lokalisierte Störung wird wahrscheinlich im Rahmen eines autosomal-dominanten Erbgangs bei einem Teil der Betroffenen vererbt. Die Störung der Erkennung des geschriebenen Wortes ist wahrscheinlich auf Chromosom 15 angelegt.

Andere Erklärungsansätze der LRS aus der *Neuropsychologie* haben eine lange Forschungstradition. Ihnen kommt allerdings eine eher erklärende als ursächliche Bedeutung zu. Unter neuropsychologischen Gesichtspunkten läßt sich die LRS in drei Formen einteilen. Die erste und zugleich größte Gruppe (ca. 60 % der betroffenen Kinder) weist Störungen im Bereich sprachlicher Funktionen im Sinne einer gestörten sprachlichen Informationsverarbeitung auf. Bei einer zweiten Gruppe (ca. 10 % bis 20 % der Fälle) liegen andere Sprachauffälligkeiten im Sinne einer Artikulationsstörung sowie ein gestörtes Schriftbild in Verbindung mit Speicherstörungen des Gedächtnisses vor. Die dritte als dyseidetisch bezeichnete Gruppe (ca. 5 % bis 10 % der Fälle) weist schwerpunktmäßig Störungen der Worterkennung und Verarbeitung im Leseprozeß auf.

In einer Zusammenschau darf für die LRS das *Zusammenwirken mehrerer Bedingungen* in der Verursachung angenommen werden, wobei eine erbliche Bereitschaft sowie neuropsychologische Funktionseinschränkungen die Basis bilden und psychosoziale Faktoren eher eine ausgestaltende bzw. verstärkende Funktion haben. Im Sinne dieses zuletzt genannten Einflusses können sich mangelnde Anregung in der Familie, schulpädagogische Mängel sowie ein ungünstiges häusliches Lernumfeld ebenso wie die gehäufte Überlagerung mit anderen seelischen Störungen ungünstig auf den Verlauf der LRS auswirken.

5. Therapie

Die Behandlung der LRS macht eine enge *Zusammenarbeit mit der Schule* erforderlich, weil Fördermaßnahmen in besonderem Maße eingesetzt werden müssen. In der Regel läßt sich die Störung spätestens in der zweiten Klasse erkennen. Eine vorausgegangene Sprachentwicklungsverzögerung sollte als besonderes Risikomerkmal betrachtet werden und gegebenenfalls bereits im Kindergarten erkannt und behandelt werden. Früherkennung und nach Möglichkeit auch Frühbehandlung sollten für die Therapie der LRS wegleitend sein.

Die auf mehreren Ebenen angelegte Behandlung mit *schulischen Fördermaßnahmen, Training und Therapie* muß sich angesichts der Hartnäckigkeit der Störung in der Regel auf mehrere Jahre erstrecken. Schwere begleitende seelische Störungen können eine teilstationäre oder stationäre Behandlung der betroffenen Kinder erforderlich machen.

Zu den *pädagogischen Fördermaßnahmen* bei der LRS gehören Lesetrainings und Lernprogramme durch speziell ausgebildete Pädagogen. Unterstützend sollten die Notenbefreiung für Lesen, Schreiben und Diktat für Schüler mit einer LRS bedacht werden. Es sollte ausgeschloßen sein, daß ein Schüler nur wegen seiner LRS eine Klasse wiederholen muß.

Auch in der *Therapie* der LRS bilden die funktionalen Behandlungen mit Lernprogrammen die Basis der Intervention, die in der Regel eher von Psychologen als von Ärzten parallel zur schulischen Förderung durchgeführt werden. Zugleich finden Aufmerksamkeitstrainings speziell bei begleitenden hyperkinetischen Störungen sowie psychotherapeutische Verfahren mit Kind, Eltern und Familie Eingang in die Behandlung. Damit soll den häufigen begleitenden seelischen Störungen begegnet werden.

6. Verlauf

Die LRS ist insgesamt gesehen eher durch einen ungünstigen Verlauf gekennzeichnet. Bei Schulabschluß weisen nur maximal 25 % der betroffenen Schüler normale Rechtschreibleistungen auf, wobei die Wirksamkeit therapeutischer Maßnahmen offen ist. Reste der LRS können sogar im Erwachsenenalter weiter bestehen bleiben. In Ergänzung zu diesem ungünstigen Verlauf der Kernmerkmale sind die Schulabschlüsse in der Regel niedriger – mit entsprechenden Folgen für die berufliche Laufbahn.

Der Verlauf ist ferner durch relativ hohe Raten zusätzlicher psychischer Störungen (bis zu 50 %) belastet. Niedrige Sozialschicht und mangelnde familiäre Unterstützung tragen in besonderer Weise zu dieser ungünstigen Entwicklung bei. Hinter diesen Durchschnittszahlen verbergen sich allerdings sehr unterschiedliche Einzelverläufe, zu denen auch die vollständige Rückbildung der Kernmerkmale und ganz normale Entwicklungen gehören. Erwachsene mit Restzeichen einer LRS werden Berufe mit besonderen Anforderungen an die Schriftsprache eher meiden.

7. Empfohlene weiterführende Literatur

– Firnhaber, M.: Legasthenie und andere Wahrnehmungsstörungen. Ratgeber Fischer, Frankfurt, 1996.
– Klasen, E.: Legasthenie. Umschriebene Lese-Rechtschreib-Störung. Informationen und Ratschläge. Chapman & Hall, Weinheim, 1997.
– Lohmann, B.: Müssen Legastheniker Schulversager sein? Ernst Reinhardt Verlag, München, 1997.
– von Suchodoletz, W. (Herausgeber): Therapie der Lese-Rechtschreib-Störung (LRS). Kohlhammer, Stuttgart, 2003.

8. Fachverbände und Selbsthilfegruppen

– Bundesverband Legasthenie e. V. Deutschland, Königsstraße 32, D-30175 Hamburg
– Verband Dyslexie Schweiz (VDS), Postfach 1270, CH-8021 Zürich

Fallbeispiel

Der 17jährige Karl war zunächst in der Schule durch sein ständiges, vorher bei ihm nicht bekanntes Stören des Unterrichts und durch Schulschwänzen aufgefallen. Zu Hause hielt er keinerlei Abmachung mehr ein und war nicht bereit, Anweisungen seiner Eltern zu befolgen. Als er dann zunehmend weniger schlief, stattdessen laut bis in die Nacht Musik hörte und seinen Eltern durch seine gesteigerte Mitteilungsbedürftigkeit und uneinfühlbare Fröhlichkeit Sorgen zu bereiten begann, kamen diese mit ihm in die jugendpsychiatrische Sprechstunde. Dort fiel er durch seine massive Konzentrationsunfähigkeit und ausgeprägte Gedankenflucht auf. Er wechselte ständig das Thema im Gespräch und konnte sich dabei mit heller Begeisterung über Belanglosigkeiten wie eine Reklame in der Zeitung ereifern. In dem insgesamt sehr sprunghaften und wenig konzentrierten Gespräch geriet er ins Schwärmen über Musikhören, Tanzen und Fernsehen und meinte, überhaupt keine Probleme zu haben oder Hilfe zu brauchen. Hinsichtlich des angedrohten Schulverweises zeigte er keinerlei Besorgnis. Im Gegenteil schien er stolz auf sein Verhalten zu sein. Seine Stimmung war uneinfühlbar gehoben, die Fähigkeit zur selbstkritischen Einschätzung seines Verhaltens hingegen war praktisch nicht vorhanden.

1. Definition

Im Gegensatz zum alltäglichen Sprachgebrauch, in dem unter einer Manie eine ungewöhnliche intensive Beschäftigung mit bestimmten Ideen und Handlung verstanden wird, wird in der Psychiatrie mit Manie die *gehobene Stimmung* als Gegensatz zur Depression beschrieben. Im Krankheitsstadium der Manie treten neben der heiteren Verstimmung zusätzlich Zeichen von Ideenflucht und eine ungewöhnliche Erleichterung bei Entschlüssen und Handlungen sowie eine erhöhte Beweglichkeit bis zur Unruhe auf.

Manische Zustände treten als eine zeitlich umschriebene Episode auf, die von einer Phase weitgehend normalen Erlebens und seelischer Gesundheit gefolgt wird. Allerdings handelt es sich selten um eine einmalige Episode, sondern um ein wiederholtes Abwechseln von manischen und gesunden seelischen Lebensabschnitten. Wechseln sich die manischen Phasen mit depressiven Phasen ab, so wird auch die Bezeichnung *manisch-depressive Erkrankung* oder *bipolare affektive Störung* benutzt. Manische Krankheitsphasen treten meist ohne erkennbaren Anlaß auf und werden von dem betroffenen Patienten nach Abklingen der Krankheitsphase als sehr fremd und ihnen nicht zugehörig erlebt.

2. Häufigkeit

Nimmt man die sogenannten monopolaren Erkrankungen, also die wiederholt auftretenden depressiven Phasen, sowie die manisch-depressiven Erkrankungen zusammen, so sind etwa 0,5 % bis 3 % der gesamten Bevölkerung von dieser Gruppe der sogenannten affektiven Psychosen betroffen. Etwa 15 % bis 20 % der Patienten erkranken vor dem zwanzigsten Lebensjahr. Eine Erkrankung im Kindesalter, insbesondere vor dem Alter von zehn Jahren, ist äußerst selten. Insgesamt sind manische Phasen sehr viel seltener als depressive Phasen.

3. Erscheinungsbild

Die typischen Zeichen einer manischen Phase sind eine unerklärliche und schwer nachvollziehbare gehobene Stimmung (Euphorie), verbunden mit Kritiklosigkeit, Leichtsinn, enormer Steigerung der Aktivität, Planlosigkeit des Handelns sowie Ideenflüchtigkeit. Die Jugendlichen mit einer manischen Verstimmung fühlen sich heiter, enorm tatkräftig und trauen sich praktisch jede Handlung und Aufgabe zu. Sie müssen sich ständig mitteilen und verlieren dabei in ihrem Mitteilungsdrang oft den Faden. Ihr Verhalten wirkt sprunghaft, angetrieben und betriebsam. Zugleich verlieren sie die Übersicht über ihre vielfältigen Planungen und verzetteln sich schon bei den Ansätzen, Gedanken in die Tat umzusetzen. In der

Krankheitsphase verlieren viele Regeln und Normen ihre eingrenzende Kraft, und es kommt zu zahlreichen Übertritten von Regeln und möglicherweise auch Gesetzen, zu denen auch die Verletzung von Tabus und Schranken für das sexuelle Verhalten gehören. Bisweilen – aber deutlich seltener als bei erwachsenen Patienten – ist das Verhalten im Zustand der Manie auch von gereizten und aggressiv-gespannten Symptomen bestimmt.

4. Ursachen

Die Ursachen manischer Zustände liegen vornehmlich im biologischen Bereich. Von herausragender Bedeutung sind *erbliche Faktoren*. Insgesamt ist für die wiederkehrenden depressiven und manischen Phasen (die sogenannten Affektpsychosen) nachgewiesen, daß eineiige Zwillinge deutlich häufiger als zweieiige im gleichen Sinne erkranken. Ebenso ist durch Studien der Adoptionsforschung belegt, daß früh adoptierte Kinder von biologischen Eltern mit einer Affektpsychose und mit Aufwachsen bei gesunden Adoptiveltern gehäuft später an Affektpsychosen erkranken. Die normale Auftrittswahrscheinlichkeit einer Affektpsychose von 0,5 % bis 3 % in der Bevölkerung erhöht sich für Eltern, Geschwister und Kinder aus Familien mit einer entsprechenden erblichen Belastung auf 10 % bis 15 %. Dabei muß allerdings berücksichtigt werden, daß nicht die Erkrankung selbst, sondern nur die Anlage für die Erkrankung vererbt wird. Erst aus dem Zusammenwirken von Anlage und Belastungsmomenten der Lebensgeschichte und Umwelt kann sich die seelische Störung der Manie entwickeln.

Neben den erblichen Faktoren sind wahrscheinlich auch *biochemische Faktoren* im Stoffwechsel für die Verursachung der Manie bedeutsam. Im wesentlichen sind die Botenträgerstoffe bei der Reizübertragung zwischen den Nervenzellen, und hier besonders die Substanzen Noradrenalin und Serotonin, betroffen. Dabei handelt es sich wahrscheinlich um gestörte Gleichgewichte dieser beiden Substanzen wie auch um Störungen an den Empfängerzellen für diese Substanzen.

5. Therapie

Bei der Manie spielt die *medikamentöse Behandlung* eine zentrale Rolle. Daneben müssen auch *psychotherapeutische Elemente* zur Stützung des Jugendlichen, Elternberatung, familienbezogene Therapie und gegebenenfalls auch Heilpädagogik berücksichtigt werden. Dieses vielschichtige Behandlungsprogramm setzt in der Regel eine stationäre Behandlung voraus. Es kommt hinzu, daß nur durch eine gute Beaufsichtigung die Gefährdung durch die unüberlegten Handlungen im Rahmen einer manischen Phase hinreichend eingeschränkt werden können.

Bei der medikamentösen Behandlung der manischen Phase müssen ganz bestimmte *Psychopharmaka*, nämlich sogenannte Neuroleptika, Lithiumsalze und in Einzelfällen auch vorübergehend Benzodiazepine eingesetzt werden. Unter dem Einsatz der Neuroleptika kommt es sehr bald zu einer sehr deutlichen Normalisierung der Stimmung und des gesamten Verhaltens. Die Lithiumsalze haben ihren Schwerpunkt bei der Behandlung der Manie und besonders auch bei der Verhinderung des Auftretens erneuter Krankheitsphasen. Dabei wird nicht nur die Anzahl weiterer Phasen deutlich reduziert, sondern es werden auch die krankheitsfreien Zwischenräume zwischen den einzelnen Krankheitsphasen deutlich verlängert. Insofern müssen Lithiumsalze beständig eingenommen werden. Diese Form der Rückfallsverhinderung setzt allerdings eine sehr sorgfältige ärztliche Kontrolle voraus.

6. Verlauf

Für die Affektpsychosen – also wiederkehrende manische, depressive oder manisch-depressive Phasen – gilt, daß nur etwa 15 % der betroffenen Patienten mehr als fünf Phasen in ihrem gesamten Leben durchlaufen. Allerdings unterscheidet sich die Dauer der Phasen und der krankheitsfreien Zwischenräume bei den einzelnen Patienten erheblich. Im Jugendalter sind die Krankheitsphasen eher kürzer als bei Erwachsenen.

Auch beim Wiederauftreten einer manischen Phase nimmt die

Dauer dieser Krankheitsphase nicht zu. In der Regel ist die Gesundung zwischen den Krankheitsphasen vollständig. Bei den Mischzuständen der manisch-depressiven Erkrankung ist das größte Risiko für den Verlauf die erhöhte *Selbsttötungsgefahr* im Rahmen einer depressiven Krankheitsphase.

7. Empfohlene weiterführende Literatur

– Schou, M.: Lithium-Behandlung der manisch-depressiven Krankheit. 4. Auflage. Thieme Verlag, Stuttgart, 1997

Fallbeispiel

Die 12jährige Katrin war schon als Kleinkind extrem scheu und zurückhaltend. Seit Beginn des Schulalters spricht sie aber nur mit den Eltern, dem Bruder und ihren Großmüttern, während sie es ablehnt, mit den Großvätern zu sprechen. Außerhalb der Familie spricht sie nur mit ihrer Klassenlehrerin, nicht aber mit anderen Lehrern. Sie nimmt dann nur durch Kopfschütteln und Kopfnicken Kontakt auf. Zu Hause wird Katrin als ein sehr munteres Kind erlebt, das keine besonderen Probleme bereitet.

1. Definition

Kinder mit Mutismus reden trotz normaler Sprechfähigkeit nicht. In der Regel sprechen sie in bestimmten Umgebungen wie z. B. in der Familie normal, während sie in anderen Umgebungen wie z. B. in der Schule oder mit Freunden anhaltend schweigen. Dieses Bild wird als *elektiver Mutismus* bezeichnet. Stellt das Kind bei erhaltener Sprechfähigkeit sein Sprechen vollständig ein, wird von *totalem Mutismus* gesprochen. Dieses Zustandsbild ist vergleichsweise sehr viel seltener als der elektive Mutismus.

2. Häufigkeit

Der elektive Mutismus ist ein in der klinischen Praxis selten vorgestelltes Problem. Unter allen kinderpsychiatrischen Problemen, die zur Vorstellung kommen, beträgt die Häufigkeit nur etwa 0,5 %. Eine einzige Bevölkerungsstudie in England hat eine Häufigkeit von 0,8 % bei siebenjährigen englischen Kindern erhoben. Für der totalen Mutismus liegen keine Zahlen vor.

3. Erscheinungsbild

Der Mutismus setzt typischerweise im Vorschulalter ein. Charakteristisch für den *elektiven Mutismus* ist die Auswahl der Personen und Situationen, mit und in denen das Kind nicht spricht. Kinder mit Mutismus sprechen am häufigsten nicht in der Schule bzw. gegenüber Fremden. Deutlich seltener schließen sie Gleichaltrige und noch seltener bestimmte Familienmitglieder vom Gespräch aus. Die typischen *begleitenden Symptome* sind Schüchternheit und Ängstlichkeit, seltener auch Zeichen einer depressiven Verstimmung und noch einmal deutlich seltener ein trotzig-aggressives Verhalten. Allerdings wird ihr hartnäckiges Schweigen häufig als Trotz mißverstanden. In der Regel handelt es sich jedoch eher um eine Angst vor dem Sprechen. Einnässen, Schlafstörungen, Eßstörungen sowie Tics und Einkoten können in Verbindung mit einem Mutismus auftreten.

4. Ursachen

Für den *elektiven* Mutismus muß das Zusammenwirken mehrerer Ursachen angenommen werden. Eine erste Familienstudie des Verfassers hat Hinweise auf eine erblichen Komponente erbracht, die sich als Häufung von Schweigsamkeit und Sprechhemmung in der Familie und bei Verwandten äußert. Ferner zeigen Kinder mit Mutismus in ihrer frühen Entwicklung möglicherweise einige typische Kennzeichen. Merkmale des *Temperamentes* und der Persönlichkeitsanlagen spielen insofern eine Rolle, als die meisten Kinder mit Mutismus bereits vor dem Auftreten ihres Symptomes scheu, ängstlich und zurückgezogen sind. Weitere *Risikofaktoren* bestehen in Sprachentwicklungsverzögerungen, Verhaltensauffälligkeiten im Säuglings- und Kleinkindalter sowie die Herkunft aus einer fremden Kultur mit Einwanderung in ein Gastland. Andere unspezifische Faktoren, die auch für andere Störungen bedeutsam sind, wie ein schädigendes familiäres Milieu oder eine Mißhandlung, können in Einzelfällen bedeutsam sein.

5. Therapie

Kinder mit elektivem Mutismus schweigen häufig auch in der Therapiestunde hartnäckig. Es können die Vorgehensweisen der Psycho- und Verhaltenstherapie sowie vereinzelt auch der Familientherapie eingesetzt werden. Für die klinische Praxis ist eine

Kombination von schulbezogenen Beratungsmaßnahmen, Psycho- und Verhaltenstherapie für das Kind sowie der Einbezug der Familie in den therapeutischen Prozeß sinnvoll. Neben den spezifisch auf das Symptom des Mutismus gerichteten therapeutischen Maßnahmen muß der Tendenz begegnet werden, überflüssigen und wirkungslosen Druck auf das Kind auszuüben.

6. Verlauf

Für den elektiven Mutismus liegen bisher kaum Studien mit größeren Fallzahlen, sondern eher Einzelfallbeobachtungen über den Verlauf vor. Im Kindesalter ist der elektive Mutismus auch unter Therapie häufig durch einen eher chronischen Verlauf gekennzeichnet und beginnt sich erst im Jugendalter zurückzubilden, wobei deutliche Zeichen einer Sprechscheu bis in das Erwachsenenalter beibehalten bleiben können. Rückbildungen können auch ohne therapeutische Maßnahmen eintreten. Eigene Beobachtungen haben in einigen Fällen Hinweise auf eine Fortsetzung des Mutismus als soziale Phobie (s. Angststörungen) im Erwachsenenalter ergeben.

7. Empfohlene weiterführende Literatur

Nur englischsprachige Fachliteratur; auf Wunsch kann der Verfasser Informationen liefern.

8. Fachverbände und Selbsthilfegruppen

– Selbsthilfegruppe Elternvereinigung Mutismus Schweiz
  Kontaktadresse: Peter Schilling-Soria, Geerackerweg 32, CH-8408 Winterthur

Fallbeispiel

Die 8jährige Kerstin war in der Schule durch ihre Ablenkbarkeit und ausgeprägte Lernstörungen im Rechnen aufgefallen. Außerdem bestanden Ein- und Durchschlafstörungen sowie eine ausgeprägte Ängstlichkeit und Selbstunsicherheit. Bei der psychologischen Untersuchung zeigte sich, daß Kerstin große Schwierigkeiten hat, gesprochene Zahlen in die arabischen Schriftzeichen zu übersetzen. Beim Zahlenlesen kann sie nur ein- und zweistellige Zahlen richtig lesen, bei drei- und mehrstelligen Zahlen vertauscht sie die Stellung der einzelnen Ziffern. Beim mündlichen Zahlenvergleich kann sie größere und kleinere Zahlen nicht richtig zuordnen. Die weitere Untersuchung zeigt, daß Kerstin altersgemäß in ihrer motorischen Entwicklung ist. In einem Intelligenztest zeigt sie sehr schwankende Leistungen in verschiedenen Aufgabenbereichen. Außerdem liegt eine leichte Angststörung vor.

1. Definition

Die Rechenstörung ist eine schulische Teilleistungsstörung in Form einer umschriebenen Entwicklungsstörung, die sowohl isoliert als auch in Verbindung mit einer Lese-Rechtschreibschwäche auftreten kann. Auch für die Rechenstörung gilt, daß die Intelligenz des Kindes bzw. Jugendlichen normal ist. Der Fachbegriff für die Rechenstörung lautet Dyskalkulie.

2. Häufigkeit

Die Rechenstörung ist bisher nicht sorgfältig in Bevölkerungsstudien untersucht worden. Schätzungen gehen von einer Häufigkeit von 5 % aus, wobei Jungen häufiger als Mädchen betroffen sind.

3. Erscheinungsbild

Im Gegensatz zur Lese-Rechtschreibschwäche, für die bereits eine Vielzahl gut standardisierter psychologischer Tests für Rechtschreib- und für Lesefertigkeit vorliegt, haben die Bemühungen um die Entwicklung geeigneter Tests für die Rechenstörung erst in der jüngsten Zeit eingesetzt. Gemäß der Definition einer Teilleistungsschwäche muß ein bedeutsamer Unterschied zwischen den Testleistungen bzw. Schulnoten für Rechnen und dem Ergebnis eines Intelligenztests vorliegen. Neben der Kombination mit einer Lese-Rechtschreibschwäche können bei Kindern mit Rechenstörungen gehäuft begleitende emotionale Störungen beobachtet werden.

4. Ursachen

Aufgrund von Familienuntersuchungen muß für die Rechenstörung eine bedeutsame *erbliche Anlage* angenommen werden, wenngleich nicht direkt die Rechenstörung, sondern eher die Empfänglichkeit für Lernstörungen allgemein erblich vermittelt werden dürfte. Ferner liegen grundlegende *neuropsychologische Minderleistungen*, insbesondere in den Bereichen von visuell-räumlichen und sprachlichen Fertigkeiten sowie des Arbeitsgedächtnisses vor. Ähnlich wie bei der Lese-Rechtschreibschwäche ergänzen sich diese Bedingungen im Einzelfall mit ungünstigen *Umweltfaktoren* wie z. B. eine ungenügende Anregung oder belastende Erfahrungen in Schule und Elternhaus.

5. Therapie

Ähnlich wie bei der Lese-Rechtschreibschwäche muß auch bei der Rechenstörung eine pädagogische und psychologische Behandlung die Basis aller Maßnahmen bilden. Sorgfältig aufgebaute Behandlungsprogramme sind vorläufig allerdings nur sehr begrenzt verfügbar. Daher stehen schulische Fördermaßnahmen im Vordergrund, ambulante Fördertherapien in klinischen Einrichtungen oder privaten Praxen sind noch relativ selten. Zusätzliche Psychotherapien richten sich auf die begleitenden seelischen Störungen, aber nicht direkt auf die Rechenstörung.

6. Verlauf

Das Wissen über den Verlauf der Rechenstörung ist gegenwärtig noch sehr begrenzt. Es liegen allerdings Beobachtungen über das Fortbestehen von Rechenstörungen bis in das Erwachsenenalter vor. Bei kombinierten schulischen Entwicklungsstörungen wurde beobachtet, daß sich die Lese-Rechtschreibschwäche im Entwicklungsverlauf besser als die Rechenstörung zurückbildete.

Fallbeispiel

Der 15jährige Gerhard litt nach der Rückkehr aus dem Familienurlaub unter der Vorstellung, er würde ständig von anderen Menschen beobachtet, die seine Gedanken lesen könnten. Außerdem hörte er Stimmen, die sich über ihn unterhielten und sein Handeln kommentierten. Sie forderten ihn auch immer wieder auf, sich umzubringen, weil er ein wertloser und unnützer Mensch sei. Gerhard konnte diese Stimmen nicht ihm bekannten Personen zuordnen. Auch waren es nie tatsächlich im Raum vorhandene Menschen, die zu ihm in dieser Weise sprachen. Gerhard wirkte sehr belastet und ängstlich und war nicht in der Lage, sich ausreichend zu konzentrieren. Der Schulbesuch war ihm nicht mehr möglich. Schon Wochen vor Beginn der Symptomatik war seinem Lehrer aufgefallen, daß er zunehmend unkonzentrierter wurde und im Unterricht oft abwesend und verwirrt wirkte, wenn man ihn ansprach.

1. Definition

Die Schizophrenien sind eine schwere Störung des Realitätsbezuges, bei der Störungen des Denkens, des emotionalen Erlebens (Affektivität) und des Antriebs im Zentrum stehen. Diese Grundsymptome äußern sich in Zerfahrenheit, widersprüchlichen Strebungen (Ambivalenz) und selbstbezogenem Rückzug (Autismus). Mit diesen *Grundsymptomen* verbinden sich wichtige *klinische Zeichen* wie Wahn, Trugwahrnehmungen von Dingen und Ereignissen, welche so nicht der Realität entsprechen (Halluzinationen) und bisweilen auch ausgeprägte motorische Störungen wie z. B. die vollständige muskuläre Erstarrung (Katatonie).

Die Schizophrenien haben jeweils in den verschiedenen Lebensaltern und insbesondere im Kindes- und Jugendalter *entwicklungstypische Kennzeichen.* Nach dem Alter bei Krankheitsausbruch lassen sich die Schizophrenien in kindliche Formen (bis zum 10. Lebensjahr), Übergangsformen zwischen Kindheit und Jugend

(10 bis 14 Jahre) sowie Formen des Jugendalters und schließlich erwachsene Formen einteilen.

2. Häufigkeit

Bezogen auf die gesamte Lebenszeit beträgt die Erkrankungs-wahrscheinlichkeit für die Gesamtbevölkerung 1 %. Vor der Pubertät und dem Jugendalter sind schizophrene Erkrankungen äußerst selten. In diesem Lebensalter betreffen sie nur 4 % der Gesamterkrankungen einer Schizophrenie. Vor dem 10. Lebensjahr sind sie noch einmal deutlich seltener; in diesem Alter betreffen sie nur 0,1 % bis 1 % der gesamten Erkrankungen. Es wird geschätzt, daß nur ein Kind unter 10 000 an einer Schizophrenie erkrankt. Jungen sind etwa dreimal häufiger als Mädchen betroffen.

3. Erscheinungsbild

Die bereits in der Definition zum Ausdruck gebrachte Entwicklungsabhängigkeit der Symptome der Schizophrenien äußert sich darin, daß diese Störung im Kindes- und Jugendalter kein einheitliches Bild bietet. Daher ist es auch günstiger, von den *Schizophrenien* in der Mehrzahl anstelle der Schizophrenie in der Einzahl zu sprechen. Die entwicklungsabhängigen Symptome im Kindes- und Jugendalter lassen darüber hinaus auch Unterschiede gegenüber den Schizophrenien im Erwachsenenalter erkennen.

Bei den insgesamt sehr selten betroffenen *Kindern im Schulalter* können bei etwa der Hälfte der Fälle bereits im Vorfeld der Erkrankung Vorbotenzeichen beobachtet werden. Dazu zählen Verhaltensänderungen, die mit dem Wesen und der bisherigen Entwicklung des Kindes nicht im Einklang stehen, wie z. B. Rückschritte in kleinkindhaftes Verhalten, unerklärliche Verstimmungszustände sowie plötzliche und uneinfühlbare aggressive und dissoziale Handlungen. Ferner können Angst, Sprechverweigerung, Konzentrationsstörungen oder motorische Unruhe auffallen. Diese Vorbotenzeichen sind allerdings nicht nur für die Schizophrenie charakteristisch und lassen von daher keine Frühdiagnose zu. Meist ergibt sich erst in der Rückschau, daß diese mit der bisherigen Entwicklung des Kindes unvereinbaren Veränderungen bereits Vorbotenzeichen der Erkrankung waren.

Bei Erkrankungen im *Jugendalter* lassen sich im Vorfeld einer Schizophrenie häufig Leistungseinbrüche in der Schule oder Lehre, ausgeprägte Konzentrationsstörungen und Antriebsminderungen mit Interessenverlust und Phasen von depressiven Verstimmungen beobachten. Auch hier ist die Diagnose nicht bereits aufgrund dieser Vorbotenzeichen zu stellen, weil derartige Veränderungen im Jugendalter häufig sind und im Zweifelsfalle auch bei anderen seelischen Störungen beobachtet werden können.

Die *klinischen Zeichen* der Schizophrenien in den verschiedenen Phasen von Kindheit und Jugend lassen sich nur durch eine sorgfältige Untersuchung durch erfahrene Kinder- und Jugendpsychiater erfassen. Im Vergleich der Symptome in den verschiedenen Altersgruppen, zeigt sich, daß bei den kindlichen Schizophrenien noch weniger oder kaum wahnhafte Symptome oder Trugwahrnehmungen existieren. Hier stehen vielmehr Störungen des Antriebs, der Emotionalität, der Motorik und der Sprache im Vordergrund. Erst in der späteren Kindheit und im Übergang zum Jugendalter kommt es zur Ausbildung von Wahnsymptomen.

Ab dem *Jugendalter* können dann die auch bei Erwachsenen bekannten Untergruppen der Schizophrenien beobachtet werden. Hierzu gehören die *paranoid-halluzinatorische Form* mit ausgeprägter Bildung von Wahnsymptomen und Trugwahrnehmungen. Ferner ist die sogenannte *Hebephrenie* für das Jugendalter sehr typisch. Bei dieser Form der Schizophrenie stehen eine läppische Stimmung, eine Verflachung des seelischen Ausdruckes sowie eine Enthemmung, soziale Distanzlosigkeit und Antriebsarmut im Vordergrund. Bei der dritten Form, der *Katatonie*, stehen Störungen der Motorik und des Antriebs in Form von motorischer Erstarrung und totaler Sprechverweigerung, selten aber auch als motorische Unruhe und Erregung im Vordergrund. Die vierte Form, die sogenannte *Schizophrenia simplex*, ist im Jugendalter hingegen sehr selten. Dabei handelt es sich um einen schleichenden Beginn und Verlauf, bei dem ein weitgehender Rückzug auf sich selbst und Kontaktverlust mit Antriebsarmut das klinische Bild bestimmen. Aus dieser Form der Schizophrenie geht in der Regel ein weitgehender Persönlichkeitsabbau (sogenannter Defektzustand) hervor.

4. Ursachen

Bei der Erklärung der Schizophrenien muß das Modell mehrerer Faktoren herangezogen werden, welches beim aktuellen Wissensstand die besten Erklärungsansätze für viele kinder- und jugendpsychiatrische Störungen bietet. Dabei stehen zur Erklärung der Schizophrenien *biologische Bedingungen* eindeutig im Vordergrund. Aufgrund der Tatsache, daß sich die Schizophrenien in bestimmten Familien häufen, sowie aus Erkenntnissen der Zwillings- und Adoptionsforschung kann geschloßen werden, daß eine *erbliche Bereitschaft* für die Entwicklung einer Schizophrenie besteht. So sind eineiige Zwillinge mit gleicher Erbausstattung häufiger als zweieiige Zwillinge von der Schizophrenie betroffen und erkranken Kinder von biologischen Eltern mit einer Schizophrenie häufiger auch nach ihrer Adoption in andere Lebensverhältnisse an einer Schizophrenie. Allerdings ist bis auf den heutigen Tag die Art der Vererbung weitgehend unaufgeklärt. Möglicherweise sind bestimmte Veränderungen des *Hirnstoffwechsels* durch die erbliche Anlage bedingt. Dabei spielt wahrscheinlich der Stoffwechsel einer der Botenträgersubstanzen, nämlich des Dopamin, eine besondere Rolle. Botenträgersubstanzen sind für die Erregungsleitung und Informationsübertragung zwischen den Nervenzellen zuständig. Die Annahme einer besonderen Bedeutung biologischer Faktoren wird schließlich auch durch zahlreiche Forschungsergebnisse erhärtet, welche Belege für gestörte Hirnfunktionen ergeben haben.

Offensichtlich müssen aber auch *psychosoziale Bedingungen* wirksam sein, welche für die Auslösung der Erkrankung bzw. Rückfälle verantwortlich sind. Hier kann es sich um lebensgeschichtliche Belastungen oder Veränderungen in der Umwelt handeln. Derartige Bedingungen sind jedoch keineswegs für die Auslösung einer Schizophrenie typisch. Sie lassen sich auch bei anderen Erkrankungen bzw. seelischen Störungen nachweisen.

5. Therapie

Die Behandlung der Schizophrenien macht eine Kombination von verschiedenen Therapien und begleitenden Maßnahmen erforderlich. Die unverzichtbare Basis jeder Behandlung bildet dabei die Gabe von bestimmten *Medikamenten*, den sogenannten *Neuroleptika*. Diese Substanzen haben eine sogenannte anti-psychotische Wirkung, indem sie zur Rückbildung von Wahn und Trugwahrnehmungen führen und darüber hinaus die Unruhe, Impulsivität, Aggressivität und Angst im Bild der schizophrenen Psychosen positiv beeinflussen. Ihre Wirksamkeit erfolgt über eine Beeinflussung des Hirnstoffwechsels der Botenträgersubstanzen. Die Behandlung mit Neuroleptika setzt immer eine spezielle Ausbildung und Erfahrung voraus und ist daher dem Kinder- und Jugendpsychiater vorbehalten.

Begleitend zur Behandlung mit Psychopharmaka müssen Maßnahmen der *Heilpädagogik* und der *stützenden Psychotherapie* einschließlich der *Verhaltenstherapie* eingesetzt werden, um auch auf diesem Wege dabei zu helfen, die Störungen des Realitätsbezuges abzubauen, die soziale Isolation zu verringern und beim Aufbau einer besseren Verhaltenssteuerung zu helfen. Diese Ziele können ferner durch den Einsatz von Musik-, Beschäftigungs- und Arbeitstherapie im Rahmen eines kombinierten Behandlungsplanes verfolgt werden.

6. Verlauf

Schizophrenien sind immer schwere seelische Störungen, die recht unterschiedliche Verläufe nehmen können. Bei den sehr seltenen frühen Erscheinungsformen der Schizophrenien im Kindesalter resultieren häufig ungünstige schleichende Verläufe. Im Übergangsalter zwischen Kindheit und Jugend können andererseits neben monatelang anhaltendem Krankheitsphasen auch sehr flüchtige, nur wenige Tage beobachtbare Episoden auftreten. Insgesamt kann für die Schizophrenien mit Erkrankung vor dem Jugendalter bei etwa 50 % der Patienten mit einer deutlichen Besserung gerechnet werden, wobei unter diesen 20 % mit einer vollständigen Rückbildung aller Symptome enthalten sind. Diese Zahlen sind etwas ungünstiger als bei Beginn der Schizophrenien im Erwachsenenalter.

7. Empfohlene weiterführende Literatur

– Kienzle, N., Braun-Scharm, H.: Schizophrene Psychosen. In: Steinhausen, H.-C., von Aster, M. (Herausgeber). Verhaltenstherapie und Verhaltensmedizin bei Kinder und Jugendlichen. 2. Auflage. Psychologie Verlags Union, Weinheim, 1999.

Fallbeispiel

Der vierjährige Mark wacht zweimal in der Nacht auf und geht dann in das Schlafzimmer seiner Eltern. Er schläft dann schnell wieder ein, wenn er zwischen den Eltern im Bett liegen darf. Wenn er in sein Zimmer zurückgeschickt wird, braucht er bis zu einer Stunde, um wieder einzuschlafen. Er ruft dann ständig nach seiner Mutter, diese solle sich an sein Bett setzen, bis er wieder eingeschlafen sei. Die Eltern haben damit begonnen, ihn zunächst bei sich einschlafen zu lassen, um ihn dann zurück in sein Bett zu bringen. Wenn er dann das zweite Mal aufwacht, darf er bei ihnen bleiben, damit die Nachtruhe der Eltern nicht weiter gestört wird. Bisweilen schläft die Mutter auch zusammen mit Mark in dessen Bett. Die Probleme hatten begonnen, als die Mutter Mark im Alter von drei Jahren gestattet hatte, bei ihr zu schlafen, als der Vater für mehrere Wochen berufsbedingt außer Haus gewesen ist.

1. Definition

Eine Schlafstörung liegt vor, wenn der Schlaf vermindert, vermehrt oder auf unnatürliche Weise unterbrochen wird. Demgemäß werden drei große Gruppen von Schlafstörungen unterschieden. Die häufigste Form sind die *Ein- und Durchschlafstörungen* (Insomnie oder Hypersomnie). Seltener sind die Störungen mit *gesteigertem Schlaf*, zu denen einige seltene organische Krankheiten, Nebenwirkungen durch Medikamente sowie psychische Störungen als Bedingungen gehören. Schließlich werden einige ebenfalls seltene Störungen wie der sogenannte *Pavor nocturnus*, die *Alpträume* und das *Schlafwandeln* zu einer Klasse *abnormer Schlafstörungen* (Parasomnien) zusammengefaßt (s. auch 3. Erscheinungsbild).

2. Häufigkeit

Ein- und Durchschlafstörungen sind im Kindesalter außerordentlich häufig. Schon im Säuglingsalter können bei bis zu 50 % aller

Kinder unregelmäßige Schlafmuster beobachtet werden. Einschlafstörungen werden dann im Alter zwischen zwei und sieben Jahren bei etwa 20 % und ab dem siebten Lebensjahr bei bis zu 50 % aller Kinder beobachtet. Hingegen nimmt das nächtliche Erwachen von bis zu 50 % im Vorschulalter auf 20 % im zwölften Lebensjahr ab.

Auch *Angstträume* kommen im Kindesalter häufig vor. Bis zum fünften Lebensjahr können sie bei etwa 60 % der Kinder beobachtet werden und sinken dann deutlich auf Werte von ca. 25 % im jugendlichen Alter ab. *Schlafwandeln* ist hingegen ein seltenes Ereignis und kann bei nur etwa 5 % aller Kinder beobachtet werden. Hier ist die Häufigkeit im Alter von elf bis zwölf Jahren am höchsten. Schließlich tritt der sogenannte *Nachtschreck (Pavor nocturnus)* bei etwa 1 % bis 4 % aller Kinder auf, wobei das Vorschulalter und frühe Schulalter am häufigsten betroffen ist.

3. Erscheinungsbild

Die relativ häufigen *Ein- und Durchschlafstörungen* führen eher selten zu einer Untersuchung, ob bei den betroffenen Kindern auch eine seelische Störung vorliegt. Häufig stehen vielfältige Belastungsfaktoren aus der Familie und Schule im Hintergrund dieser Probleme. Andererseits können lang anhaltende Schlafstörungen aber auch Bestandteil einer übergeordneten seelischen Störung wie z. B. einer Angststörung oder einer depressiven Verstimmung sein. Insofern benötigt jede Schlafstörung zumindest beim Kinderarzt eine Abklärung, inwieweit eine erweiterte und vertiefte Untersuchung des Kindes z. B. durch einen kundigen Kinder- und Jugendpsychiater erfolgen sollte.

Für die drei Formen der sogenannten *abnormen Schlafstörungen* (Parasomnien) können eine Reihe von Gemeinsamkeiten festgestellt werden. Sie treten in der Regel nur phasenhaft auf, wobei die Kinder häufig Familienmitglieder haben, die entweder aktuell oder früher ähnliche Probleme zeigen oder gezeigt haben. Insgesamt sind Jungen viermal häufiger als Mädchen betroffen. Genaue Untersuchungen unter Einschluß der Ableitung des Hirnstrombildes ergaben, daß die betroffenen Kinder eine Reifungsverzögerung bestimmter Anteile des Gehirns aufweisen. Typisch für alle drei Formen ist ferner, daß die Störung jeweils in bestimmten Abschnitten des nächtlichen Schlafes, nämlich beim Übergang in eine Tiefschlafphase, auftreten. Da diese Phasen jede Nacht wiederholt durchlaufen werden, kann es auch in einzelnen Fällen zu einer Wiederholung der Schlafstörung in derselben Nacht kommen. In dieser Phase des Übergangs in den Tiefschlaf sind die Kinder besonders schwer weckbar und sehr verwirrt, wenn man sie zu diesem Zeitpunkt aufweckt. Schließlich ist für alle drei Formen dieser Parasomnien typisch, daß sich die Kinder am Morgen nach der gestörten Nacht an die aufgetretenen Ereignisse nicht mehr erinnern können (sog. Amnesie).

Der am häufigsten im Vorschulalter auftretende *Nachtschreck* hat ein typisches Erscheinungsbild, das sich auch deutlich von ängstlichen *Alpträumen* unterscheidet, wie aus Tab. 19 ersichtlich wird. Bei den Episoden eines Nachtschrecks setzen sich die Kinder mitten aus dem Schlaf heraus plötzlich aufrecht im Bett auf, schreien oft gellend und starren glasig in die Luft. Wenn die Eltern an das Bett heraneilen, sind die Kinder nicht ansprechbar und verwirrt. Durch dieses Erscheinungsbild und die begleitenden körperlichen Reaktionen mit heftigem Atmen und Schweißausbruch sowie weiten Pupillen wirken die Kinder wie angstgetrieben. Diese Phase dauert in der Regel nur wenige Sekunden bis Minuten, wobei die Kinder nicht richtig wach werden und dann in den Schlaf zurückfallen. Vereinzelt können sich derartige Attacken auch in einer einzigen Nacht wiederholen.

Wie bereits angedeutet, haben *Schlafwandeln* und *Reden im Schlaf* im Prinzip ein ähnliches Erscheinungsbild. Auch hier setzt sich das Kind typischerweise plötzlich auf und zeigt bei geöffneten Augen einen glasigen Blick. Seine Bewegungen wirken unbeholfen und die Sprache ist kaum verständlich. Bei Schlafwandeln entsteht natürlich ein erhebliche Gefährdung für das Kind, zumal es Opfer von Verletzungen und Unfällen werden kann.

Im Jugendalter können neben den bereits beschriebenen Ein- und Durchschlafstörungen auch einige seltene *Störungen mit ver-*

Tab. 19: Unterschiede zwischen Nachtschreck und Alptraum

	Nachtschreck	Alptraum
Häufigkeit	selten	häufig
Verhalten	ausgeprägtes Lautieren bzw. Reden, ängstlicher Ausdruck, starke Bewegungsunruhe	weniger starkes Lautieren bzw. Reden, ängstlicher Ausdruck, Bewegungsunruhe
Beginn während der Nacht	erstes Drittel des Schlafs	zweite Hälte des Schlafs
Erinnerung	fehlend	lebhaft
Weckbarkeit	schwer	sehr leicht
Bewußtsein nach Wecken	verwirrt	klar

mehrtem Schlaf (Hypersomnien) vorkommen. Dazu zählt z. B. die sogenannte *Narkolepsie*, bei der während des Tages Schlafanfälle auftreten. Diese Störung tritt typischerweise erstmals zwischen dem Alter von 15 bis 25 Jahren auf. Neben den vermehrten Schlafepisoden ist die Unfähigkeit zu willentlich gesteuerten Bewegungen (sog. Kataplexie) charakteristisch. Ein anderes, ebenso seltenes Krankheitsbild im Jugendalter ist die sog. *Schlafapnoe*. Bei dieser Störung setzt im Rahmen des Schlafes kurzfristig bis zu einer Minute die Atmung aus. Ferner können vor allem im Jugendalter verschiedene *Schlafstörungen als Begleitsymptom* einer übergeordneten *seelischen Störung* auftreten. Dies gilt für Angststörungen, Zwangsstörungen, depressive Störungen, Schizophrenien sowie Manien. Auch im Rahmen einer akuten Hirnschädigung durch Entzündung, Verletzung oder Geschwulstbildungen können Störungen des Schlaf-Wach-Rhythmus auftreten und möglicherweise auch als Folgezustand über längere Zeit bestehen bleiben. Schließlich zeigen auch viele hyperaktive Kinder Einschlafstörungen und eine verkürzte Schlafdauer.

4. Ursachen

Ein Teil der Ursachen für Schlafstörungen im Kindes- und Jugendalter ist in der noch nicht abgeschlossenen Reifung des Gehirns be-

Schlafstörungen

gründet. Diese Reifungsprozesse laufen bei Kindern in deutlich verschiedenem Entwicklungstempo ab und bilden einen wichtige Basis für das Verständnis des gestörten Schlafes. Für die in allen Altersgruppen beobachtbaren Ein- und Durchschlafstörungen sind aber wahrscheinlich sehr viel mehr Bedingungselemente aus der Umwelt bedeutsam. Sie weisen starke Bezüge zu Belastungen in Familien, Schule und Freundeskreis auf. Wie bereits angedeutet, sind schließlich auch übergeordnete seelische Störungen ein wichtiger Ursachenfaktor bei einigen Erscheinungsformen von Schlafstörungen.

Die *Reifungsverzögerung des Gehirns* spielt bei den drei Unterformen der abnormen Schlafstörungen (Parasomnien), also dem Pavor nocturnus, den Alpträumen und dem Schlafwandeln, eine zentrale Rolle. Neben den psychologischen Belastungsfaktoren können in einzelnen Faktoren auch Fieberzustände eine auslösende Rolle spielen. Darüber hinaus können Entzündungen oder Verletzungen des Gehirns in einigen Fällen einen weiteren Beitrag zu den Ursachen für eine Schlafstörung liefern.

Für die seltene Störung der *Narkolepsie* wird eine erbliche Komponente angenommen, wobei die erhöhte familiäre Belastung mit dieser Störung diese Annahme stützt. Die Ursachen der sog. *Schlafapnoen* sind noch weitgehend unaufgeklärt.

5. Therapie

Da die meisten Ein- und Durchschlafstörungen vorübergehend sind, reicht häufig eine *Beratung* der Eltern zum Abbau von Belastungen und Spannungen in der Familie oder Schule aus. Eltern sollten bestimmte Gewohnheiten wie regelmäßige Schlafzeiten oder Einschlafrituale mit z. B. Gutenachtgeschichten in den Tageslauf eingebauen. Sie müssen darüber hinaus über den normalen Schlafablauf aufgeklärt werden und lernen, die möglicherweise begleitenden Ängste ihrer Kinder abzubauen. Es gibt sehr wirkungsvolle Vorgehensweisen der *Verhaltenstherapie*, in denen Eltern lernen, kompetent und angemessen mit den Schlafstörungen ihres Kindes umzugehen.

Mit der Verordnung von *Schlafmitteln* sollte hingegen im Kindes- und Jugendalter sehr zurückhaltend vorgegangen werden. Derartige Maßnahmen lassen sich nur als vorübergehende Entlastung rechtfertigen. Dabei sind pflanzliche Präparate zu bevorzugen, um der Gefahr einer Gewöhnung an Schlafmittel von vornherein zu begegnen.

Auch für die seltenen abnormen Schlafstörungen (Parasomnien) ist eine ausreichende *Beratung* der Eltern erforderlich, damit sie das Erscheinungsbild besser verstehen und gegebenenfalls auch die Gefährdung der Kinder durch das Schlafwandeln verhindern. Vereinzelt können bei diesen Störungen auch *Psychopharmaka* zur Normalisierung des Schlafzyklus eingesetzt werden. Dies gilt auch für die seltenen Hypersomnien sowie die Schlafstörungen im Rahmen einer übergeordneten seelischen Störung. Treten die Schlafstörungen etwa im Rahmen einer Schizophrenie oder Manie auf, so sind Neuroleptika nicht nur hinsichtlich der Kernsymptome, sondern auch hinsichtlich der Schlafstörung wirksam. Dies gilt auch für den Einsatz von Antidepressiva bei den schweren Depressionen.

6. Verlauf

Die Schlafstörungen des Kindesalters nehmen in der Regel einen günstigen Verlauf. Dies gilt auch für die im Erscheinungsbild recht dramatisch wirkenden Parasomnien, die typischerweise jenseits des frühen Schulalters nicht mehr zu beobachten sind. Allerdings neigt eine späte Entwicklung des Schlafwandelns im Erwachsenenalter eher dazu, chronisch zu werden. Die Überlagerung der Schlafstörungen mit übergeordneten psychischen Störungen ist bei Erwachsenen deutlich häufiger als bei Kindern zu beobachten.

7. Empfohlene weiterführende Literatur

- Douglas, J., Richman, N.: Mein Kind will nicht schlafen. Fischer-Verlag, Stuttgart, 1989.
- Steinhausen, H.-C.: Schlafstörungen. In: Steinhausen, H.-C., von Aster M. (Herausgeber). Verhaltenstherapie und Verhaltensmedizin bei Kindern und Jugendlichen. 2. Auflage. Psychologie Verlags Union, Weinheim, 1999.

Fallbeispiel

Die 14jährige Christine war auf die Intensivstation eines Krankenhauses gekommen, nachdem sie zu Hause eine Packung Beruhigungsmittel eingenommen hatte, die ihrer Mutter vom Hausarzt verschrieben worden waren. Als die Mutter am späten Nachmittag von ihrer Arbeit nach Hause kam, fand sie Christine regungslos auf dem Bett in ihrem Zimmer. Auf ihrem Arbeitstisch lag ein Abschiedsbrief. In diesem Brief klagte Christine über die Sinnlosigkeit ihres Lebens, nachdem sie vor wenigen Wochen von ihrem Freund verlassen worden war. Da im Krankenhaus noch rechtzeitig eingegriffen werden konnte, überlebte Christine diesen Selbsttötungsversuch.

1. Definition

Während Selbsttötungsversuche im Kindesalter extrem seltene Ereignisse sind, ist das Jugendalter der Lebensabschnitt mit der höchsten Rate an Selbsttötungsversuchen überhaupt. Dabei handelt es sich entweder um lebensbedrohliche, willentlich herbeigeführte *Selbstvergiftungen* mit einer Überdosis eines Medikamentes oder einer chemischen Substanz oder um ebenso willentlich herbeigeführte *Selbstverletzungen*. Selbsttötungsversuche sind als Handlungen vor dem sehr viel häufigeren *Selbsttötungsgedanken* zu unterscheiden. Die Bezeichnung „Selbstmord" ist falsch, weil man nur eine andere Person, nicht aber sich selbst ermorden kann.

Aus Gründen, die sogleich dargestellt werden sollen, ist eine Einteilung in drei *Gruppen* von Selbsttötungsversuchen sinnvoll:
- *akut*: hier liegen erst seit relativ kurzer Zeit Probleme vor und es fehlen zusätzliche Verhaltensauffälligkeiten.
- *chronisch*: zum Zeitpunkt des Suizidversuches liegen bereits seit längerer Zeit (mindestens einem Monat) Probleme vor. Auch hier fehlen zusätzliche Verhaltensauffälligkeiten.

- *chronisch mit seelischen Störungen und Verhaltensauffälligkeiten*: bei dieser dritten Gruppe bestehen seit einem Monat oder länger Probleme, die zum Selbsttötungsversuch geführt haben. Außerdem liegen Verhaltensauffälligkeiten in der unmittelbaren Vergangenheit vor. Diese können z. B. in Depression, Stehlen, wiederholtem Weglaufen, Drogenmißbrauch, körperlichen Auseinandersetzungen oder Konflikten mit der Polizei bestehen.

Diese Unterscheidung in drei Gruppen ist insofern sinnvoll, als das Ausmaß familiärer Störungen von der ersten über die zweite bis zur dritten Gruppe zunimmt, vornehmlich in der ersten Gruppe Probleme in Beziehungen bestehen und sich in der zweiten, ganz besonders aber in der dritten Gruppe Fälle mit medizinischen oder speziell seelischen Störungen häufen.

2. Häufigkeit

Alle internationalen Statistiken zeigen, daß Selbsttötungsversuche in den westlichen Industrieländern seit den 1960er und 70er Jahren beträchtlich zugenommen haben. Eine Teilerklärung findet sich sicherlich in dem Umstand, daß zunehmend mehr Beruhigungsmittel entwickelt und verschrieben werden und darüber hinaus illegale Drogen im großen Umfang verfügbar geworden sind. Möglicherweise sind aber auch zunehmende Belastungsfaktoren, die aus der Gesellschaft stammen, für diese Trends bedeutsam gewesen. Nicht unberücksichtigt bleiben darf ferner die Tatsache, daß die breite Aufmerksamkeit der Medien für das Thema von Selbsttötungshandlungen immer wieder nachgewiesenermaßen Anreize für Nachahmungshandlungen abgibt, wenn z. B. ein Musik-Idol oder Filmstar sich das Leben nimmt.

Vor dem Alter von 12 Jahren sind Selbsttötungshandlungen bei *Kindern* außerordentlich selten. Möglicherweise sind Kindern durch die nur selten vorkommenden depressiven Verstimmungen, das noch höhere Ausmaß an familiärer Zuwendung und die enge Beziehung zu den Eltern relativ besser als Jugendliche davor geschützt, Selbsttötungshandlungen auszuführen. Wenn Kinder tatsächlich Selbsttötungsversuche unternehmen, stammen sie häufig aus einem sehr belasteten familiären Umfeld oder in der Konsequenz derartiger Milieuschädigungen aus Pflegschaften und Heimunterbringungen. Unter *Jugendlichen* unternehmen Mädchen sehr viel häufiger Selbsttötungsversuche als Jungen.

3. Erscheinungsbild

Die von Jugendlichen am häufigsten eingesetzte Methode eines Selbsttötungsversuches ist die *Selbstvergiftung* (Intoxikation). Dies gilt vor allem für *Mädchen*. Hingegen setzen *Jungen* häufiger gegen sich selbst gerichtete *aggressive Handlungen* ein, die auch eher in eine vollendete Selbsttötung einmünden. Zu diesen sogenannten harten Methoden gehören Erhängen, Springen aus großer Höhe, Erschießen, Ertränken, Sprung vor Verkehrsmittel und schwere Stich- oder Schnittwunden. Die Selbstvergiftungen sind die Folge einer meist impulsiv eingenommenen Überdosis von Schmerz- oder Beruhigungsmitteln oder anderen Psychopharmaka. Bei der Einnahme von hohen Dosen von *Drogen* ist die Unterscheidung zwischen willentlicher und versehentlicher Überdosis oft schwierig.

Selbstverletzungen können unterschiedliche *Schweregrade* annehmen. Oberflächlich zugefügte Schnittverletzungen am Handgelenk oder Unterarm sind meistens Zeichen einer geringen Selbsttötungsabsicht. Einige Jugendliche fügen sich derartige Verletzungen wiederholt zu, und es bestehen enge Beziehungen zu Eßstörungen sowie Alkohol- oder Drogenmißbrauch. Die Jugendlichen bringen sich diese Verletzungen im Zusammenhang mit Verlusterlebnissen, Belastungen aus einer Beziehung oder in Spannungszuständen bei. Die bereits geschilderten sogenannten harten Methoden sind immer schwere Selbstverletzungen. Schließlich gibt es noch eine Form der Selbstverletzung mit ungewöhnlichen Verletzungen – z. B. der Geschlechtsteile oder der Augen – bei jungen Menschen, die an einer schweren seelischen Störung wie z. B. einer schizophrenen Erkrankung leiden.

Junge Menschen nehmen ihre Selbsttötungshandlungen überwiegend in der *familiären Wohnung* vor. Damit wird sowohl die Abhängigkeit des jungen Menschen von seiner Familie wie auch der möglicherweise hilfesuchende Charakter des Selbsttötungsversuches zum Ausdruck gebracht. Oft ist auch die leichtere Verfügbarkeit von Medikamenten oder Chemikalien im Haushalt dafür verantwortlich.

Obwohl es durchaus einige Beziehungen zwischen Selbsttötungsversuchen und *seelischen Störungen* gibt – hierzu zählen vor allem depressive Störungen und Drogenmißbrauch –, ist eine seelische Störung keine notwendige Voraussetzung für einen Selbsttötungsversuch. Wie in der Definition bereits zum Ausdruck gebracht wurde, weist auch nur ein Teil der Jugendlichen gleichzeitig bestehende Verhaltensauffälligkeiten auf.

4. Ursachen

Statt einer Ableitung der Selbsttötungsversuche aus längerfristig bestehenden seelischen Störungen gibt die Berücksichtigung von drei Bedingungen für das Auftreten von Selbsttötungsversuchen ein besseres Erklärungsmodell ab: Hierzu zählen Hintergrundfaktoren, Problemfelder und Auslöser sowie Motive.

Im Rahmen der *Hintergrundfaktoren* haben gestörte Familienverhältnisse eine besondere Bedeutung. Scheidungs- und Trennungserfahrungen sowie Heimunterbringungen sind ein häufiges Risikoelement. Wahrscheinlich ist insbesondere der frühe Verlust der Eltern von Bedeutung. Darüber hinaus häufen sich in den Familien der betroffenen Jugendlichen seelische Störungen, wobei Alkoholismus und Drogenmißbrauch besonders bedeutsam sind. Möglicherweise haben auch andere Familienmitglieder bereits einen Selbsttötungsversuch vorgenommen. Schließlich können Kinder und Jugendliche mit Selbsttötungsversuchen häufig auch das Opfer von Mißhandlungen oder sexuellem Mißbrauch sein.

Die eigentliche Selbsttötungshandlung hat dann im unmittelbaren Vorfeld einige *Probleme und Auslöser*, unter denen Konflikte mit Eltern, Schule oder Arbeitsplatz sowie Freundschaftsbeziehungen eine besondere Rolle spielen. Weitere, insgesamt allerdings seltenere Bedingungen betreffen eine mangelnde Aufnahme in der Gruppe der Gleichaltrigen, gesundheitliche Einschränkungen, sexuelle Probleme, körperliche Krankheiten oder seelische Störungen der Eltern oder eigene seelischen Störungen. Meistens handelt es sich um eine Häufung derartiger Belastungen, die bereits seit längerer Zeit bestehen und sich unmittelbar vor der Selbsttötungshandlung verstärkt haben können.

Zu den *Motiven* gehören schließlich Gefühle der Hoffnungslosigkeit, der Verärgerung, des Verlassenseins und der Angst vor der Zukunft. Es muß allerdings betont werden, daß der größte Anteil von Selbsttötungsversuchen selten vorsätzlich, sondern eher impulsiv durchgeführt wird.

5. Therapie

Die Behandlung mit Jugendlichen mit Selbsttötungsversuchen setzt eine sehr sorgfältige *Abklärung* der soeben dargestellten Hintergrundfaktoren, Problemkreise und Motivkreise voraus. Sofern die Jugendlichen im Krankenhaus behandelt werden, sollte auf jeden Fall eine derartige Abklärung vorgenommen werden.

Die Frage, inwieweit eine weitere *Behandlung* erforderlich ist, kann in Abhängigkeit der Zuordnung zu den eingangs geschilderten drei *Gruppen* beantwortet werden. Bei der ersten Gruppe der akuten Probleme ohne Verhaltensauffälligkeiten lösen sich die Probleme oft als Folge des Selbsttötungsversuches. Ein klärendes Gespräch im Sinne einer sorgfältigen Untersuchung kann oft bereits ausreichen.

In der zweiten Gruppe mit chronischen Problemen liegen zwar keine äußerlich sichtbaren Verhaltensauffälligkeiten, häufig hingegen der Umwelt verborgene depressive Symptome und lang bestehende Konflikte vor. Diese Gruppe hat oftmals ungenügende familiäre Unterstützung bei der Bewältigung ihrer Probleme erfahren. Insofern muß bei dieser Gruppe eine aktive Behandlung durchgeführt werden. Auch bei der dritten Gruppe mit chronischen Problemen und Verhaltensauffälligkeiten im Sinne eines problematischen Sozialverhaltens ist in der Regel eine weiterreichende Behandlung erforderlich.

Sobald diese Abklärung vorgenommen ist, wird im Einzelfall zu klären sein, welche Verbindung von *Einzelpsychotherapie*, *Gruppenpsychotherapie* und *Familientherapie* sinnvoll ist. Bei gleichzeitig bestehenden anderen seelischen Störungen, welche auch mit Medikamenten behandelt werden müssen (z. B. schizophrene Psychosen), wird der Behandlungsplan um ein entsprechendes Element ergänzt.

6. Verlauf

Leider gibt es nur relativ wenige Studien, welche den weiteren Verlauf von Jugendlichen mit einem Selbsttötungsversuch untersucht haben. Immerhin kann aber festgestellt werden, daß etwa zwei Drittel der Jugendlichen in der Kurzzeitbeobachtung nach einem Monat nach einem Selbsttötungsversuch als deutlich gebessert eingestuft wurden. In der Langzeitbeobachtung fallen jedoch eine deutlich erhöhte Todesrate sowie eine geringerere Rate von stabilen Ehen und Partnerschaften, eine höhere Kriminalitätsbelastung sowie eine höhere Rate von körperlichen und seelischen Krankheiten auf.

Das *Wiederholungsrisiko* ist bei Jugendlichen, die einmal eine Selbsttötungshandlung vorgenommen haben, mit Angaben von bis zu 45 % außerordentlich hoch. Aus schwedischen Langzeitbeobachtungen stammt die Feststellung, daß etwa 4 % von Jugendlichen mit einem Selbsttötungsversuch später an einer vollendeten Selbsttötung gestorben sind. Hier waren erneut die Jungen wegen ihres aggressiven Vorgehens bei der Selbsttötung deutlich häufiger als die Mädchen betroffen. Bei derartigen Untersuchungsergebnissen muß allerdings berücksichtigt werden, daß sie jeweils in bestimmten Kulturen und Epochen durchgeführt wurden, die nicht notwendigerweise auf andere Verhältnisse und Zeiträume übertragbar sind.

Fallbeispiel

Über die 13jährige Regina wurde ein kinderpsychiatrisches Gutachten eingeholt. Das Gutachten war vom Gericht in Auftrag gegeben worden, nachdem die Mutter im Rahmen eines Scheidungsverfahrens ihren ehemaligen Mann beschuldigt hatte, das Kind mißbraucht zu haben. Nachdem Regina Vertrauen zu ihrer Untersucherin gefaßt hatte, schilderte sie, daß sie seit ihrem achten Lebensjahr von ihrem Vater mißbraucht worden sei. Er habe sie immer an Nachmittagen zu sich genommen, wenn seine Frau noch ihrer Arbeit nachging. Anfänglich habe Regina mit dem Vater gemeinsam Pornofilme sehen müssen, spätere habe er sie aufgefordert, ihn zu befriedigen. Er habe ihr gedroht, daß er ins Gefängnis komme, wenn sie von diesen Ereignissen irgend jemandem erzählen würde. Seit dem Alter von 11 Jahren, als Regina in die Pubertät eintrat, sei es dann auch wiederholt zu Geschlechtsverkehr gekommen. Die Mutter habe sich Reginas zunehmende Abkapselung und Wortkargheit zunächst nicht erklären können. Als sie schließlich Regina auf ihre Verstimmtheit ansprach, eröffnete diese der Mutter unter Tränen, was sich zwischen ihr und dem Vater seit Jahren zugetragen habe.

1. Definition

Kennzeichen für den sexuellen Mißbrauch von Kindern sind zwei gleichzeitig auftretende Handlungen, nämlich daß einerseits dem Kind gegenüber ein bestimmtes sexuelles Verhalten erzwungen wird und andererseits eine sexuelle Handlung zwischen einem Kind und einem beträchtlich älteren Menschen vollzogen wird. Dies schließt auch sexuelle Handlungen von Jugendlichen mit deutlich kleineren Kindern ein. Dabei muß das Kind als ein abhängiges und in seiner Entwicklung noch unreifes Wesen betrachtet werden, das für die sexuelle Handlung ausgenutzt wird und noch nicht in der Lage ist, seine Zustimmung zu diesen Handlungen zu geben. Der sexuelle Mißbrauch von Kindern ist zugleich ein Straftatbestand, der juristisch verfolgt wird.

Hinsichtlich der vorgenommenen sexuellen Aktivitäten lassen sich *vier Formen* unterscheiden:

- die Zurschaustellung von sexuellen Akten, von Pornographie und von Exhibitionismus
- das Berühren der Geschlechtsteile des Kindes bzw. die Aufforderung zur Berührung oder Masturbation der Geschlechtsteile der Erwachsenen
- verschiedene Formen des sexuellen Verkehrs ohne Bedrohung und häufig über längere Zeiträume sowie
- die Vergewaltigung als akut erzwungener Geschlechtsverkehr.

In 90 % aller Fälle werden Kinder von Angehörigen oder nahen Verwandten und Bekannten der Familie mißbraucht. In höchstens 10 % der Fälle handelt es sich um Täter, die dem Kind nicht bekannt sind.

2. Häufigkeit

Angesichts der sehr ausgeprägten Verheimlichungstendenzen durch die Täter, der Strafangst der mißhandelten Kinder sowie des meist vom Täter ausgehenden erheblichen Drucks auf das Kind ist es schwierig, gültige Zahlen über die Verbreitung des sexuellen Mißbrauchs zu gewinnen. Erst seit den 1980er Jahren hat international die Öffentlichkeit vermehrt die relativ weite Verbreitung des sexuellen Mißbrauchs in Familien zur Kenntnis genommen.

Internationale Schätzungen beruhen meist auf rückwirkenden Erhebungen, die sich auf die Aussagen von Erwachsenen stützen, welche in ihrer Kindheit Opfer eines sexuellen Mißbrauchs gewesen sind. Dabei sind in den USA die höchsten Zahlen ermittelt worden. Sie besagen, daß maximal ein Drittel aller Kinder und Jugendlichen mindestens eine sexuelle Erfahrung mit einem Erwachsenen gehabt haben, wobei die Erfahrung von Exhibitionismus bis zum sexuellen Verkehr reichte. Sollten diese Zahlen als eine Überschätzung betrachtet werden müssen, so machen sie doch deutlich, daß Kinder in sehr viel größerem Maße Opfer eines sexuellen Mißbrauchs vornehmlich in der Familie werden, als dies allgemein in der Öffentlichkeit angenommen wird.

Unter den Geschlechtern haben *Mädchen* ein deutlich höheres Risiko, Opfer eines sexuellen Mißbrauchs zu werden. Grundsätzlich können alle Altersgruppen betroffen sein. Besonders häufig ist der sexuelle Mißbrauch in der *Pubertät*, in der auch die meisten Vergewaltigungen stattfinden. Sexueller Mißbrauch kann in allen *Sozialschichten* beobachten werden, wenngleich der Zusammenhang mit niedriger Sozialschicht, Armut, sozialer Isolation und Scheidungsfamilien deutlich stärker ist.

3. Erscheinungsbild

Der sexuelle Mißbrauch spielt sich typischerweise in der Familienwohnung ab. Der Täter setzt häufig Belohnungsangebote, Drohung, Zwang oder körperliche Gewalt ein. Unter den aufgedeckten Fällen ist die *Inzestbeziehung* zwischen *Vater und Tochter* die häufigste Form, während der Inzest zwischen *Geschwistern* wahrscheinlich die tatsächlich häufigste Form ist. Beide Formen werden wahrscheinlich sehr viel seltener zur Anzeige gebracht, als sie tatsächlich vorkommen. Hingegen werden besonders häufig dann Fälle zur Anzeige gebracht, wenn es sich um einen fremden oder nicht mit dem Kind verwandten Täter handelt, wobei körperliche Gewalt eingesetzt wurde. Im Vergleich zu Mädchen werden Jungen sehr viel häufiger außerhalb der Familie mißbraucht.

Die ungenügende Aufdeckung und Anzeige von Fällen von oft lang hingezogenem sexuellen Mißbrauch läßt sich aus einer Reihe von Umständen erklären. Dabei spielt die Androhung von weiterer Gewalt eine besondere Rolle. Hinzu kommt, daß der Täter das Kind mit der Ankündigung unter Druck setzt, er werde bei Aufdeckung des Mißbrauchs mit Bestrafung und Haft bedroht. Das so erpreßte Schweigen des Kindes wird zusätzlich durch die Passivität mitwissender Familienmitglieder – häufig der Mutter – aufrechterhalten. Dabei treten die mitwissenden Mütter beim Vater-Tochter-Inzest auch noch ihre Rolle als Sexualpartnerin an die Tochter ab.

Für den sexuellen Mißbrauch gibt es sowohl *Hinweiszeichen im Verhalten* wie auch eine Reihe von *körperlichen Symptomen*, die erst durch eine sorgfältige ärztliche Untersuchung aufgedeckt werden können (s. Tabelle 17). Viele dieser Zeichen sind für sich allein genommen ungenügend beweisend. Vielmehr erhalten sie erst in der Zusammenschau ihre besondere Bedeutung. Sofern das Kind nicht schon aufgrund eines klaren Hinweises auf sexuellen Mißbrauch zur Untersuchung vorgestellt wird, ist eine große Erfahrung erforderlich, um den Verdacht eines sexuellen Mißbrauches durch eine sorgfältige Untersuchung zu erhärten.

4. Ursachen

Aus der Definition, daß beim sexuellen Mißbrauch ein abhängiges Kind zum *Opfer* von sexuellen Handlungen durch einen wesentlich älteren *Täter* gemacht wird, läßt sich ableiten, daß das Kind für diese Handlungen nicht verantwortlich gemacht werden kann. Bei dem Versuch, die Persönlichkeit des Täters zu analysieren – ohne damit seine Handlungen zu billigen oder zu entschuldigen –, trifft man oft auf Merkmale seelischer Auffälligkeit. Alkoholismus, Persönlichkeitsauffälligkeiten und Beziehungsunfähigkeit mit aktuellen Problemen in der Partnerschaft sind häufig anzutreffen. Die Wurzeln liegen ferner häufig in einer entbehrungsreichen, durch wenig Zuwendung gekennzeichneten eigenen Kindheit und möglicherweise gleichen Erfahrungen des sexuellen Mißbrauchs. Im Handeln des Täters schließt sich damit häufig ein Kreis, der seinen Ausgang bereits in der eigenen Kindheit genommen hat und durch die aktuellen Lebensumstände geschloßen wird. Ähnlich wie bei anderen Formen der körperlichen Kindesmißhandlung bilden belastende wirtschaftliche und finanzielle Verhältnisse einen nicht unbedeutenden Hintergrund auch beim sexuellen Mißbrauch. Schließlich darf bei der Betrachtung der Ursachen auch nicht übersehen werden, daß mit dem wissentlichen Schweigen und Dulden von langjährigen Inzest-Verhältnissen in

222

Tab. 17: Körperliche Symptome und Hinweise im Verhalten bei sexuellem Mißbrauch von Kindern und Jugendlichen

Körperliche Symptome

- Verletzungen an den Geschlechtsteilen oder dem Darmausgang
- Fremdkörper in der Harnröhre, in den Geschlechtsteilen oder im Darmausgang
- Körperverletzungen an Brüsten, Gesäß, Schenkeln oder Unterleib
- Geschlechtskrankheiten einschließlich Pilzinfektionen sowie verdachtsweise auch wiederkehrende Harnwegsinfekte
- Schwangerschaft

Hinweiszeichen im Verhalten

- altersunangemessene sexuelle Aktivitäten einschließlich Zurschaustellung der Geschlechtsteile, ausgeprägter sexueller Neugierde, zwanghafter Selbstbefriedigung und Jugendlichen-Prostitution
- Trennungsängste
- altersunangemessenes, kleinkindhaftes Verhalten
- depressive Verstimmung
- Schlafstörungen
- Beziehungsstörungen
- Nachlassen der Schulleistungen
- unangemessenes Verhalten gegenüber Männern
- übermäßig angepaßtes Verhalten
- dissoziales und aggressives Verhalten; Weglaufen
- fehlender Kontakt zu Gleichaltrigen
- Veränderungen hinsichtlich der Schulanwesenheit

der Familie durch die übrigen Familienmitglieder erheblich dazu beigetragen wird, daß sich ein sexueller Mißbrauch oft über lange Jahre hinziehen kann.

223

5. Therapie

Jede Form sexuellen Mißbrauches bedarf einer fachkundigen Behandlung. Insbesondere die typische Situation eines langjährigen sexuellen Mißbrauchs in der Familie braucht in der Regel eine längerfristige *Psychotherapie* der häufig seelisch sehr stark verletzten Kinder. Andererseits macht ein einmaliger oder kurzer Kontakt z. B. mit einem Exhibitionisten oder eine geringfügige sexuelle Manipulation durch eine dem Kind vertraute Person bisweilen auch nur eine kurzfristige *Beratung* erforderlich. Hier ist sogar abzuwägen, ob intensive Verhöre durch die Kriminalpolizei oder vertiefte Befragungen des Kindes nicht in stärkerem Maße Schäden setzen als die sexuelle Handlung selbst. Die Art und Dauer der Behandlung wird dabei nicht unwesentlich von der Tatsache mitbestimmt, inwieweit es den Eltern gelingt, durch Besonnenheit und eventuell auch Verständnis für die seelischen Gründe und Verhaltensweisen des Täters zu einer schnellen Verarbeitung der seelischen Verletzung des Kindes beizutragen.

In jedem Fall ist eine Therapie erforderlich, wenn der sexuelle Mißbrauch mit *Gewaltanwendung* erfolgte oder sich über längere Zeiträume erstreckte. Für die Verarbeitung dieser Erfahrungen ist eine intensive Einzelpsychotherapie, bei Jugendlichen gegebenenfalls auch eine Gruppentherapie im Rahmen ähnlich Betroffener notwendig. Neben der Verarbeitung der seelischen Verletzung durch den Mißbrauch müssen die daraus resultierenden zusätzlichen seelischen Störungen im Form von emotionalen Störungen oder Auffälligkeiten im Verhalten in der Therapie bearbeitet werden.

Ähnlich wie bei anderen Formen der körperlichen Kindesmißhandlung muß auch beim sexuellen Mißbrauch abgeklärt werden, inwieweit das mißbrauchte Kind weiter *in der Familie verbleiben* kann, in der sich die sexuellen Handlungen abgespielt haben. Dabei besteht im Rahmen des Verbleibens in der Familie das Risiko, daß sich nicht nur der sexuelle Mißbrauch fortsetzt, sondern nunmehr auch beträchtlicher Druck seitens anderer Familienmitglieder auf das Kind ausgeübt wird, zumal die Familie nun von Strafverfolgung und wirtschaftlicher Not durch Inhaftierung des Täters bedroht ist. Wünschenswert ist daher eine wirkliche Kooperation des Täters mit den beratenden Einrichtungen und Personen. Weil diese Bereitschaft in der Regel nur selten gegeben ist, sind die Strafverfolgungsbehörden in einigen Ländern dazu übergegangen, die Kooperationsbereitschaft des Täters strafmindernd zu berücksichtigen.

Ferner muß im Rahmen der Behandlung auch die Rolle der passiv mitspielenden Mütter bei dem häufigen Vater-Tochter-Inzest verarbeitet werden. All diese Therapieziele können in der Regel nur durch langfristige Behandlungen durch ausgewiesene Experten angegangen werden. Dabei wirken psychotherapeutisch ausgebildete Kinder- und Jugendpsychiater, Psychologen und Sozialarbeiter zusammen, wobei meist auch eine enge Abstimmung mit den Strafverfolgungsbehörden erforderlich ist.

6. Verlauf

Ein sexueller Mißbrauch im Kindesalter hat häufig *langfristige Auswirkungen* auf die Entwicklung des Kindes und Jugendlichen bis in das Erwachsenenalters. Es können vielfältige seelische Störungen resultieren, zu denen Depressionen, Ängste, Spannungszustände, Selbsttötungshandlungen, Eßstörungen sowie langanhaltende Lebenskrisen gehören. Dies betrifft vor allem Frauen, die als Kinder Opfer von sexuellen Mißhandlungen wurden. Bei Männern, die ähnliche Erfahrungen in ihrer Kindheit machen mußten, entwickeln sich häufiger homosexuelle Orientierungen, Drogenmißbrauch sowie Störungen im Sozialverhalten einschließlich Kriminalität. Nicht selten werden diese ehemaligen Opfer eines sexuellen Mißbrauchs dann auch wieder zu *Tätern*.

Die betroffenen Frauen sind häufig in ihren zwischenmenschlichen Beziehungen tief verunsichert und werden im Sinne eines Wiederholungszwanges wiederum gehäuft Opfer von sexueller Gewalt innerhalb und außerhalb von Partnerschaft und Ehe. Auch ihr Sexualleben ist häufig beeinträchtigt, wobei neben Unzufriedenheit und Ängstlichkeit auch ein unkritisches Wechseln der Sexualpartner bis hin zur Prostitution beobachtet werden kann. Auch bei Frauen kann häufig ein süchtiges Verhalten mit Entwicklung von Alkohol- und Drogenmißbrauch als Folge des sexuellen Mißbrauchs in der Kindheit beobachtet werden.

Langzeitbeobachtungen zeigen, daß die Folgen eines sexuellen Mißbrauchs tatsächlich langanhaltend sind. Während unmittelbar nach dem sexuellen Mißbrauch in der Kindheit bis zu 40 % der Kinder als psychisch gestört erscheint, weisen immer noch 20 % der Erwachsenen mit einer entsprechenden Kindheitserfahrung bedeutsame psychische Störungen auf. Der Verlauf ist eher ungünstig, wenn der Mißbrauch innerhalb der Familie durch Väter oder Stiefväter als durch andere Täter erfolgt. Der vollzogene Geschlechtsverkehr hat wahrscheinlich ungünstigere langfristige Auswirkungen als andere sexuelle Handlungen. Auch sind die Langzeitfolgen bei Anwendung von Gewalt stärker ausgeprägt. Wahrscheinlich ist deshalb der sexuelle Mißbrauch durch Männer und Erwachsene schädlicher als durch Frauen und Jugendliche. Schließlich wird der Verlauf stärker beeinträchtigt, wenn die Familie das Opfer des sexuellen Mißbrauchs nicht schützt und das Kind aus der Familie herausgenommen wird.

7. Empfohlene weiterführende Literatur

- Thurn, C., Wils, E.: Therapie sexuell mißbrauchter Kinder. Erfahrungen – Konzepte – Wege. Berlin-Verlag Arno Spitz, Berlin, 1998
- Julius, H., Boehme, U.: Sexuelle Gewalt gegen Jungen. 2. Auflage. Verlag für Angewandte Psychologie, Göttingen, 1997

Fallbeispiel

Bei der 6jährigen Anne sind Schwangerschaft und Geburt normal verlaufen. Die frühkindliche Entwicklung zeigte hinsichtlich der Motorik keine Auffälligkeiten. Die ersten Worte hatte Anne mit 2 Jahren gesprochen, doch war die weitere Sprachentwicklung dann deutlich zurückgeblieben. Bis zum Alter von 4 Jahren sprach sie höchstens in Zweiwort-Sätzen. Im Alter von 4 Jahren hatte eine psychologische Untersuchung eine altersentsprechende Intelligenz ergeben. Hingegen ergab die logopädische Untersuchung bei der 6jährigen eine deutliche Sprachentwicklungsverzögerung. Anne hat einen eingeschränkten Wortschatz und Probleme bei der Wortfindung. Sie kann einige Wörter nicht korrekt aussprechen und zeigt deutliche Störungen hinsichtlich des Satzbaus und der Grammatik. Die weitere Untersuchung ergibt auch Hinweise auf ein schlechtes Körpergefühl und Konzentrationsschwierigkeiten. Testpsychologische Befunde zeigen, daß die Verarbeitung der Wahrnehmung sowohl im Bereich des Hörens wie auch des Sehens und der Körperempfindung gestört sind.

1. Definition und Einteilung

Bei den Sprachentwicklungsstörungen ist der normale Spracherwerb ab der frühen Kindheit verzögert und beeinträchtigt. Diese Störungen sind nicht neurologisch bedingt und sie müssen von den Redefluß-Störungen (Stottern und Poltern) abgegrenzt werden. Ferner sind sie nicht durch Sinnesbeeinträchtigungen (z. B. Taubheit), geistige Behinderung oder Umweltfaktoren (z. B. Mangelanregung) bedingt.

Die *Unterscheidung von noch normalen Entwicklungsverläufen* erfolgt über den Schweregrad, den Verlauf, das Muster der Auffälligkeiten und begleitende Probleme. Hinsichtlich des Schweregrades muß ein ausgeprägter Grad von Sprachauffälligkeiten vorliegen. Der Verlauf ist durch eine natürliche Tendenz zur Besserung gekennzeichnet. Das Muster der Sprachentwicklungsverzögerung ist durch eindeutig abnorme, nicht einer frühen Entwicklungsphase entsprechende Sprachelemente charakterisiert. Schließlich wird die Diagnose einer Sprachentwicklungsverzögerung durch die häufig begleitenden Probleme wie Lernstörungen (z. B. Lese-Rechtschreibschwäche), Beziehungsstörungen sowie begleitende psychische Störungen gestützt. Bestimmend ist ferner die klare Abgrenzung gegenüber einer allgemeinen Entwicklungsstörung, bei der die gesamte Person betroffen ist.

Im wesentlichen sind drei Formen von Sprachentwicklungsstörungen zu unterscheiden. Neben der *Störung der Aussprache (Artikulationsstörung)* werden eine sogenannte *expressive* und eine sogenannte *rezeptive Sprachstörung* unterschieden. Diese Aufteilung orientiert sich an dem Sprach-Hör-Kreis, der zwischen dem Teil der ausgedrückten Sprache (expressiv) und dem Teil der aufgenommenen Sprache (rezeptiv) unterscheidet.

Die *Artikulationsstörung* bezeichnet eine gestörte Aussprache des Kindes, die nicht seinem Intelligenzalter entspricht, während die übrigen sprachlichen Fähigkeiten normal entwickelt sind. Konkret handelt es sich um einen verzögerten oder abweichenden Lauterwerb mit Auslassungen, Verzerrungen oder Ersetzungen von Lauten und falschen Lautfolgen. Derartige Symptome werden auch mit Dyslalie bzw. Stammeln bezeichnet, wobei unterschiedliche Schweregrade beobachtet werden können.

Eine *expressive Sprachstörung* kann nur festgestellt werden, sofern das Kind deutlich schlechter spricht, als aufgrund seiner Intelligenz zu erwarten ist und das Sprachverständnis normal ist. Hinweisend sind die Unfähigkeit, im Alter von zwei Jahren einzelne Wörter bzw. im Alter von drei Jahren einfache Zweiwortsätze zu bilden. Später treten Fehler bei der Anwendung von Sprachregeln (Grammatik und Syntaktik) sowie ein eingeschränkter Wortschatz hinzu. Die nichtsprachliche Verständigung muß relativ ungestört sein. Häufig liegen auch andere seelische Störungen, speziell hyperkinetische Störungen, Störungen des Sozialverhaltens sowie emotionale Störungen wie Angst oder Depression vor.

Bei der *rezeptiven Sprachentwicklungsstörung* liegt das Sprachverständnis des Kindes unterhalb des Niveaus, das aufgrund der Intelligenz des Kindes erwartet werden kann. Nahezu durchgängig ist eine rezeptive Sprachentwicklungsstörung von einer expressiven Sprachentwicklungsstörung einschließlich einer Störung der Aussprache begleitet. Hinweisende Symptome sind im Säuglingsalter die fehlende Reaktion auf vertraute Namen und die Unfähigkeit, vertraute Objekte zu bezeichnen oder einfachsten Anforderungen zu folgen. Später fehlt das Verständnis für grammatikalische Strukturen (Fragen, Verneinungen usw.) und für nicht sprachliche Aspekte der Verständigung wie z. B. die Gestik. Begleitende Störungen im Sinne von hyperkinetischen Störungen, emotionalen Störungen sowie Beziehungsstörungen zu Gleichaltrigen sind überaus häufig. Rezeptive Sprachstörungen werden oft von einem umgrenzten Hörverlust im Hochfrequenzbereich begleitet, der allerdings die Symptome nicht hinlänglich erklärt.

2. Häufigkeit

Fehlende einheitliche Definitionen sowie ein Mangel an sorgfältigen Studien machen Angaben zur Häufigkeit schwierig. Schätzungen gehen von einer Häufigkeit von 5 % bis 6 % für Artikulationsstörungen sowie 5 % für expressive und rezeptive Sprachentwicklungsstörungen aus. Jungen sind zweimal häufiger als Mädchen von Sprachentwicklungsverzögerungen betroffen. Deutlich erhöhte Raten für begleitende psychische Störungen sind in verschiedenen Untersuchungen in der Bevölkerung festgestellt worden (zur Übervertretung des männlichen Geschlechts siehe 4. Ursachen).

3. Erscheinungsbild

Für eine sorgfältige Untersuchung von Kindern mit Sprachentwicklungsstörungen ist die Zusammenarbeit von verschiedenen Experten erforderlich. Die *logopädisch-phoniatrische Untersuchung* bezieht sich auf Störungen der Lautbildung (Dsyalie), des Wortgebrauchs (Dysnomie) sowie des Satzgebrauchs (Dysgrammatismus). Sie klärt ferner auch Störungen des Redeflusses (Dysfluenz), des Sprachtempos (Dysagogie), der Sprachakzentuierung (Dysprosodie) und der Stimmbildung (Dysphonie) ab. Zusätzlich muß mit der Methode der Audiometrie die Hörfähigkeit geprüft werden.

Angesichts der Häufung von begleitenden psychischen Störungen ist bei Kindern mit einer Sprachentwicklungsstörung immer eine sehr sorgfältige *kinder- und jugendpsychiatrische Untersuchung* erforderlich. Diese muß sich in besonderer Weise auf die bereits erwähnten hyperkinetischen Störungen, emotionalen Störungen sowie die Störungen des Sozialverhaltens beziehen. Weitere ergänzende Untersuchungen sollten sich auf eine sorgfältige entwicklungsneurologische Diagnostik, gegebenenfalls die Erfassung des biologischen Reifungszustandes des Gehirns mit der Ableitung eines EEG sowie auf neuropsychologische Tests, insbesondere zur Erfassung der Sprachentwicklung, erstrecken.

4. Ursachen

Alle Entwicklungsstörungen sind eng mit der Reifung des Zentralen Nervensystems (ZNS) verknüpft. Daher haben biologische Faktoren auch für die Sprachentwicklungsstörung eine besondere Bedeutung. Gleichwohl mangelt es noch immer an dem Nachweis der Wirksamkeit ganz spezieller ursächlicher Faktoren. Die deutliche Knabenwendigkeit liefert einen allgemeinen Hinweis für die Bedeutsamkeit biologischer Faktoren, weil Knaben insgesamt von der Natur biologisch schwächer als Mädchen ausgestattet sind. Für die *Artikulationsstörung* fehlt es an speziellen Hinweisen auf Ursachen, die nur für diese Störungen gelten. Denn Schwangerschafts- und Geburts-Risikofaktoren, feinneurologische Zeichen und Auffälligkeiten im EEG gestatten insgesamt keine klare Unterscheidung von normalen Kindern. Ebenso fehlt es an dem Nachweis ganz spezieller Belastungsfaktoren aus der Umwelt.

Für die *expressiven und rezeptiven Sprachentwicklungsstörungen* sind neben der Übervertretung von Jungen auch erhöhte Raten feinneurologischer Zeichen, nicht hingegen erhöhte Raten für Schwangerschafts- und Risikofaktoren nachgewiesen. Ebenso konnte eine deutlich höhere Belastung mit Risiken aus der Umwelt nachgewiesen werden. Aktuelle Theorien betonen in besonderer Weise die erbliche Risikoausstattung, welche bei leichter oder mittlerer Beeinträchtigung erst durch ergänzende Belastungsfaktoren aus der Umwelt (z. B. mangelnde Förderung) zur Störung führt.

5. Therapie

Die Behandlung von Kindern mit Sprachentwicklungsstörungen bezieht sich je nach Begleitung durch zusätzliche Störungen auf mehrere Ebenen. Für die einfache *Artikulationsstörung* muß geklärt werden, ob daß Ausmaß und die Folgen der Störung für die Verständigung und die soziale Entwicklung des Kindes eine Spachheilbehandlung (Logopädie) überhaupt erforderlich machen. Der Schwerpunkt dieser Behandlung besteht darin, dem Kind über neue Bewegungsmuster und Stellungen von Lippen, Zunge und Gaumen die korrekte Lautbildung zu ermöglichen. Die meist leichteren zusätzlichen seelischen Störungen können in der Regel mit einer Beratung der Bezugsperson erfolgreich angegangen werden.

Die hinsichtlich Schweregrad und Verlauf ungünstigeren *expressiven und rezeptiven Sprachstörungen* sollten hingegen im Rahmen von Frühdiagnostik und -therapie behandelt werden. Hier sind immer eine längerfristige Sprachheilbehandlung und sehr häufig zusätzliche psychotherapeutische bzw. verhaltenstherapeutische Maßnahmen erforderlich, um den begleitenden Problemen dieser Kinder gerecht zu werden. Beim Vorliegen einer Lese-Rechtschreibschwäche sind darüber hinaus weitere spezielle Trainingsprogramme zu berücksichtigen. Kinder mit Sprachentwicklungsstörungen brauchen insofern eine frühzeitig einsetzende Therapie und Rehabilitation durch verschiedene Experten, d. h. neben Logopäden auch durch Psychologen, Kinderpsychiater oder speziell ausgebildete Pädagogen. Ihre pädagogische Förderung ist häufig nur in Spezialklassen mit entsprechend ausgebildeten Sonderpädagogen möglich.

6. Verlauf

Artikulationsstörungen behindern die Schullaufbahn der betroffenen Kinder nur wenig. Sie haben mit einer Besserungsrate von fast zwei Dritteln im Alter zwischen 8 und 13 Jahren auch im Vergleich zu allen anderen Entwicklungsstörungen einen ungewöhnlich guten Verlauf. Probleme können eher aus den begleitenden psychischen Störungen und weiteren Entwicklungsauffälligkeiten wie Einnässen (Enuresis) sowie Eß- und Schlafstörungen resultieren, die sich aber ebenfalls im Jugendalter deutlich zurückbilden. Beim Eintritt in das junge Erwachsenenalter ist die Rate von seelischen Störungen aber nicht erhöht.

Hingegen ist der Verlauf der *expressiven und rezeptiven Sprachstörungen* vergleichsweise ungünstiger. Diese sind häufig Vorläufer von Lese-Rechtschreibstörungen und damit verknüpften Störungen der Schullaufbahn. Ungünstig wirkt sich auch die Begleitung durch andere seelische Störungen aus, wobei die hyperkinetischen Störungen teilweise in der Adoleszenz zurückgehen, während die Störungen des Sozialverhaltens bis zum Eintritt in das Erwachsenenalter sogar noch zunehmen und dann auch emotionale Probleme auftreten können.

7. Empfohlene weiterführende Literatur

– Braun, O.: Sprachstörungen bei Kindern und Jugendlichen. Diagnostik – Therapie – Förderung. Kohlhammer, Stuttgart, 1999.
– Grimm, H.: Störungen der Sprachentwicklung. Hogrefe Verlag, Göttingen, 1999.
– von Suchodoletz, W.: Sprach- und Sprechstörungen. In: Steinhausen, H.-C. (Herausgeber). Entwicklungsstörungen im Kindes- und Jugendalter. Kohlhammer, Stuttgart, 2001.

(Stottern, Poltern)

Fallbeispiel

Bei dem 11jährigen Florian hatte im Alter von vier Jahren nach einer normalen Sprachentwicklung allmählich ein Stottern begonnen. Florian mußte einige Silben immer wiederholen und konnte diese Auffälligkeit gut in seine Sprache einbauen. Den Eltern war es anfänglich so vorgekommen, als habe Florian sich schneller mitteilen wollen, als es ihm eigentlich möglich gewesen sei. In den ersten Schuljahren war das Stottern deutlich abgeklungen, so daß die Eltern keine weitere Hilfe suchten. Als Florian 10 Jahre alt war, erkrankte seine Mutter schwer. Florian zeigte nun neben Schlafstörungen und Bauchschmerzen erneut ein Stottern, das diesmal jedoch deutlich stärker ausgeprägt war. Neben der Wiederholung einzelner Silben mußte er oft mühsam den Wortanfang suchen, wobei er heftig zu pressen schien und bisweilen im Gesicht rot anlief, wenn er den Wortanfang auszusprechen versuchte. Diesmal fühlte sich Florian durch sein wiederaufgetretenes Stottern sehr belastet. Er hatte Angst, sich am Unterricht in der Schule zu beteiligen und wurde immer weniger mitteilungsfreudig.

1. Definition

Sprechstörungen werden auch als Redeflußstörungen bezeichnet. Dazu gehören das Stottern und das Poltern. Das *Stottern* ist eine Redeflußstörung mit einem sogenannten tonischen Anteil (Pressen von Atmung, Stimme und Aussprache), einer sogenannten klonischen Unterbrechung und Wiederholung einzelner Silben besonders am Wortanfang sowie einer Kombination dieser beiden Anteile. Mit *Poltern* wird ein überstürzter, unrhythmischer Redefluß mit verwaschener Aussprache bezeichnet, so daß die Verständlichkeit der Sprache deutlich eingeschränkt ist.

2. Häufigkeit

Stottern ist mit einer Häufigkeit von etwa 1 % in der Bevölkerung kein seltenes Symptom, wobei 80 % der beobachteten Fälle sich allerdings im Kindesalter spontan zurückbilden. Auch hier sind Jungen bis zu zehnmal häufiger betroffen als Mädchen. Da das Poltern in der Regel ungenügend von der Umwelt als ein Symptom mit Störungswert erkannt wird, gibt es keine verbindlichen Zahlen zur Häufigkeit.

3. Erscheinungsbild

Nur eine Minderheit von Kindern mit Stottern zeigt ein starkes Bewußtsein für diese Störung und entwickelt begleitende emotionale Störungen. Die Symptomatik des Polterns wird mit Zeichen einer impulsiven Persönlichkeit in Verbindung gesetzt, wobei Störungsbewußtsein und Leidensdruck fehlen. Während das Stottern auch von Laien leicht erkannt wird, werden Kinder mit Poltern in der Regel ungenügend oder viel zu spät als Kinder mit einer speziellen Auffälligkeit erkannt. Stottern und Poltern lassen sich anhand der in Tab. 18 dargestellten Merkmale unterscheiden.

4. Ursachen

Entgegen früheren Annahmen, daß beim *Stottern* seelische Faktoren bedeutsam seien, wird heute eher von einer *biologischen Basis* für die Entstehung ausgegangen. Dabei sind Hirnfunktionsstörungen bedeutsam. Diese münden in eine Störung der neurologischen Abläufe, die am Sprechvorgang beteiligt sind. Erbliche Faktoren sind möglicherweise bahnend. Seelische Faktoren können dann hinzutreten, indem z. B. die Verarbeitung schwerer seelischer Belastungen oder vereinzelt auch eine gestörte Persönlichkeitsentwicklung bedeutsam werden. Diese seelischen Faktoren spielen aber nur bei einer Minderheit der Betroffenen eine Rolle.

Für das *Poltern* wird angenommen, daß eine erblich-familiär bedingte Sprachschwäche den Boden der Störung bildet. Weiter treten Hirnreifungsfaktoren hinzu, die sich z. B. als eine Schwäche der differenzierten Wahrnehmung von Lauten äußert. Wahr-

Tab. 18: Unterscheidung von Stottern und Poltern

	Stottern	Poltern
Störungsbewußtsein	vorhanden	fehlend
Leidensdruck	vorhanden	fehlend
Behandlungsmotivation	vorhanden	fehlend
Konzentration auf die Ansprache	bewirkt Verschlechterung	bewirkt Besserung
Aussprache vor Fremden	schlechter	besser
Wiederholungen	bewirken eher Verschlechterung	bewirken Besserung

scheinlich sind Anlage-Faktoren bedeutsam, zumal Poltern überwiegend beim männlichen Geschlecht beobachtet wird.

5. Therapie

Kinder mit Stottern benötigen eine kombinierte Behandlung, welche die Elternberatung mit sprachheilpädagogischen und logopädischen Behandlungen sowie mit Psychotherapie und Verhaltenstherapie verbindet. Das Ziel ist nicht notwendigerweise eine vollständige Symptomfreiheit, die auch gar nicht regelhaft erreicht werden kann. In der Therapie wird eher eine Verminderung der Begleitsymptome wie Sprechangst und Selbstwertprobleme angestrebt. Unter den verschiedentlich eingesetzten Medikamenten ist nur für Tiarprid® nachgewiesen, daß damit die Intensität des *Stotterns* gemindert werden kann. Eine Langzeitbehandlung mit Psychopharmaka ist jedoch in jedem Fall sehr sorgfältig hinsichtlich der Nebenwirkungen abzuwägen.

Die Behandlung des *Polterns* im Rahmen einer logopädischen Behandlung zielt auf eine Verlangsamung des Redeflusses sowie eine Verbesserung der Aussprache. Hier ist allerdings eine gut entwickelte Motivation zur Behandlung die absolute Voraussetzung für eine Besserung dieser Störung.

6. Verlauf

Der langfristige Verlauf des Stotterns zeigt nicht regelhaft eine vollständige Rückbildung. In der Fachliteratur gibt es Angaben zwischen 33 % und 70 %. Das Poltern wird als eine nur geringfügig korrigierbare Störung betrachtet, die in der Regel eher anhält.

7. Empfohlene weiterführende Literatur

- Brack, U., Volpers, F.: Sprach- und Sprechstörungen. In: Steinhausen, H.-C., von Aster, M. (Herausgeber). Verhaltenstherapie und Verhaltensmedizin bei Kindern und Jugendlichen. 2. Auflage. Psychologie Verlags Union, Weinheim, 1999.
- Braun, O.: Sprachstörungen bei Kindern und Jugendlichen. Diagnostik – Therapie – Förderung. Kohlhammer, Stuttgart, 1999.

Sprechstörungen

Störungen des Sozialverhaltens
(Dissozialität)

Fallbeispiel

Der 6jährige Sven fällt dadurch auf, daß er andere Kinder anschreit und mit Gegenständen wirft. Er spuckt sie an, verweigert die Aufträge von Erwachsenen und schlägt sehr schnell zu. Er hat eine besondere Vorliebe, Gegenstände ohne sichtbaren Grund zu zerstören. In den meisten Situationen gibt es keinen erkennbaren Anlaß für diese Verhaltensweisen. Bisweilen reagiert er aber so, wenn er durch andere Kinder im Spiel gestört oder geschlagen wird. Für sein Alter verfügt er noch über auffallend wenig soziale Fertigkeiten im Umgang mit anderen Kindern und Erwachsenen.

1. Definition

Kennzeichen der Störungen des Sozialverhaltens (SSV) ist dissoziales, aggressives oder aufsässiges Verhalten, daß wiederholt und andauernd auftritt und in extremer Form gröbste Verletzungen altersentsprechender sozialer Erwartungen beinhaltet. Über den Schweregrad und die Dauer – sie soll in der Regel mindestens sechs Monate betragen – wird eine Abgrenzung gegenüber z. B. kindlichem Unfug oder jugendlicher Aufsässigkeit vorgenommen. Ebenso wird bei der Diagnose das Entwicklungsniveau berücksichtigt, um etwa gegenüber Wutausbrüchen von Kleinkindern abgrenzen zu können.

Die *Symptome* einer Störung des Sozialverhaltens sind ein extremes Ausmaß an Streiten oder Tyrannisieren, Grausamkeit gegenüber Menschen oder Tieren, erhebliche Beschädigung von Eigentum, Feuerlegen, Stehlen, häufiges Lügen, Schulschwänzen und Weglaufen von Zuhause, ungewöhnlich häufige oder schwere Wutausbrüche und Ungehorsam. Während eine erhebliche Ausprägung einzelner Symptome bereits für die Diagnose ausreicht, genügen einzelne dissoziale Handlungen nicht.

Es werden im wesentlichen *vier Formen* unterschieden. Bei der

*auf den familiären Rahmen beschränkten Störung des Sozialver-
haltens* ist das dissoziale und aggressive Verhalten weitgehend auf
den häuslichen Rahmen und die Kernfamilie beschränkt. Eine
schwere Störung der Eltern-Kind-Beziehung ist für diese Diagnose
nicht ausreichend – vielmehr müssen die tatsächlichen Symptome
einer Störung des Sozialverhaltens vorliegen. Diese müssen über
oppositionell-trotziges Verhalten (s. u.) hinausgehen. Symptome
sind Stehlen zu Hause, Beschädigung des Besitzes einzelner Familienmitglieder, Gewaltanwendung gegen Familienmitglieder oder
Feuerlegen, das auf den familiären Rahmen beschränkt ist. Für
diese Diagnose ist erforderlich, daß sich das Verhalten und die Beziehungen des Kindes im außerfamiliären Rahmen normal gestalten.

Die zweite Form der *Störung des Sozialverhaltens bei fehlenden
sozialen Bindungen* ist durch die Kombination von anhaltendem
dissozialem und aggressivem Verhalten mit einer bedeutsamen sozialen Beziehungsstörung gekennzeichnet. Auch hier muß die Intensität der SSV über das Ausmaß von oppositionell-trotzigem
Verhalten hinausgehen. Das Hauptmerkmal für diese Form der
SSV ist die fehlende Einbindung in die Gruppe der Gleichaltrigen.
Die betroffenen Kinder und Jugendlichen sind isoliert und unbe-
liebt; sie haben keine engen Freundschaften oder dauerhafte Beziehungen zur Gruppe der Gleichaltrigen. Häufig sind auch die
Beziehungen zu Erwachsenen erheblich belastet. Die dissozialen
und aggressiven Handlungen werden typischerweise allein began-
gen und schließen Tyrannisieren, ausgeprägtes Streiten, Erpres-
sung, Gewalttätigkeit, Ungehorsam und Widerstand, ausgeprägte
aggressive Affektausbrüche, Zerstörungsneigung und Grausamkeit ein.

Bei der dritten Form, der *Störung des Sozialverhaltens bei vorhandenen sozialen Bindungen* sind die Symptome weitgehend
gleich, während angemessene andauernde Freundschaften mit
Gleichaltrigen bestehen, die oft einer Gruppe von Kindern oder
Jugendlichen mit gleichen Auffälligkeiten im Verhalten angehören. Das Kind oder der Jugendliche kann aber auch einer Gruppe

ohne dissoziales Verhalten angehören und sein eigenes dissoziales Verhalten nur außerhalb dieses Rahmens zeigen.

Bei der vierten Form der *Störungen des Sozialverhaltens mit oppositionellem aufsässigem Verhalten* handelt es sich um eine eher leichtere SSV, die vor allem bei jüngeren Kindern bis zum Alter von neun bis zehn Jahren zu beobachten ist. Die Symptome bestehen aus deutlich aufsässigem, ungehorsamen und trotzigem Verhalten ohne schwere dissoziale und aggressive Handlungen bei noch relativ jungen Kindern. Schließlich können sich sämtliche SSV mit emotionalen Störungen (z. B. mit Angst oder Depression) verbinden.

2. Häufigkeit

Verschiedene Bevölkerungsstudien stimmen dahingehend überein, daß SSV bei 4 % bis 5 % der Kinder und Jugendlichen beobachtet werden, wobei Jungen viermal häufiger als Mädchen betroffen sind. Für einzelne Symptome wie z. B. Stehlen, Lügen oder Aggressivität liegen die Häufigkeiten deutlich höher. Die Risiken für eine SSV steigen mit einem Zusammentreffen von psychosozialen Risikofaktoren an, zu denen Unterschicht, Kriminalität, psychische Störungen bei den Eltern, beengte Wohnverhältnisse, lang bestehende Partnerkonflikte und Heimunterbringung zählen.

3. Erscheinungsbild

Aggressivität und dissoziales Verhalten von Kindern und Jugendlichen schaffen für die Umwelt große Probleme. Die betroffenen Familien, die Schule, die Nachbarschaft leiden unter dem aggressiven und dissozialen Verhalten der Kinder oder Jugendlichen. Die Symptome können orientierend zunächst mit Fragebögen für Eltern, Lehrer, Kinder und Jugendliche erhoben werden. Eine Ausweitung auf mehrere Informationsquellen ist sogar ratsam, weil einige Symptome z. B. nur in der Schule beobachtbar sind und möglicherweise den Eltern sogar weitgehend verborgen bleiben können. Beispiele für dissoziales Verhalten aus einem Fragebogen sind in Tabelle 20 wiedergegeben.

Tab. 20: Beispiele für ein gestörtes Sozialverhalten aus einem Elternfragebogen

1. Streitet oder widerspricht viel
2. Gibt an, schneidet auf
3. Ist roh oder gemein zu anderen oder schüchtert sie ein
4. Verlangt viel Beachtung
5. Macht Sachen kaputt
6. Gehorcht nicht
7. Ist leicht eifersüchtig
8. Gerät leicht in Raufereien, Schlägereien
9. Greift andere körperlich an
10. Schreit viel
11. Hänselt andere gern
12. Hat Wutausbrüche
13. Bedroht andere

SSV können in Verbindung mit zahlreichen anderen seelischen Störungen auftreten. Die häufigste Verknüpfung besteht mit emotionalen Störungen, d. h. mit Angststörungen oder depressiven Störungen. Eine weitere wichtige Verbindung betrifft die hyperkinetischen Störungen. Ferner sind SSV häufig mit einer Lese-Rechtschreibschwäche verbunden. Weitere, eher seltene Verknüpfungen erstrecken sich auf Störungen nach Hirnschädigungen, Drogenmißbrauch sowie schizophrene Psychosen, die jeweils mit Symptomen von Aggressivität und Dissozialität durchsetzt sein können. Schließlich kann sich ab dem Jugendalter auch die Frage stellen, inwieweit bereits eine sogenannte dissoziale Persönlichkeitsstörung vorliegt, wobei in der Regel aufgrund der noch nicht abgeschloßenen Entwicklung Jugendlicher eher Zurückhaltung bei der Feststellung dieser Diagnose geboten ist.

4. Ursachen

In der Verursachung der SSV spielen psychosoziale Bedingungen eine herausragende Rolle. Dabei stehen *familiäre Bedingungen* im

Vordergrund, wobei das Verhalten von Eltern und Geschwistern im Sinne eines Vorbildes über ihr eigenes aggressives, dissoziales und eventuell sogar kriminelles Verhalten auf die Entwicklung von SSV beim Kind einwirkt. Eltern von Kindern mit SSV sind darüber hinaus durch ihr inkonsequentes und unbeständiges Erziehungsverhalten mit ausgeprägtem Schwanken zwischen Gewährenlassen und autoritärem Strafen bis zur Mißhandlung sowohl für die Entstehung als auch für die Aufrechterhaltung von SSV verantwortlich. Den schwerwiegendsten Beitrag leisten sie wahrscheinlich durch ihre anhaltenden Partnerkonflikte, die in einem Klima von ständiger Entwertung des Partners, anhaltendem Streit, Zerwürfnissen, Gewalt und schließlich Trennung die Entwicklung besonders von Jungen nachhaltig schädigen.

Diese familiären Faktoren werden häufig durch weitere *soziale und kulturelle Faktoren* verstärkt. Gesellschaftliche und finanzielle Belastungen und Benachteiligungen bilden wichtige Ergänzungen im Sinne einer Kette. Diese reichen von niedriger Intelligenz und Schulbildung der Eltern über geringe berufliche Qualifikation, begrenzte erzieherische Fähigkeiten und eingeschränkte Konfliktlösungsfähigkeit. Häufig, aber nicht immer sind die Lebensverhältnisse der sozialen Unterschicht mit dichtem Zusammenleben auf engem Raum in großen Familien und das Wohnen unter belasteten Umweltbedingungen (z. B. in großstädtischen Ballungsgebieten) bedeutsam. Ebenso kann aber auch Arbeitslosigkeit der Eltern auf allen sozialen Stufen die Familie in schwere Bedrängnis und Not bringen und in Verbindung mit anderen Elementen zur Entwicklung einer SSV beitragen. Daneben leisten die Gruppe der *Gleichaltrigen* sowie die *Schule* wichtige eigenständige Beiträge zur Auslösung und Verfestigung von SSV, indem sie aggressives und dissoziales Verhalten fördern, bzw. ungenügend einschränken und bestrafen. Schließlich kommen die vielfältigen *gesellschaftlichen und kulturellen Einflüsse* besonders deutlich in den Effekten der Massenmedien zum Ausdruck, die über die Darbietung von Aggressivität und Gewalt in Fernsehen und Video nachgewiesenermaßen einen bedeutsamen Beitrag zur

Abb. 4: Ein Modell für die Auslösung von Aggression und Gewalt

Schwelle	Z: Aggression und Gewalt

Y: *Auslöser oder Enthemmer:*
(z. B. Alkohol; Drogen; Wut;
Bande)

X: *Provokation oder Anreiz*
(z. B. Herausforderung; Rivalitäten,
Streit; Verlangen nach Besitz;
Macht oder Kontrolle)

Situationsfaktoren

W: *Umfeldbedingungen*
(z. B. Waffenbesitz; Veränderung der
Kontrolle oder Überwachung)

Individuelle Faktoren

V: *Mißachtung von Konsequenzen*
(z. B. Mißachtung von Entdeckung oder Bestrafung)

U: *Direkte aggressive Verhaltensmodelle*
(z. B. in der Familie, unter Gleichaltrigen)

T: *Indirekte aggressive Verhaltensmodelle*
(z. B. Figuren in Videos, Comics, Filmen)

S: *Persönliche Lebensgeschichte*
(z. B. Opfer von Gewalt, Verstärkung von früherer Aggression und Gewalt)

R: *Persönlichkeitsmerkmale*
(z. B. Impulsivität, Risiko-Suchender, Temperament)

Q: *Biologische Faktoren*

242

Entwicklung von SSV – besonders bei Jungen vor der Pubertät – leisten.

Die insgesamt weniger bedeutsamen *biologischen Gesichtspunkte* können kurz zusammengefaßt werden. Obwohl von untergeordneter Bedeutung, sind erbliche Faktoren durchaus in der wissenschaftlichen Diskussion. Die Belege für eine erbliche Mitbedingung von kriminellem Verhalten stammen jedoch aus der Forschung an Erwachsenen. Wieweit diese Befunde auf die SSV des Kindes- und Jugendalters übertragbar sind, ist beim aktuellen Wissensstand nicht sicher auszumachen. Abweichungen des Gehirns hinsichtlich Aufbau und Funktion spielen für eine allgemeingültige Erklärung von SSV ebenfalls nur eine untergeordnete Rolle. Der Zusammenhang ist aber insofern gegeben, als bei jugendlichen Straftätern die SSV in einigen Fällen auch aus Folgezuständen nach einer Entzündung oder einer Verletzung des Gehirns oder aus biologischen Risikobedingungen der frühen Entwicklung abgeleitet werden können.

Das männliche Sexualhormon *Testosteron* spielt wahrscheinlich eine ebenfalls randständige Rolle in der Verursachung der SSV. Es könnte das Überwiegen des männlichen Geschlechts bei SSV, Delinquenz und Kriminalität zumindest teilweise erklären. Tatsächlich haben verschiedene Untersuchungen positive Beziehungen zwischen Testosteron-Gehalt im Blut und aggressivem Verhalten bei Jugendlichen ergeben.

Das für die meisten seelischen Störungen zutreffende Modell, welches verschiedene, einander ergänzende Elemente berücksichtigt, gilt also auch für die SSV. Dabei können – wie in Abbildung 4 gezeigt wird – verschiedene Elemente beim einzelnen Menschen aufeinander aufbauen und sich mit den Bedingungen einer Situation verbinden, daß schließlich die Schwelle für die Auslösung von Aggression und Gewalt erreicht und überschritten wird. Einzelne Stufen der Folge können dabei fehlen und trotzdem greifen sie ineinander und verstärken die Neigung, mit Aggression und Gewalt zu reagieren.

5. Therapie

Für die Behandlung der SSV stellen Ansätze der *familienorientierten Verhaltenstherapie* die Methode der Wahl dar. Sie ist an den Prinzipien des sozialen Lernens orientiert und zielt im *Elterntraining* auf eine grundlegende Veränderung des fehlangepaßten elterlichen Erziehungsverhaltens. Dabei sollen Verhaltensweisen bei den Eltern aufgebaut werden, welche das erwünschte Verhalten bei ihrem Kind regelhaft verstärken und unangemessenes dissoziales Verhalten ebenso regelhaft mit erzieherisch angemessenen Maßnahmen bestraft. Neben dieser Form der indirekten Behandlung – über die Veränderung des Verhaltens der Eltern – werden Methoden der direkten *Verhaltenstherapie mit dem Kind bzw. Jugendlichen* eingesetzt. Speziell handelt es sich um Einzel- und Gruppentrainings für erwünschtes prosoziales Verhalten sowie Verstärkungsprogramme.

Bei jugendlichen Straftätern sind ferner verhaltenstherapeutische Programme zur Entwicklung von *sozialen Fertigkeiten* sinnvoll, um das Arbeits- und Sozialverhalten zu korrigieren. Andere, nicht verhaltensorientierte psychotherapeutische Ansätze sind für die reinen SSV vergleichsweise weniger wirksam; sie können jedoch bei zugleich vorliegenden emotionalen Störungen durchaus wertvoll sein.

6. Verlauf

Im Vergleich zu den emotionalen Störungen wie Angst, Verstimmung oder sozialer Rückzug ist mit den SSV des Kindes- und Jugendalters insgesamt eine ungünstigere Prognose verbunden. Sie sind in der Kindheit und Jugend allerdings deutlich häufiger als im Erwachsenenalter, wobei sich der Rückgang vor allem am Übergang vom Jugendalter in das junge Erwachsenenalter vollzieht. Die geringste Neigung zur Zurückbildung zeigt unter den verschiedenen Symptomen der SSV das Merkmal der Aggressivität. Knapp ein Drittel der Kinder und Jugendlichen mit einer SSV entwickelt eine sogenannte dissoziale Persönlichkeitsstörung im Erwachsenenalter, wobei dies vornehmlich für die mehrheitlich betroffenen Jungen gilt. In diesen Bereich gehört auch der Drogenmißbrauch. Bei Mädchen mit SSV entwickeln sich im Erwachsenenalter hingegen eher depressive Störungen und Angststörungen.

7. Empfohlene weiterführende Literatur

– Petermann, F., Wiedebuch, S.: Aggression und Delinquenz. In: Steinhausen, H.-C., von Aster, M. (Herausgeber). Verhaltenstherapie und Verhaltensmedizin bei Kindern und Jugendlichen. 2. Auflage. Psychologie Verlags Union, Weinheim, 1999.

Fallbeispiel

Christian wurde erstmalig im Alter von 11 Jahren zur kinderpsychiatrischen Untersuchung vorgestellt. Er zeigte verschiedene motorische Tics, die sich als Mundwinkelzuckungen, Augenblinzeln, und Nicken des Kopfes äußerten. Daneben mußte er auch mit ständig stärkerer Tendenz den ganzen Tag über zwangsartig Laute ausstoßen. Wenn er versuchte, diese Laute zu unterdrücken, traten ein ausgeprägtes Grimassieren oder Zuckungen im ganzen Körper auf. Christian litt unter diesen Symptomen erheblich, und verweigerte die Schule, nachdem er von seinen Klassenkameraden wegen seines Verhaltens in zunehmenden Maße gehänselt wurde. Christian gab an, daß er keine Kontrolle über seine Tics habe und sich kaum noch aus der Wohnung traue.

1. Definition

Tics sind plötzlich einschießende, sich wiederholende Bewegungen, die nicht vom Willen gesteuert sind, nicht rhythmisch sind und auf einige umschriebene Muskelgruppen beschränkt sind. Zu den Tics zählen ferner ebenso plötzlich einsetzende und zwecklose Lautproduktionen (Vokalisationen). Wenngleich Tics als willkürlich nicht beeinflußbar erlebt werden, können sie vorübergehend unterdrückt werden; sie treten nicht im Schlaf auf. Tics beginnen typischerweise im Kindes- oder Jugendalter.

Medizinisch werden im wesentlichen drei Formen unterschieden, nämlich die *vorübergehende Ticstörung* mit Dauer bis zu zwölf Monaten und frühem Beginn, die *chronische motorische oder vokale Ticstörung* mit Dauer von mindestens einem Jahr sowie *kombinierte vokale und vielfältige motorische Tics* (auch als *Tourette-Syndrom* oder Gilles de la Tourette-Syndrom bezeichnet).

Eine Unterteilung in *einfache Tics* (z. B. Blinzeln, Kopfwerfen oder Räuspern) und *komplexe Tics* (z. B. Springen oder Wiederholung von kurzen Sätzen) kann ebenfalls vorgenommen werden.

Tab. 21: Beispiele für einfache und komplexe motorische Tics

Einfache motorische Tics

Augenblinzeln, Grimassieren, Nase hochziehen, Lippen spitzen, Schulter hochziehen, Armschleudern, Kopfrucken, Bauch einziehen, Bauch ausstülpen, kicken, Fingerbewegungen.

Komplexe motorische Tics

Hüpfen, klatschen, Gegenstände/Personen oder sich selbst berühren, Wurfbewegungen, Verwringungen, sich auf die Zunge oder auf die Lippen oder in den Arm beißen, Kopf einschlagen, ausschlagende Bewegungen, sich zwicken oder kratzen, Stoßbewegungen, Schreibbewegungen, krümmende Zuckungen, Augen nach oben rollen.

2. Häufigkeit

Zahlen zur Häufigkeit von Tics variieren in Studien, die in verschiedenen Bevölkerungen durchgeführt wurden, beträchtlich zwischen 5 % und 24 %, wobei Jungen häufiger als Mädchen betroffen sind. Die hohen Häufigkeitsangaben gehen eher zu Lasten der vorübergehenden Ticstörung, während chronische Formen deutlich seltener sind. Nordamerikanische Schätzungen haben für das Tourette-Syndrom eine Rate von drei bis fünf Erkrankungen auf 10 000 Einwohner ergeben.

3. Erscheinungsbild

Die vielfältigen Erscheinungsweisen *motorischer Tics* ist in Tabelle 21 aufgeführt. Charakteristisch ist der Wechsel der Tic-Symptone, wobei die Häufigkeit mit absteigender Position am Körper abnimmt. Die Lautproduktionen beim *Tourette-Syndrom* können von Lauten bis zu Wörtern und ganzen Sätzen reichen, wie Tabelle 22 entnommen werden kann. Das unkontrollierte Ausstoßen von Schimpfwörtern wird als Koprolalie bezeichnet. Weitere begleitende Symptome sind obszöne Gesten (Kopropraxie), Imitation der Bewegung anderer Personen (Echopraxie) und Wiederholen der eigenen Lautproduktionen und Wörter (Palilalie).

Im Zusammenhang mit Tics können zahlreiche *begleitende*

Tab. 22: Beispiele für vokale Tics

Einfache vokale Symptome

Pfeifen, husten, schnüffeln, spucken, bellen, grunzen, gurgeln, klicken, lutschen, saugen, kreischen, schnalzen, uu eee, au, oh.

Komplexe vokale Symptome

Wörter, Sätze, Kurzaussagen:

– Sei still, hör auf, o. k. o. k., ist klar, ist klar

– Wieso mache ich das? Wie denn.

– Nun hast du es gesehen, in Ordnung, oh nein.

Rituale

Zählende Rituale. Einen Satz so lange wiederholen, bis er „genau richtig" ist.

Koprolalie

Obszöne und aggressive Wörter und Kurzäußerungen

psychische Störungen beobachtet werden: Angststörungen, depressive Störungen, Entwicklungsstörungen, Einkoten, Störungen des Sozialverhaltens sowie Zwangsstörungen.

4. Ursachen

Familien- und Zwillingsstudien dienen der Untersuchung von erblichen Einflüssen. Sie haben eindeutige Belege für einen *erblichen Faktor* in der Verursachung von Tics erbracht. Tics treten in Familien gehäuft auf und zeigen bei eineiigen Zwillingen eine höhere Übereinstimmung als bei zweieiigen Zwillingen. Der genaue Erbgang ist allerdings bisher nicht bekannt. Ebenso ist der eigentlich interessierende Zusammenhang von erblicher Verursachung und Auswirkungen auf den Hirnstoffwechsel noch nicht aufgeklärt.

Eine Häufung von Risikofaktoren vor und unter der Geburt, ferner Zeichen von Reifungsverzögerungen im Hirnstrombild (EEG) und bei der neurologischen Untersuchung sowie Ergebnisse neuropsychologischer Tests weisen insgesamt daraufhin, daß eine

Hirnfunktionsstörung vorliegt. Sämtliche Befunde sind allerdings in dem Sinne unspezifisch, daß sie nicht nur bei Tics vorkommen.

Aus der therapeutischen Wirksamkeit einer bestimmten Gruppe von Psychopharmaka, den sogenannten Neuroleptika, ist auf eine Fehlfunktion der Basalganglien, einer Ansammlung spezieller Nervenzellen in tiefen Hirnregionen geschlossen worden. Hier befinden sich in großer Zahl Empfängerstellen (Rezeptoren) für den zentralnervösen Botenträgerstoff (Neurotransmitter) Dopamin. Medikamente, die derartige Empfängerstellen von Botenträgern und damit die Erregungsleitung der Nervenzellen blockieren, können Tics deutlich lindern.

Angesichts weitgehend noch ungeklärter ursächlicher Zusammenhänge läßt sich beim gegenwärtigen Stand des Wissens als Grundannahme formulieren, daß bei Tics erbliche und hirnorganische Bedingungen sowie erlebte Belastungen als Auslöser zusammenwirken. Offensichtlich sind bei der Mehrzahl der vorübergehenden Tics biologische Reifungsverzögerungen bedeutsam, die sich schon mit geringfügigen Belastungen zu einer Ausbildung von Tics ergänzen können.

5. Therapie

Für die überwiegende Zahl aller Tic-Manifestationen, d. h. die vorübergehenden Tics, reicht in der Regel eine *Beratung* mit dem Ziel von Aufklärung und dem Hinweis, die Tics nicht zu beachten. Zu den nachgewiesenermaßen wirkungsvollen Behandlungsverfahren zählen bestimmte *Medikamente* und die Verhaltenstherapie. Medikamente sind sinnvoll, wenn ein Tourette-Syndrom oder wenn vokale Tics, anhaltende motorische Tics sowie Tics in Verbindung mit Zwangsstörungen und selbstbeschädigendem Verhalten vorliegen. Die bevorzugten Medikamente sind bestimmte Psychopharmaka (Neuroleptika), welche die Empfängerstellen für Dopamin blockieren (z. B. Tiapridex®).

Aus der *Verhaltenstherapie* stammen mehrere Behandlungsansätze, die in jedem Fall eine hohe Bereitschaft zur Therapie voraussetzen. Sie können in Ergänzung, bei Verweigerung oder bei

Versagen der medikamentösen Behandlung eingesetzt werden. Sie benötigen aber eine vergleichsweise längere Zeit bis zum Wirkungseintritt. Die einzelnen Vorgehensweisen bestehen aus Selbstbeobachtung, sogenannten massierten willentlichen Übungen der Tics, Entspannungstechniken, Verstärkung sowie der Kombinationsbehandlung der sogenannten Reaktionsumkehr. Diese Methoden können nur von erfahrenen Verhaltenstherapeuten sinnvoll eingesetzt werden.

Selbstbeobachtung der Tics ist allenfalls bei den vorübergehenden isolierten Tics wirksam. Bei den sogenannten massierten Übungen versucht der Patient, die jeweiligen Symptome wiederholt und über einen längeren Zeitraum (massiert) auszuführen. Die Annahme, daß mit dieser Behandlung eine Hemmung der Tics durch Erschöpfung eintritt, hat sich in Therapien mit erwachsenen Tic-Patienten nicht durchgängig bestätigen lassen. Kinder reagieren häufig ablehnend auf diese Form der Behandlung. Auch Entspannungstechniken allein sind nicht in der Lage, eine dauerhafte Symptomrückbildung sicherzustellen. Hingegen ist die Methode der Verstärkung ticfreier Phasen über kleine Belohnungen durchaus eine wertvolle Zusatzstrategie bei der Kombinationsbehandlung insbesondere von jungen Kindern.

Tatsächlich ist sie auch ein Element der als Reaktionsumkehr bezeichneten verhaltenstherapeutischen Kombinationsbehandlung. In dieser Behandlung wird die Reaktion des Tics gewissermaßen umgekehrt. Sie beginnt mit einem *Selbstwahrnehmungstraining* mit dem Ziel von Selbstbeobachtung, Beschreibung der Tic-Reaktionen, Training der Reaktionserkennung, Training der Wahrnehmung früher Zeichen einer Tic-Reaktion sowie Training der Wahrnehmung von Einflüssen, die aus der jeweiligen Situation stammen. Mit dem Einsatz von Entspannungstechniken wird sodann ein Versuch unternommen, über eine generelle Abnahme der Anspannung auch zu einer Abnahme der Tics beizutragen. Die zentrale dritte Komponente des Trainings vermittelt eine dem jeweiligen Tic entgegengerichtete Bewegung. So werden z. B. beim

Naserümpfen die Oberlippe etwas nach unten gezogen und die Lippen zusammengepreßt. Schließlich wird in der Kombinationsbehandlung der Reaktionsumkehr auch die Methode der Verstärkung eingesetzt.

6. Verlauf

Der charakteristische Verlauf von Tics kommt bereits in der Einteilung in vorübergehende Tics und chronische Tics zum Ausdruck. Der überwiegende Teil von Tics ist vorübergehender Natur, wobei es sich meist um isolierte Tics mit einer Dauer von Tagen bis Wochen handelt. Selbst vielgestaltige (komplexe) Tics werden teilweise noch im frühen Jugendalter aufgegeben.

Eher ungünstig ist der Verlauf von Tics in Verbindung mit einer geistigen Behinderung, bei Epilepsie sowie bei Eltern mit anhaltender Tic-Symptomatik. Nur etwa 6 % aller motorischer Tics bilden sich nicht zurück. Das Tourette-Syndrom kann sich in einigen Fällen zurückbilden und hat häufig phasenhafte Verläufe mit Symptomfreiheit und Wiederkehren der Symptome.

7. Empfohlene weiterführende Literatur

– Döpfner, M.: Tics. In: Steinhausen, H.-C., von Aster, M. (Herausgeber) Verhaltenstherapie und Verhaltensmedizin bei Kindern und Jugendlichen. 2. Auflage. Psychologie Verlags Union, Weinheim, 1999.
– Rothenberger, A.: Wenn Kinder Tics entwickeln. G. Fischer Verlag, Stuttgart, 1991.

8. Fachverbände und Selbsthilfegruppen

– Tourette Gesellschaft Deutschland e. V., c/o Prof. Dr. A. Rothenberger, Kinder- und Jugendpsychiatrie, Universität Göttingen, Von-Sieboldstraße 5, D-37075 Göttingen
– Tourette Gesellschaft Schweiz, Sekretariat; Postfach 533, CH 6343 Rotkreuz

Fallbeispiel

Michael begann als 9jähriger, einzelne Gegenstände immer wieder zu berühren. So mußte er zunächst seine Schultasche, dann sein Schreibgerät und die Armbanduhr, später die Bettdecke, den Radiowecker und den Schlafanzug in einer bestimmten Reihenfolge nacheinander berühren. Dieses Programm konnte er anfänglich in drei Minuten durchführen, brauchte dann bald fünf Minuten und mußte es schließlich mehrmals am Tag wiederholen. Wenn er sich in der Reihenfolge irrte, begann er wieder von vorne. Später entwikkelte Michael ausgeprägte Waschzwänge, wobei er seine Hände immer wieder ausgedehnt mit Seife und später sogar mit Desinfektionsmitteln waschen mußte. Durch seine Zwangshandlungen, die sich über Stunden hinziehen konnten, war er immer stärker darin eingeschränkt, noch andere Dinge zu tun.

1. Definition

Zwangsstörungen sind wiederkehrende und anhaltende Ideen, Gedanken, bildhafte Vorstellungen, Impulse sowie Handlungen, die sich dem Betroffenen aufdrängen, ohne daß er sich davon befreien kann. Sie werden zwar als unsinnig erlebt, hemmen aber den normalen Ablauf der Gedanken und Handlungen und beeinträchtigen die Betroffenen außerordentlich stark.

Zwangsstörungen werden in Zwangsgedanken (fachsprachlich Obsessionen) und in Zwangshandlungen (fachsprachlich Kompulsionen) eingeteilt. *Zwangsgedanken* drängen sich dem Bewußtsein auf, wobei der Inhalt oft unsinnig ist. Sie beziehen sich auf Schmutz, Bakterien, Infektionen oder die Entwicklung einer schweren Erkrankung wie z. B. Krebs, die eigene Verantwortlichkeit für Verletzungen oder gar den Tod von anderen Personen und viele andere Themen.

Zu den *Zwangshandlungen* gehören sich ständig wiederholende und dabei sinnlose Aktivitäten unter dem Druck, so handeln zu

Tab. 23: Beispiele für Zwangsgedanken und Zwangshandlungen

Zwangsgedanken

Furcht vor Selbstverletzungen, Verletzung anderer, impulsiven Handlungen, zukünftigem Unheil

- Furcht, andere oder sich selbst zu verletzen
- Gewaltsame oder grauenhafte Vorstellungen
- Furcht, mit Obszönitäten oder Beleidigungen herauszuplatzen
- Furcht, etwas Peinliches zu tun
- Furcht, impulsive Handlungen zu begehen (z. B. Banküberfall, Kassierer betrügen)
- Furcht, für Dinge, die schiefgehen könnten, verantwortlich zu sein (z. B. Eltern können Schulden nicht zurückzahlen)
- Furcht, etwas Schreckliches werde passieren (z. B. Feuer, Tod oder Krankheit von Freunden, Einbruch, verschiedene Formen von Aberglauben)

Zwangsgedanken über Verunreinigungen, Erkrankungen

- Gedankliche Beschäftigung mit oder Abscheu vor körperlichen Ausscheidungen oder Sekretionen (z. B. Urin, Speichel, Kot)
- Gedankliche Beschäftigung mit Schmutz oder Erregern
- Extreme gedankliche Beschäftigung mit Umweltgiften (z. B. Asbest, Strahlungen, giftige Abfälle)
- Extreme gedankliche Beschäftigung mit Haushaltsgegenständen, wie Reinigern, Lösungsmitteln, Haustieren, usw.
- Sorge, krank zu werden oder andere krank zu machen/anzustecken

Sexuelle Zwangsgedanken

- Verbotene oder perverse sexuelle Gedanken, Vorstellungen oder Impulse
- bezogen auf Kinder/Tiere/Angehörige/Homosexualität

Zwangsgedanken um Horten oder Sammeln

Religiöse Zwangsgedanken

Zwangsgedanken um Bedürfnisse nach Symmetrie, Genauigkeit und Ordnung

Andere Zwangsgedanken

- Bedürfnis, etwas genau zu wissen oder sich genau zu erinnern
- Furcht, bestimmte Äußerungen zu tun
- Furcht, nicht immer richtige Äußerungen zu tun

- Sich aufdrängende Vorstellungen/Geräusche/Worte oder Musik
- Glücks- und Unglückszahlen
- Farben mit spezieller Bedeutung

Den Körper betreffende Zwangsgedanken/Zwangshandlungen

Zwangshandlungen

Reinigungs- und Waschzwänge

- Extrem langes Händewaschen/Duschen/Baden/Zähneputzen oder sich Pflegen
- Säubern von Haushaltsgegenständen oder anderen Objekten

Zählzwänge

Kontrollzwänge

- Kontrollen von Türen, Schlössern, Öfen, Geräten usw.
- Kontrollen, daß andere nicht verletzt wurden/werden können
- Kontrollen, daß man selbst nicht verletzt wurde/werden kann
- Kontrollen, daß nichts Schreckliches passieren wird
- Kontrollen, daß keine Verunreinigungen stattgefunden haben

Wiederholungszwänge

- Zur Tür hinein-/herausgehen, vom Stuhl aufstehen/sich hinsetzen usw.

Ordnungszwänge

Zwanghaftes Horten und Sammeln

müssen. Ganz typisch gehören dazu Kontrollhandlungen wie z. B., ob die Fenster oder Türschlösser verschlossen sind oder das Gas am Herd wirklich abgedreht ist. Andere Zwangshandlungen betreffen extremes Waschen und Säubern, wobei z. B. stundenlang geduscht wird oder die Hände immer wieder gewaschen werden müssen. Es können aber auch einfache Bewegungsabläufe vorliegen, bei denen Gegenstände geordnet oder berührt werden oder bestimmte Routinemaßnahmen immer wieder durchgeführt werden müssen und ähnliches mehr.

2. Häufigkeit

Untersuchungen in der Normalbevölkerung sind zu recht unterschiedlichen Zahlen hinsichtlich der Häufigkeit von Zwangsstörungen im Kindes- und Jugendalter gekommen. Wahrscheinlich liegen die zutreffenden Zahlen bei weniger als 1 % aller Kinder und Jugendlichen. Während die meisten Zwangsstörungen mit Beginn des jungen Erwachsenenalters um etwa 20 Jahre einsetzen, ist der Anteil betroffener Kinder und Jugendlicher insofern nicht unbeträchtlich, als etwa ein Drittel der Fälle vor dem Alter von 15 Jahren erkranken. Es gibt keine besondere Bevorzugung eines der beiden Geschlechter.

3. Erscheinungsbild

Die Vielfalt der denkbaren Zwangsstörungen wird aus Tabelle 23 ersichtlich. Der *behindernde Charakter* dieser vielfältigen Zeichen einer Zwangsstörung ergibt sich aus der Tatsache, daß der normale Alltag zunehmend von diesen Symptomen ausgefüllt wird. Bei Kindern und Jugendlichen kommt hinzu, daß oft die Eltern im Rahmen von ausgeprägten Ritualen mitwirken müssen, wenn z. B. das Kind Angst vor Infektionen an Türklinken hat und sich daher die Türen grundsätzlich von den Eltern öffnen läßt. Dieses „Mitspielen" trägt wiederum zur Verfestigung der Symptome beim Kind bei. Aufgrund ihrer drängenden Forderungen zum „Mitspielen" rufen Kinder und Jugendliche mit einer Zwangsstörung auch viel Gefühl von Ablehnung und Feindseligkeit bei ihren Angehörigen hervor.

Zwangsstörungen entwickeln sich nicht plötzlich, sondern mehrheitlich in einer allmählichen Steigerung, bis schließlich typischerweise eine ganze Reihe von Schritten gedacht oder ausgeführt werden müssen. Sobald sich ein Fehler in einer derartigen Prozedur einstellt, muß die ganze Reihenfolge von Anfang an wiederholt werden. Normalerweise haben diese ausgeführten Handlungen die Wirkung, daß sich die angestaute Angst der Patienten vorübergehend reduziert.

Neben der Zwangsstörung können sich aufgrund der zunehmenden Einengung und Behinderung leicht auch *depressive Zeichen* entwickeln. *Ängstliche Züge* und *Gehemmtheit* sind ebenfalls häufig zu beobachtende Persönlichkeitsmerkmale. Schließlich gibt es ein häufiges Zusammentreffen von Zwangsstörungen mit Tic-Störungen und dabei in erster Linie dem *Tourette-Syndrom* – einer speziellen Form der Tic-Störung (s. dort).

4. Ursachen

Die moderne Ursachenforschung hat auch für die Zwangsstörungen eine größere Bedeutung von *biologischen* als von psychosozialen Ursachenfaktoren herausgefunden. So gibt es Hinweise auf die Wirksamkeit *erblicher Faktoren*, welche in Familien- und Zwillingsstudien gewonnen wurden. Zwangsstörungen treten in Familien gehäuft auf und sind bei eineiigen Zwillingen häufiger als bei zweieiigen Zwillingen zu beobachten. Der genaue Erbgang dieser Störungen ist allerdings bisher nicht bekannt.

Weitere Stützen für die Wertigkeit biologischer Bedingungselemente ergeben sich aus verschiedenen Untersuchungsergebnissen, bei denen die Funktionsweise des Gehirns im Vordergrund steht. Dabei sind vor allem die *Botenträgerstoffe* untersucht worden, die für die Erregungsleitung und Informationsübertragung zwischen den Nervenzellen verantwortlich sind. Besonders bedeutsam ist in diesem Zusammenhang der Nachweis, daß bestimmte Medikamente in den Stoffwechsel der Botenträgersubstanz Serotonin eingreifen. Hier sind es vor allem bestimmte Antidepressiva, welche die Verfügbarkeit des Serotonin in der Übertragung zwischen den Nervenzellen erhöht. Als Folge dieser und anderer Beobachtungen ist die Theorie entwickelt worden, daß Patienten mit Zwangsstörungen ungenügende Mengen an Serotonin im Spalt zwischen den Übertragungsstellen der Nervenzellen besitzen.

In den verschiedenen psychosozialen Theorien spielt *Angst* eine große Rolle. Zwänge werden dahingehend verstanden, daß sie bestehende Ängste reduzieren. So kann z. B. ein Waschzwang zur Vermeidung der Angst vor Ansteckung dienen. Sofern der Zwang nicht ausgeführt werden kann, steigt die Angst, während die

Zwangshandlung zu einer kurzfristigen Entlastung führt. Diese Erklärungsansätze sind allerdings nicht präzise genug, um die Ursachen der Zwangsstörungen von den Ursachen anderer seelischer Störungen abgrenzen zu können.

5. Therapie

Die typischen Zwangsstörungen des Jugendalters machen in der Regel eine *stationäre Behandlung* erforderlich. Bei jüngeren Kindern sind die Zwangsstörungen oft leichter ausgeprägt und können bisweilen durchaus mit einer *Beratung* der Familie angemessen behandelt werden.

Zu den speziellen Behandlungsmethoden der Zwangsstörungen zählen zunächst *verhaltenstherapeutische Methoden*. Dabei spielt die Reaktionsverhinderung, d. h. die Hinderung des Patienten, seine Zwänge auszuführen, im Zentrum der Behandlungsansätze. Dazu müssen die Patienten zunächst den gefürchteten Vorstellungen, Gedanken und Objekten ausgesetzt werden. Dieser Teil der Behandlung wird als *Exposition* bezeichnet. Ergänzend sind in der Regel eine intensive *Elternarbeit*, stützende *Psychotherapie* für zusätzliche seelische Störungen und gegebenenfalls *Gruppen- und Familientherapie* erforderlich.

Die zweite moderne Behandlungsmethode der Zwangsstörung besteht in der Gabe bestimmter *Medikamente*. Als wirksam haben sich nur bestimmte Antidepressiva erwiesen, wobei die Wirksamkeit nicht etwa von einer gleichzeitig bestehenden depressiven Störung abhängt. Die Verordnung und Überwachung einer derartigen medikamentösen Behandlung muß dem erfahrenen Kinder- und Jugendpsychiater vorbehalten bleiben.

6. Verlauf

Es gibt drei *Typen* von Verläufen bei Zwangsstörungen, nämlich (a) chronische Verläufe, (b) phasische Verläufe mit Abschnitten vollständiger Rückbildung aller Symptome und (c) Krankheitsepisoden mit unvollständiger Rückbildung bei allerdings normaler sozialer Tüchtigkeit. Die meisten Patienten mit Zwangsstörungen entwickeln einen Verlauf der dritten Art. Unter 10 % sind chronisch im Sinne einer kontinuierlichen Verschlechterung betroffen. Möglicherweise ist ein früher Krankheitsbeginn eher mit ungünstigeren langfristigen Verläufen verbunden. Eine begleitende Depression kann besondere Komplikationen für den Verlauf bedeuten. Hingegen sind leichte Symptome oder eine kurze Symptomdauer vor der Therapie eher ein günstiges Zeichen für die weitere Entwicklung.

7. Empfohlene weiterführende Literatur

- Döpfner, M.: Zwangsstörungen. In: Steinhausen, H.-C., von Aster, M. (Herausgeber): Verhaltenstherapie und Verhaltensmedizin bei Kindern und Jugendlichen. 2. Auflage. Psychologie Verlags Union, Weinheim, 1999.
- Rapoport, J. L.: Der Junge, der sich immer waschen mußte. MMV Medizinverlag, München 1993.
- Schwartz, J.: Zwangshandlungen und wie man sich davon befreit. Krüger, Frankfurt a. M., 1997.

8. Fachverbände und Selbsthilfegruppen

- Deutsche Gesellschaft Zwangserkrankungen e. V., Katharinenstraße 48, D-49078 Osnabrück
- Schweizerische Gesellschaft für Zwangsstörungen (SGZ), Sekretariat, Käpelimattweg 26, CH-4225 Brislach

Zwangsstörungen

Anhang

Einrichtungen für Kinder- und Jugendpsychiatrie

Deutschland

Baden-Württemberg

Abteilung für Kinder- und Jugendpsychiatrie der Landesklinik
Nordschwarzwald
Lützenhardter Hof
75365 Calw

Abteilung für Kinder- und Jugend-
psychiatrie/-psychotherapie an der
Luisenklinik
Luisenstraße 56
78073 Bad Dürrheim
http://www.luisenklinik.de

Abteilung für Psychiatrie und Psychotherapie im Kindes- und Jugendalter der Universitätsklinik für
Psychiatrie und Psychosomatik
Hauptstr. 8
79104 Freiburg
http://www.ukl.uni-
freiburg.de/psych/kinderju

Fachkrankenhaus für Kinder- und
Jugendpsychiatrie, Mariaberger
Heime
Burghaldenstraße 6
72501 Gammertingen
http://www.mariaberg.de

Abteilung für Kinder- und Jugendpsychiatrie der Psychiatrischen Klinik der Universität Heidelberg
Blumenstr. 8
69115 Heidelberg
http://med.uni-hd.de/psychiatrie

Abteilung für Kinder- und Jugendpsychiatrie der Psychiatrischen
Klinik am Städtischen Klinikum
Karlsruhe
Moltkestr. 90
76133 Karlsruhe
http://www.klinikum-karlsruhe.de/
kliniken/klin_psych.htm

Kinder- und jugendpsychiatrische
Klinik am Zentralinstitut für
seelische Gesundheit
J 5 – Postfach 122120
68159 Mannheim
http://www.zi-mannheim.de/
kliniken/ppkj.htm

Abteilung für Kinder- und Jugendpsychiatrie an der St. Lucas-Klinik
Siggenweilerstraße 11
88074 Meckenbeuren-Liebenau
http://www.st.lukas-klinik.de/
kinder/kinder.htm

Therapeutische Gemeinschaft für
Kinder- und Jugendpsychiatrie e.V.
Sonderkrankenhaus
Ortsstr. 61
79691 Neuenweg

Klinik für Kinder- und Jugendpsychiatrie und Psychotherapie an
der Klinik an der Lindenhöhe
Bertha-von-Suttner-Straße 1
77654 Offenburg
http://www.mediclin.de/kliniken/
ortenau/ortenau.html

Abteilung für Kinder- und Jugendpsychiatrie des Psychiatrischen Lan-
deskrankenhauses Weißenau
Weingartshofer Str. 2
88214 Ravensburg-Weißenau
http://www.uni-ulm.de/
klinik/psychiatrie

Kinder- und jugendpsychiatrische
Klinik der Johannesanstalten
Mosbach
Schwarzacherhof
74869 Schwarzach

Abteilung für Kinder- und Jugendpsychiatrie des Olgahospitals am
Pädiatrischen Zentrum
Mörikestr. 9
70178 Stuttgart
http://www.olgahospital.de/
Psychiatrie.htm

Klinik Haus Vogt Fachkrankenhaus
für Kinder- und Jugendpsychiatrie
und psychosomatische Erkrankungen
Dennenbergstr. 5
79822 Titisee-Neustadt
http://www.stiftung-sbb.de/
einrichtungen.html

Abteilung für Kinder- und Jugendpsychiatrie der Klinik für Psychiatrie und Psychotherapie der Eber-
hard-Karls-Universität Tübingen
Osianderstr. 14–16
72076 Tübingen
http://www.medizin.uni-tuebingen.
de/~ppkj

Universitätsklinikum Ulm, Klinik
und Poliklinik für Kinder- und Ju-
gendpsychiatrie/Psychotherapie
Steinhövelstraße 5
89075 Ulm
http://www.uni-ulm.de/klinik/kjp

Klinik für Kinder- und Jugendpsychiatrie und Psychotherapie
Weissenhof
Klinikum am Weissenhof
74189 Weinsberg
http://www.zfp-weinsberg.de/
abteilg/kjpsych/kjpsych.htm

Bayern

Klinik für Psychiatrie und Psychotherapie des Kindes- und Jugendalters am Bezirksklinikum Ansbach
Feuchtwanger Straße 38
91522 Ansbach

Klinik für Kinder- und Jugendpsychiatrie und Psychotherapie,
Krankenhaus Josefinum
Kapellenstraße 30
86154 Augsburg

Heckscher-Klinik für Kinder- und
Jugendpsychiatrie und Psychotherapie des Bezirks Oberbayern,
Abteilung Rottmannshöhe
82335 Berg

Kinder- und jugendpsychiatrische
Abteilung der Universität
Erlangen-Nürnberg
Schwabachanlage 6/10
91054 Erlangen

Kinder- und jugendpsychiatrische
Sprechstunde des Zentrums für
Psychiatrie und Psychotherapie am
Klinikum Ingolstadt
Krumenauer Straße 25
85049 Ingolstadt

Institut und Poliklinik für Kinder-
und Jugendpsychiatrie und Psychotherapie der Ludwig Maximili-
ans-Universität München am
Klinikum Innenstadt
Nußbaumstraße 7
80336 München
http://www.kjp.med.uni-
muenchen.de

Heckscher Klinik Fachklinik für
Kinder- und Jugendpsychiatrie und
Psychotherapie des Bezirks
Oberbayern
Heckscherstr. 4 und 9
80804 München
http://www.bezirk-
oberbayern.de/gesundh

Heckscher Klinik, Außenstelle
München-Solln, Spezialabteilung
für schwer teilleistungsgestörte
Kinder
Wolfratshauser Str. 350, Haus 5
81479 München
http://www.bezirk-
oberbayern.de/gesundh

Abteilung für Kinder- und Jugendpsychiatrie, Kinderklinik
St. Elisabeth
Müller-Gnadenegg-Weg 4
86633 Neuburg/Donau
http://www.kliniken-st-elisabeth.de

Klinik für Kinder- und Jugendpsychiatrie und Psychotherapie
am Klinikum Nord
Prof.-Ernst-Nathan-Straße 6
90340 Nürnberg
http://www.klinikum.
nuernberg.de/2_15_
kinderpsychiatrie.html

Klinik für Kinder- und Jugendpsychiatrie im Bezirkskrankenhaus
Regensburg
Universitätsstr. 84
93042 Regensburg
http://www.bkr-regensburg.de

Heckscher-Klinik für Kinder- und
Jugendpsychiatrie und Psychothe-
rapie des Bezirks Oberbayern,
Abteilung Rosenheim
Ellmaierstraße 27
83022 Rosenheim

Klinik und Poliklinik für Kinder-
und Jugendpsychiatrie und Psychotherapie der Julius-Maximili-
ans-Universität Würzburg
Füchsleinstr. 15
97080 Würzburg
http://www.uni-
wuerzburg.de/kjpsych

Berlin

Klinik für Kinder- und Jugend-
psychiatrie/Psychotherapie, DRK
Kliniken Westend
Spandauer Damm 130
14050 Berlin
http://www.drk-kliniken-berlin.de

Evangelisches Krankenhaus Köni-
gin Elisabeth Herzberge gGmbH,
Abteilung für Psychiatrie und
Psychotherapie des Kindes- und
Jugendalters
Herzbergstr. 79
10362 Berlin
http://www.keh-berlin.de

Städtisches Klinikum Berlin/Buch,
Neurologisch-psychiatrische Klinik
Karower Str. 11
13125 Berlin
http://www.klinikumbuch.de

Humboldt-Krankenhaus, Abtei-
lung f. Psychiatrie Neurologie und
Klinische Heilpädagogik des
Kindes- und Jugendalters, Klinik
Wiesengrund, örtlicher Bereich
Frohnauer Straße
Frohnauer Str. 74–80
13467 Berlin

Abteilung für Neurologie und
Psychiatrie des Kindes- und Jugendalters der Nervenklinik Spandau
Griesinger Str. 27–33
13589 Berlin

Klinik für Psychiatrie Psychosomatik und Psychotherapie des Kindes-
und Jugendalters, Charité-Universi-
tätsmedizin Berlin,
Campus-Virchow-Klinikum
Augustenburger Platz 1
13353 Berlin
http://www.charite.de/rv/kpsych

Vivantes, Netzwerk für Gesundheit
GmbH, Max-Bürger-Zentrum,
Klinik für Jugendpsychiatrie –
Psychotherapie
Platanenallee 23–25
14050 Berlin
http://www.mbz-berlin.de/
einrichtungen/khb/kjp.htm

Bremen

Kliniken der Freien Hansestadt
Bremen, Zentralkrankenhaus
Bremen-Ost, Klinik für Kinder- und
Jugendpsychiatrie
Züricher Str. 40
28325 Bremen
http://www.krankenhaus-
bremen-ost.de/zentren_kliniken/
psychiatrie/kinder_jugend_
psychiatrie.html

Tagesklinik Virchowstraße für
Kinder- und Jugendpsychiatrie
Virchowstraße 6
27574 Bremerhaven
http://www.krankenhaus-
bremen-ost.de/deutsch/fachpflege/
ambulanz.html

Brandenburg

Abteilung für Kinder- und Jugendpsychiatrie der Landesklinik Brandenburg
Anton-Saefkow-Allee 2
14776 Brandenburg

Klinik für Kinder- und Jugendpsychiatrie und Psychotherapie der
Landesklinik Eberswalde
Oderberger Str. 8
16225 Eberswalde
http://www.lk-eberswalde.
brandenburg.de

Abteilung Kinderneuropsychiatrie
der Landesklinik Eberswalde
Oderberger Str. 4
16225 Eberswalde-Finow
http://www.lk-eberswalde.
brandenburg.de

Klinik für Kinder- und Jugend-
neuropsychiatrie am Fachkrankenhaus für Neurologie und Psychiatrie
Lübben
Luckauer Str. 17
15907 Lübben

Ruppiner Kliniken GmbH, Klinik
für Kinder- und Jugendpsychiatrie
und -psychotherapie
Fehrbelliner Straße 38
16816 Neuruppin

Bezirkskrankenhaus, Kinderklinik,
Abteilung Kinderneuropsychiatrie
Auguststr.
16303 Schwedt
http://www.klinikum-
uckermark.de/root/index.htm

Pflegeheim Wittstock
16909 Wittstock/Dosse

Hamburg

Klinik und Poliklinik für Psychiatrie
und Psychotherapie des Kindes-
und Jugendalters am Universitäts-
krankenhaus Eppendorf
Martinistr. 52
20246 Hamburg
http://www.uke.uni-hamburg.de/
kliniken/psychiatrie/kinder

Psychosomatische Abteilung der
Universitätsklinik für Kinder-
und Jugendmedizin am
Universitäts-Krankenhaus
Eppendorf Pavillon 62
Martinistr. 52
20251 Hamburg
http://www.uke.uni-hamburg.de/
kliniken/kinderklinik/
psychosomatik/index.de.html

Kinder- und jugendpsychiatrische
psychotherapeutische Abteilung am
Kathol. Kinderkrankenhaus
Wilhelmstift
Liliencronstr. 130
22149 Hamburg
http://www.kkh-wilhelmstift.de

Hessen

Heilpädagogisches Kinder- und
Jugendheim Leppermühle, Jugendpsychiatrische Wohngruppen
35418 Buseck

Kinder- und jugendpsychiatrische
Klinik des LWV Rheinhöhe
Klosterstr. 4 Postfach
65343 Eltville
http://www.lwv-hessen.de/
einrichtungen/kliniken.htm

Klinik für Psychiatrie und Psychotherapie des Kindes- und Jugendalters der Johann-Wolfgang-Goethe
Universität
Deutschordenstr. 50
60528 Frankfurt
http://www.klinik.uni-
frankfurt.de/zpsy/kinderpsychiatrie

Klinik für Kinder- und Jugendpsychiatrie Rehberg des LWV
Austr. 40
35745 Herborn
http://www.lwv-hessen.de/
einrichtungen/kliniken.htm

Klinik für Kinder- und Jugendpsychiatrie, Ambulanz und Tagesklinik
Herkulesstr. 111
34119 Kassel
http://www.lwv-hessen.de/
einrichtungen/kliniken.htm

268

Klinik für Kinder- und Jugendpsychiatrie und Psychotherapie der
Philipps-Universität
Hans-Sachs-Str. 6
35033 Marburg
http://www.kjp.uni-marburg.de

Klinik für Kinder- und Jugendpsychiatrie Lahnhöhe des LWV
Cappeler Str. 98
35039 Marburg
http://www.lwv-hessen.de/
einrichtungen/zspmr/mr2/
lahnhoehe.htm

Klinik für Kinder- und Jugendpsychiatrie Hofheim des LWV
64560 Riedstadt
http://www.lwv-hessen.de/einrich-
tungen/kliniken.htm

Mecklenburg-Vorpommern

Klinik für Kinder- und Jugendpsychiatrie und Psychotherapie am
Müritz-Klinikum GmbH
Stadtgarten 15
17207 Röbel

Tagesklinik für Kinder- und Jugendpsychiatrie
Dierkower Höhe 14
18146 Rostock

Klinik und Poliklinik für Kinder-
und Jugendneuropsychiatrie/
Psychotherapie am Zentrum für
Nervenheilkunde der Universität
Rostock
Gehlsheimer Str. 20
18147 Rostock
http://www-kjpp.med.uni-
rostock.de

Klinik für Kinder- und Jugendneu-
ropsychiatrie und Psychotherapie
der Carl-Friedrich-Flemming-
Klinik/Medizinisches Zentrum
Schwerin
Wismarsche Str. 393–395
19055 Schwerin

Klinik für Kinder- und Jugendpsychiatrie am Zentrum für psychosoziale Medizin des Klinikums der
Hansestadt Stralsund GmbH
Rostocker Chaussee 70
18437 Stralsund

Klinik für Kinder- und Jugendpsychiatrie und Psychotherapie am
Christophorus-Krankenhaus
Ueckermünde
(in der Trägerschaft der Christo-
phorus Diakoniewerk g.GmbH)
Ravensteinstr. 23
17373 Ueckermünde

Niedersachsen

Kinder- und jugendpsychiatrische
Klinik im evangelisch luth.
Wichernstift Delmenhorst
27777 Ganderkesee

Klinik und Poliklinik für Kinder-
und Jugendpsychiatrie am Zentrum
für Psychologische Medizin der
Georg-August-Universität
von-Siebold-Str. 5
37075 Göttingen
http://www.gwdg.de/~ukyk

Abt. Kinderheilkunde/Schwerpunkt
Neuropädiatrie Funktionsbereich
Psychosomatik
Robert-Koch-Str. 40
37075 Göttingen

Kinder- und jugendpsychiatrische
Abt. am Kinderkrankenhaus
auf der Bult
Janusz-Korczak-Allee 10
30173 Hannover 1

Niedersächsische Fachklinik für
Kinder- und Jugendpsychiatrie
Goslarsche Landstr. 60
31135 Hildesheim

Albert-Schweitzer-Therapeutikum,
Klinik für Kinder- und Jugendpsychiatrie und Psychotherapie
Pipping 5
37603 Holzminden
http://www.familienwerk.de/
einklinikhol.htm

Klinik für Kinder- und Jugendpsychiatrie am Niedersächsischen
Landeskrankenhaus
Vor dem Kaiserdom 1
38154 Königslutter

Niedersächsische Fachklinik für
Kinder- und Jugendpsychiatrie
Lüneburg
Am Wienebütteler Weg 1
21339 Lüneburg

Clemens-August Jugendklinik,
Fachkrankenhaus für Kinder- und
Jugendpsychiatrie/Psychotherapie
Bergstr./Postfach 1260
49434 Neuenkirchen

Kinder- und jugendpsychiatrische
Abteilung am Kinderhospital
Osnabrück, Psychosomatik,
Psychotherapie, Neuropsychologie,
Sozialpsychiatrie
Iburger Str. 187
49082 Osnabrück
http://www.kinderhospital.de

Abteilung für Kinder- und Jugendpsychiatrie am Marienhospital
Marienstraße 8
26871 Papenburg/Aschendorf

Abteilung für Psychotherapie und
Psychiatrie von Kindern und
Jugendlichen am Niedersächsischen
Landeskrankenhaus
37124 Rosdorf 1 bei Göttingen
http://www.tiefenbrunn.
niedersachsen.de

Abteilung für Kinder- und
Jugendpsychiatrie am
Reinhardt-Nieter-Krankenhaus
Friedrich-Paffrath-Straße 100
26389 Wilhelmshaven
http://www.rnk-whv.de

Kinder- und jugendpsychiatrische
Klinik Wunstorf am Landeskrankenhaus
Südstr. 25
31515 Wunstorf 1
http://www.nlkhwunstorf.
niedersachsen.de/kjp.htm

Nordrhein-Westfalen

Klinik für Kinder- und Jugendpsychiatrie des Universiätsklini-
kums an der Rheinisch-Westfäli-
schen Technischen Hochschule
(RWTH) Aachen
Neuenhofer Weg 21
52074 Aachen

Abt. für Kinder- und Jugendpsychiatrie der Rheinischen Landesklinik
Bedburg-Hau
Schmelenheide 1
47551 Bedburg-Hau 1
http://www.lvr.de/dez8/amt81/
rk-bh/rlkbedb.htm

Klinik für Kinder- und Jugend-
psychiatrie/Psychotherapie am
St. Josefs-Hospital Bochum-Linden
Axstr. 35
44879 Bochum
http://www.helios-kliniken.de/
bochum/default.htm

Rheinische Klinik für Kinder-
Jugendpsychiatrie und Psychotherapie
Kaiser-Karl-Ring 20
53111 Bonn
http://www.lvr.de/dez8/amt81/
rk-bn/index.htm

Außenstelle der Westfälischen Klinik für Kinder- und Jugendpsychiatrie und Psychotherapie in der
Haard: Tagesklinik Borken
Bocholter Straße 5
46325 Borken
http://www.lwl.org/
jugendpsych_marl/
Aussenstellen/Bor_TKL_Info.htm

Institut für Psychohygiene,
Heinrich-Meng Institut des Erft-
kreises, Beratungs- und Behand-
lungszentrum für Kinder,
Jugendliche und Eltern
Kaiserstr. 6
50321 Brühl

Abteilung für Psychiatrie und Psychotherapie im Kindes- und Jugendalter der Vestischen Kinder- und Jugendklinik der Universität Witten/Herdecke
Dr.-Friedrich-Steiner-Straße 5
45711 Datteln
http://www.kjp-datteln.de

Kinder- und jugendpsychiatrische Abteilung der Elisabeth-Klinik
Schwerter Str. 240
44287 Dortmund

Abteilung für Kinder- und Jugendpsychiatrie der Psychiatrischen Klinik der Heinrich-Heine-Universität – Rheinische Landesklinik – Düsseldorf
Bergische Landstr. 2
40629 Düsseldorf
http://www.uni-duesseldorf.de/psychkliniken/kjp.htm

Psychosomatische Klinik (Kinder- und Jugendpsychiatrie) der Städtischen Kliniken Duisburg
Zu den Rehwiesen 9
47055 Duisburg

Klinik für Psychiatrie und Psychotherapie des Kindes- und Jugendalters der Rheinischen Kliniken Essen
Virchowstraße 174
45147 Essen
http://www.uni-essen.de/~tjp030/kjp

Jugendpsychiatrisches Institut der Stadt Essen
Papestr. 1
45147 Essen 1

Tagesstätte für neurotische Kinder im Schulalter im jugendpsychiatrischen Institut der Stadt Essen
Papestr. 1
45147 Essen 1

Jugendpsychiatrische Abteilung des Evangelischen Krankenhauses Essen-Werden
Pattbergstr. 1–3
45239 Essen Werden

Rheinische Klinik für Kinder- und Jugendpsychiatrie und Psychotherapie Bonn, Außenstelle Euskirchen
Gottfried-Disse-Straße 38 e
53881 Euskirchen

Westfälisches Institut für Kinder- und Jugendpsychiatrie Psychotherapie und Heilpädagogik
Heithofer Allee 64
59071 Hamm 1
http://www.jugendpsychiatrie-hamm.de

Westfälisches Institut für Kinder- und Jugendpsychiatrie, Psychotherapie und Heilpädagogik
Heithofer Allee 64
59071 Hamm
http://www.lwl.org/jugendpsych_hamm

Gemeinnütziges Gemeinschafts-
krankenhaus, Psychiatrische
Abteilung für Jugendliche und
junge Erwachsene
Gerhart-Kienle-Weg 4
58313 Herdecke
http://www.gemeinschaftskranken-
haus.de/start.htm

Außenstelle der Westfälischen
Klinik für Kinder- und Jugendpsychiatrie und Psychotherapie in
der Haard: Tagesklinik Herne
Ludwigstraße 14
44549 Herne
http://www.lwl.org/
jugendpsych_marl/
Aussenstellen/Her_TKL_Info.htm

Klinik und Poliklinik für Psychiatrie
und Psychotherapie des Kindes-
und Jugendalters der Univeristät zu
Köln
Robert-Koch-Str. 10
50931 Köln
http://www.uni-
koeln.de/med-fak/kjp

Tagesklinik Pionierstraße, Klinik
und Ambulanz für Kinder- und
Jugendpsychiatrie – Psychotherapie
Pionierstr. 19
50735 Köln
http://www.tagesklinik-
pionierstrasse.de

Abteilung für Kinder- und Jugend-
psychiatrie, Kinderzentrum am
Kreiskrankenhaus Lüdenscheid,
Akademisches Lehrkrankenhaus
Hohfuhrstr. 25
58509 Lüdenscheid

Westfälische Klinik für Kinder- und
Jugendpsychiatrie und Psychotherapie in der Haard
Halterner Str. 525
45770 Marl-Sinsen
http://www.
jugendpsychiatrie-marl.de

St. Johannes-Stift, Westfälische
Klinik für Kinder- und Jugendpsychiatrie
Bredelarer Str. 33
34431 Marsberg 1
http://www.lwl.org/LWL/
Gesundheit/psychiatrieverbund/
klinik_marsberg

Klinik und Poliklinik für Kinder-
heilkunde, Bereich Psychosomatik
der Westfälischen Wilhelms-Universität Münster
Domagkstr. 3 b
48149 Münster

Klinik und Poliklinik für Kinder-
und Jugendpsychiatrie der
Westfälischen Wilhelms-Universität
Münster
Schmeddingstr. 50
48149 Münster
http://medweb.uni-muenster.de/
institute/kjp

Außenstelle der Westfälischen
Klinik für Kinder- und Jugendpsychiatrie und Psychotherapie in
der Haard: Tagesklinik Recklinghausen
Herner Straße 22
45657 Recklinghausen
http://www.lwl.org/
jugendpsych_marl/
Aussenstellen/Re_TKL_Info.htm

Rheinische Landesklinik Viersen,
Fachbereich Kinder- und Jugendpsychiatrie
Horionstr. 14
41749 Viersen
http://www.lvr.de/dez8/amt81/
rk-v/abt1

St. Laurentius Heim, Heilpädagogisches Behinderten-Zentrum mit
Fachklinik für Kinder- und Jugendpsychiatrie
Stiepenweg 70
34414 Warburg

Heilpädagogisch-Psychotherapeuti-
sches Zentrum – Fachklinik für
Kinder- und Jugendpsychiatrie der
Bergischen Diakonie Aprath
Erfurth-Weg 28
42489 Wülfrath

Tagesklinik der Kinder- und
Jugendpsychiatrie Wuppertal am
Sana Klinikum Remscheid
Weststraße 103
42119 Wuppertal
http://www.klinikum-remscheid.de

Jugendpsychiatrie der städtischen
Kinderklinik Wuppertal
Heusnerstr. 40
42283 Wuppertal

Rheinland-Pfalz

Abteilung für Kinder- und Jugendpsychiatrie und Psychotherapie,
Rheinhessen-Fachklinik Alzey
Dautenheimer Landstraße 66
55232 Alzey

Psychosomatische Fachklinik für
Kinder und Jugendliche, Kinder-
und Jugendpsychiatrie
Lindenstr. 4
53473 Bad Neuenahr-Ahrweiler

Tagesklinik für Kinder- und Jugendpsychiatrie und -psychotherapie
Dr. Ottmar-Kohler-Str. 2
55743 Idar-Oberstein
http://www.shg-kliniken.de/html/
tageskl._f_kinder-_und_jugend.html

Pfalzinstitut für Kinder- und
Jugendpsychiatrie Psychosomatik
und Psychotherapie
Weinstr. 100
76889 Klingenmünster
http://home.t-online.de/home/
pfalzinstitut

Kinder- und Jugendpychiatrie der
Johannes-Gutenberg Universität
Mainz
Langenbeckstraße 1
55101 Mainz

Johanniter-Tagesklinik für Kinder-
und Jugendpsychiatrie
Am Carmen-Sylvia-Garten 6
56564 Neuwied 1

Klinik für Kinder- und Jugendpsychiatrie
Mutterhaus der Borromäerinnen
Feldstraße 16
54290 Trier

Saarland

Abteilung für Kinder- und Jugendpsychiatrie der Universitäts-Nerven-
klinik/Psychiatrie
66424 Homburg
http://www.med-rz.uni-sb.de/fb4/
psychiatrie.html

SHG-Klinik für Kinder- und
Jugendpsychiatrie/-psychotherapie
Waldstr. 40
66271 Kleinblittersdorf 1
http://www.shg-kliniken.de

Tagesklinik „Haus Linicus" am
Klinikum Merzig
Trierer Straße 148
66663 Merzig
http://www.shg-kliniken.de

Tagesklinik Saarbrücken-Schönbach
Großblittersdorferstraße 329
66130 Saarbrücken
http://www.shg-kliniken.de

Tagesklinik „Johann-von-Oppen-
heim-Haus"
Alter Woog 5
66606 St. Wendel
http://www.shg-kliniken.de

Sachsen

Klinik für Kinder- und Jugendpsychiatrie und Psychotherapie am
Sächsischen Krankenhaus Arnsdorf
Hufelandstr. 15
01477 Arnsdorf

Klinik für Kinder- und Jugendpsychiatrie und -psychotherapie des
Sächsischen Krankenhauses Rode-
wisch
Waldhofstraße
08209 Auerbach
http://www.skh-rodewisch.
de/kl20.html

Gesundheitspark, Klinik Bad Gottleuba, Abteilung Psychosomatik
und Psychotherapie
Hauptstraße 39
01816 Bad Gottleuba
http://www.gesundheitspark-
bad-gottleuba.de

Klinik für Psychiatrie, Psychotherapie und Psychosomatik des Kin-
des- und Jugendalters, Bereich
Chemnitz, Landkreis Mittweida
Krankenhaus GmbH
Dresdner Straße 178
09131 Chemnitz
http://www.Klinikumchemnitz.de

Klinik und Poliklinik für Kinder-
und Jugendpsychiatrie und -psycho-
therapie an der Medizinische Fakul-
tät Carl Gustav Carus Dresden
Goetheallee 12
01309 Dresden

Bezirksfachkrankenhaus für Psychiatrie und Neurologie, Abteilung
Kinderneuropsychiatrie
02708 Großschweidnitz

Krankenhaus Hoyerswerda,
Kinderklinik, Abt. für Kinder- und
Jugendpsychiatrie
Lipezker Platz 10
02977 Hoyerswerda

Krankenhaus Hoyerswerda, Kinder-
und Jugendneuropsychiatrische
Abteilung der Poliklinik
Peter Göring Str. 27
02977 Hoyerswerda

Klinik und Poliklinik für Psychiatrie, Psychotherapie und Psychosomatik des Kindes- und Jugendalters
der Universität Leipzig
Riemannstr. 34
04107 Leipzig
http://www.uni-leipzig.de/
~kinderps

Abteilung für Kinder- und Jugendpsychiatrie, Psychosomatik und
Psychotherapie der Psychiatrischen
Kliniken am Park-Krankenhaus
Leipzig-Südost GmbH
Morawitzstraße 2
04289 Leipzig
http://www.parkkrankenhaus-
leipzig.de

Klinik für Psychiatrie, Psychotherapie und Psychosomatik des Kin-
des- und Jugendalters, Bereich
Wechselburg, Landkreis Mittweida
Krankenhaus GmbH
Markt 11
09306 Wechselburg

Kliniken Hubertusburg,
Kinderneuropsychiatrische Station
der Kinderklinik
04779 Wermsdorf

Abteilung für Kinder- und Jugendpsychiatrie und -psychotherapie an
der Kinderklinik, Heinrich-
Braun-Krankenhaus Zwickau
Karl-Keil-Straße 35
08060 Zwickau

Sachsen-Anhalt

Kinderneuropsychiatrische Klinik
Solbadstr. 2 c
06406 Bernburg

Landeskrankenhaus für Psychiatrie
und Neurologie
Olga-Benario-Str. 16–18
06406 Bernburg

Landeskrankenhaus Haldensleben,
Klinik für Kinderneuropsychiatrie
Kiefholzstr. 4
39340 Haldensleben

Kinderzentrum, Klinik für Kinder-
und Jugendpsychiatrie und -psycho-
therapie am Krankenhaus
St. Elisabeth und St. Barbara
Barbarastraße 4
06110 Halle
http://www.krankenhaus-halle-
saale.de/ab teilungen/bk/
bk_kjp.htm

Martin-Luther-Universität, Bereich
Medizin, Abteilung Kinderneuropsychiatrie, Klinik für Neurologie
und Psychiatrie
Julius-Kühn-Str. 7
06112 Halle

Klinik für Kinder- und Jugendpsychiatrie, Otto-von-Gueri-
cke-Universität Magdeburg
E.-Larisch-Weg 17–19
39112 Magdeburg
http://www.med.uni-
magdeburg.de/fme/znh/kkjp/
welcome.html

Landeskrankenhaus für Psychiatrie
und Neurologie, Abteilung für Neuropsychiatrie und Psychotherapie
des Kindes- und Jugendalters
39599 Uchtspringe-Altmark

Schleswig-Holstein

Klinik für Kinder- und Jugendpsychiatrie am Klinikum der
Universität Kiel
Niemannsweg 147
24105 Kiel

Poliklinik für Kinder- und Jugendpsychiatrie der Medizinischen
Universität zu Lübeck
Kahlhorststraße 31–35
23538 Lübeck

Vorwerker Fachklinik für Kinder-
und Jugendpsychiatrie und
Psychotherapie
Triftstraße 139
23554 Lübeck
http://www.vorwerker-diakonie.de

Fachklinik für Kinder- und Jugendpsychiatrie Schleswig-Hesterberg
Friedrich-Ebert-Str. 5
24837 Schleswig

Thüringen

Klinik für Kinder- und Jugendpsychiatrie und Psychotherapie am
Klinikum Erfurt GmbH
Nordhäuserstr. 74
99089 Erfurt
http://www.klinikum-Erfurt.de

Bezirksnervenklinik Hildburghausen, Klinik für Kinder- und Jugendpsychiatrie
Eisfelder Str. 41
98646 Hildburghausen

Klinik für Kinder- und Jugendpsychiatrie am Klinikum der Friedrich-Schiller-Universität Jena
Philosophenweg 5
07740 Jena
http://www.med.uni-jena.de/kjp

Friedrich-Schiller-Universität,
Bereich Medizin, Abteilung Kinderneuropsychiatrie der Univ.-Kinder-
klinik Jussuf Ibrahim
Kochstr. 2
07745 Jena

Ökumenisches Hainich Klinikum
gGmbH, Fachkrankenhaus für
Neurologie, Kinder- und Jugend-
psychiatrie/-psychotherapie,
Psychiatrie
Pfafferode 102
99974 Mühlhausen

Fachkrankenhaus für Kinderneuropsychiatrie
A.-Puschkinstr. 17
99734 Nordhausen

ASKLEPIOS Fachklinik Stadtroda
GmbH für Psychiatrie und
Neurologie, Abt. f. Kinder- und
Jugendpsychiatrie und -psychothe-
rapie
Bahnhofstraße 1 a
07646 Stadtroda
http://www.asklepios.com/
stadtroda/Stadtroda2FR/
StadtrodaKJP/StadtrodaKJP1.htm

Österreich

Kärnten

Kinderneuropsychiatrie
Fercherstraße 6
9020 Klagenfurt

Niederösterreich

Heilpädagogische Station des
Landes NÖ
Fürstenweg 8
2371 Hinterbrühl

Oberösterreich

Kinder- und Jugendpsychiatrie
Landeskinderkrankenhaus
Krankenhausstraße 26
4020 Linz/Donau

Wagner-Jauregg-Krankenhaus des
Landes OÖ
Wagner-Jauregg-Weg 15
4020 Linz/Donau

Stadt Salzburg

A. Ö. Landeskrankenhaus Salburg
Müllner
Hauptstraße 48
5020 Salzburg

Heilpädagogische Station
Kleißheimer Allee 81
5020 Salzburg

Landesnervenklinik
Ignaz-Harrer-Straße 79
5020 Salzburg

Stadt Wien

Neurologisches Krankenhaus der
Stadt Wien
Rosenhügel, Abt. für entwicklungs-
gestörte Kinder
Riedlgasse 5
1130 Wien

Universitäts-Kinderklinik
Währinger Gürtel 74
1090 Wien

Universitätsklinik für Neuropsychiatrie des Kindes- und
Jugendalters
Währinger Gürtel 18–20
1090 Wien

Steiermark

Psychosomatische Station Universi-
tätskinderklinik
Auenbrugger Platz
8036 Graz

Tirol

Abt. Kinder- und Jugendpsychiatrie.
Universitätsklinik für Psychiatrie
Anichstraße 35
6020 Innsbruck

Universitätsklinik für Kinderheil-
kunde
Anichstraße 35
6020 Innsbruck

Vorarlberg

Landesnervenkrankenhaus Valduna
6830 Rankweil Vlbg.

Heilpädagogische Abteilung
Landeskrankenhaus
6807 Feldkirch

Schweiz

Kanton Aargau

Kinder- und Jugendpsychiatrischer
Dienst des Kantons Aargau
Tellstraße 22
5000 Aarau

279

Kinderpsychiatrische Therapiestation
Ehrendingerstraße 38
5400 Ennetbaden

Kinderpsychiatrische Therapiestation
Buckhalde 213
5322 Koblenz

Kantonale Kinderstation des
Kinder- und Jugendpsychiatrischen
Dienstes des Kantons Aargau
5235 Rüfenach

Kanton Basel-Stadt

Psychiatrische Universitätsklinik
und -poliklinik für Kinder und
Jugendliche
Schaffhauserheinweg 55
4058 Basel

Kanton Basel-Land

Kinder- und Jugendpsychiatrischer
Dienst des Kantons Basel-Land
Goldbrunnenstraße 14
4410 Liestal

Kanton Bern

Kinder- und Jugendpsychiatrische
Poliklinik der Universität
Effingerstraße 12
3011 Bern

Psychosomatische Abteilung der
Universitäts-Kinderklinik Inselspital
3010 Bern

Kinderpsychiatrische Klinik der
Universität Bern. Neuhaus
3063 Ittingen

Kinderpsychiatrischer Dienst Berner
Jura
Rue du Ruschli 2
2502 Biel

Kinderspital, Kinderpsychiatrischer
Dienst Biel/Seeland und Berner Jura
Kloosweg 22
2502 Biel

Abteilung für Kinder- und Jugendpsychiatrie. Kinderspital
Wildermeth
Kloosweg 22
2502 Biel

Canton de Genève

Clinique de Psychiatrie Infantile
41, crêts de Champel
1207 Genève

Service Médico-Pédagogique
16–18, Boulevard St. Georges
1211 Genève 8

Division de Psychiatrie du Develop-
pement Mental de l'Université de
Genève
Rue du 31 décembre 8
1207 Genève

Unite Universitaire de Psychiatrie
de l'Adolescent
16–18, Boulevard St-Georges
1211 Genève 8

Kanton Graubünden

Kinder- und Jugendpsychiatrischer
Dienst des Kantons Graubünden
Fontanastraße 15
7000 Chur

Canton du Jura

Service de Psychiatrie d'Enfants et
d'Adolescents. Centre Médico-
Psychologique
Fbg. des Capucins 20
2800 Delémont

Kanton Luzern

Kinder- und Jugendpsychiatrischer
Dienst des Kantons Luzern
Spitalstraße 17 a
6004 Luzern

Canton de Neuchâtel

Office Médico-Pédagogique
Rue du Parc 117
2300 La Chaux-de-Fonds

Office Médico-Pédagogique
Rue de l'Ecluse 67
2000 Neuchâtel

Kanton St. Gallen

Kinder- und Jugendpsychiatrisches
Zentrum. Beobachtungs- und
Therapiestation „Sonnenhof"
9608 Ganterschwil

Ostschweizerischer Kinder- und
Jugendpsychiatrischer Dienst
Grossackerstraße 7
9000 St. Gallen

Kanton Schaffhausen

Kinder- und Jugendpsychiatrischer
Dienst
Promenadenstraße 21
8200 Schaffhausen

Kanton Solothurn

Gotthelf-Haus. Kinder- und jugendpsychiatrische Station des Psychiatrischen Dienstes des Kantons
Solothurn
Gotthelfstraße 17
4562 Biberist

Psychiatrischer Dienst für Kinder
und Jugendliche des Kantons
Solothurn
Hauptgasse 53
4500 Solothurn

Kanton Thurgau

Kinder- und Jugendpsychiatrischer
Dienst des Kantons Thurgau
Bahnhofstraße 15
8570 Weinfelden

Canton del Ticino

Servizio Medico-Psicologico
Largo Elvezia 2
6500 Bellinzona

Servizio Medico-Psicologico
Via R. Simen 10
6900 Lugana

Canton du Valias

Service Médico-Pédagogique
Valaisan
Place du Midi 40
1950 Sion

Canton de Vaud

Divison de Pédopsychiatrie de
l'Hôpital de l'Enfance
Chemin de Montétan 16
1007 Lausanne

Service Universitaire de Psychiatrie
de l'Enfant et de l'Adolescent
Rue du Bugnon 23 A
1005 Lausanne

Unité de Prévention
Rue César-Roux 29
1005 Lausanne

Service de Pédopsychiatrie
Avenue de Casion 46
1820 Montreux

Service de Psychiatrie et
Psychothérapie de l'Est Vaudois
Avenue du Général Guisan 26
1800 Vevey

Kanton Zürich

Zentrum für Kinder- und Jugend-
psychiatrie, Universität Zürich,
Kinder- und Jugendpsychiatrischer
Dienst des Kantons Zürich (KJPD)
Neumünsterallee 9
Postfach
8032 Zürich

KJPD Regionalstelle Bülach
Bahnhofring 3
8180 Bülach

KJPD Regionalstelle Dietikon
Löwenstraße 15
8953 Dietikon

KJPD Regionalstelle Uster
Seestraße 7
8610 Uster

KJPD Regionalstelle Wetzikon
Guyer-Zeller-Straße 21
8620 Rüti

KJPD Regionalstelle Winterthur
Rosenrainstraße 17
Postfach 33
8410 Winterthur

Psychosomatische Abteilung des
Kinderspitals
Steinwiesstraße 75
8032 Zürich

Kinderstation „Brüschhalde",
Kinder und Jugendpsychiatrischer
Dienst des Kantons Zürich (KJPD)
Bergstraße 120
8708 Männedorf

Register